인지기능 향상 워크북 A Workbook for Improving Language Development

언어발달 영역

느린 학습자, 학습 및 주의력 문제를 가진 아동,
인지적 불균형이 심한 아동을 위한 언어발달 영역 기능 향상 프로그램

| 노경란 · 박현정 · 안지현 · 전영미 공저 |

· **2** ·

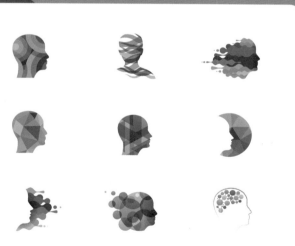

학지사

임상현장에서 현재 가장 널리 사용되는 심리검사 중 하나가 웩슬러 지능검사다. 따라서 많은 시간과 에너지 그리고 비용을 들여 웩슬러 지능검사를 실시하고 있지만, 지능검사 결과를 활용하는 측면에서는 비용 대비 그 활용도가 매우 제한적이다. 웩슬러 지능검사는 임상장면에서 주로 정신장애를 진단하거나, 전체점수를 토대로 장애등급을 판정하는 데 도움을 주는 등 검사 · 분류 · 배치의 관리모델로 활용되어 왔다. 그러나 지능검사를 통해 얻은 지능수준 및 인지적 장단점과 같은 소중한 정보들이 임상 및 교육 현장에서 효과적으로 활용되지 못하고 사장되는 경우가 흔하다. 최근 개정된『정신질환의 진단 및 통계 편람-제5판(Diagnostic and Statistical Manual of Mental Disorders-5th ed.: DSM-5)』서문에 따르면, 진단이란 사례공식화하는 평가의 한 부분으로서 충분한 정보를 토대로 각 개인을 위한 치료계획을 세울 수 있게 하는 것이다. 웩슬러 지능검사에서 얻은 정보는 평가에 그치지 않고 각 개인을 이해하며, 더 나아가 이를 바탕으로 개별화된 치료나 교육적 개입 전략을 선택하고 교수적 지원(instructional supports)을 하는 데 사용될 수 있다(Nicolson, Alcorn, & Erford, 2006). 향후 웩슬러 지능검사는 기존의 검사 · 분류 · 배치의 관리모델로부터 평가 · 이해 · 개입의 기능적인 임상모델(Weiss, Saklofske, Prifitera, & Holdnack, 2006)로까지 다양하게 활용되어야 할 것이다.

지능검사가 개별 아동의 인지적 특성을 이해하는 것뿐만 아니라 개입을 하기 위한 실질적인 도구로 활용되기 위해서는 체계적인 지침서와 더불어 여러 가지 다양한 자료나 도구가 요구된다. 그러나 현재 우리나라에는 그러한 교재나 자료가 거의 부재한 실정이다.

특히 최근 들어 교육현장에서는 학습부진아동에 대한 관심이 증가할 뿐만 아니라, 이들에 대한 「초 · 중등교육법」도 개정되었다. 「초 · 중등교육법」 제28조에서는 '느린 학습자'에게 교육 실시와 더불어 그들에게 필요한 교재와 프로그램을 개발 · 보급하고, 교원은 관련 연수를 이수해야 한다고 되어 있다. '느린 학습자'란 '경계선 지능'(지능 70~85)에 해당되는 학생들로서 그간 특수교육대상은 아니지만, 학습이 뒤처지고 학교생활에 적응이 어려우며, 겉으로 드러나지 않아

사각지대에 방치되어 있던 학생을 일컫는데, 현재 전국적으로 약 80만 명에 달하는 것으로 추정되고 있다(EBS 저녁뉴스, 2016년 1월 1일자). 이러한 느린 학습자 혹은 경계선 지능에 속하는 학생들은 매우 이질적인 집단으로서 다양한 요인이 영향을 미칠 수 있다. 예를 들면, 학습장애나 주의력결핍 과잉행동장애와 같이 신경학적 결함과 관련된 요인, 혹은 환경적이거나 정서적 요인들이 복합적으로 작용할 수 있다. 또한 동일하게 경계선 지능에 속하는 학생이라도 인지적인 강점과 약점 영역이 각각 다를 수 있다. 그러므로 어느 영역에서 취약한지에 대한 평가를 통해 체계적으로 개입할 수 있는 교재가 절실히 요구되는 시점이다.

이 시리즈는 총 5권으로 구성되어 있으며, 1권 『인지기능 향상 가이드북: 웩슬러 지능검사의 치료 및 교육적 활용』은 웩슬러 지능검사 결과를 토대로 치료 및 교육적 개입을 하기 위한 구체적인 전략과 지침을 제공한다. 2권에서 5권까지는 인지기능 향상 워크북으로서, 영역별로 취약한 부분의 인지기능을 향상시킬 수 있도록 구성되어 있다. 좀 더 자세하게 이 시리즈의 특징을 살펴보면 다음과 같다.

먼저 1권은 웩슬러 지능검사 결과를 토대로 하여 인지기능을 향상시키기 위한 전략적인 활용 가이드북이다. 아동의 인지 특성에 대한 심층적 이해를 기반으로 개입할 수 있게 하기 위해서 전체 IQ 수준부터 소검사 수준에 이르기까지 다차원적이고도 심층적으로 해석하는 방법을 제시하였다. 그리고 이를 토대로 지표별, 군집별, 소검사별로 체계적인 개입 전략을 제시하였으며, 더 나아가 영역별로 실제 사례를 들어 치료 회기 동안 어떤 활동을 어떻게 이끌어 갈 수 있는지에 대해서 구체적으로 설명하였다.

최근에는 교차배터리 평가(cross-battery assessment) 방법, 즉 단일배터리 평가보다 여러 검사 배터리로부터 나온 정보를 활용하여 개인의 인지능력을 정확하게 분석하고, 더 나아가 특정 영역을 선택하여 그 영역에 속한 여러 가지 요소를 다양하고 깊이 있게 측정하는 추세다. 이 시리즈는 적용대상을 주로 학령기 아동에 맞추었기 때문에, 지능검사 결과를 활용할 때 인지적 측면과 함께 학습 영역을 고려하는 것이 중요하다. 따라서 웩슬러 지능검사를 주로 사용하되, 그 외에 교차 평가도구로서 기초학습기능검사, 읽기성취 및 읽기 인지처리능력검사, 시지각 발달검사, 전산화된 주의력 검사(Computerized Attention Test), 기억검사 등도 함께 활용할 수 있다.

그다음으로 2권에서 5권까지는 인지기능을 향상시키기 위한 영역별 워크북이다. 이 인지기능 향상 워크북은 치료나 교육장면에서 놀이하고 게임하듯이 흥미를 유발할 수 있도록 구성되어 있다. 현재 우리나라 교육은 조기교육, 선행학습, 입시 위주의 경쟁적인 교육이 우선시되고 있다. 이러한 현실은 개인적인 특성을 고려하면서 균형 잡힌 인지발달을 지향하려는 교육 방향과

상당한 괴리감을 느끼게 한다. 특히 안타까운 것은 평생교육이 중시되는 요즘 시대에 아동·청소년이 이른 나이부터 조기학습으로 인해 학습의 즐거움과 흥미를 잃어버리는 경우가 너무 많다는 점이다. 이 워크북은 학습(공부가 아닌 배우는 것 그 자체)에 대한 동기를 쉽게 유발할 수 있도록 다양한 활동과 함께 실제 생활에 가까운 내용으로 구성되어 있다. 따라서 인지발달이 학습장면에서뿐만 아니라, 사회적 상황과 실생활에서도 촉진될 수 있도록 하였으며, 더 나아가 학교 교육과정과의 연계성도 함께 고려하여 제작되었다.

이 시리즈는 교육현장에서 특별한 필요를 가진 아동들, 예를 들면 학습장애나 주의력결핍 과잉행동장애 등의 문제를 가진 아동에게 그들의 잠재력을 사용하는 데 걸림돌이 되는 요소들을 찾아 교정하는 데 도움을 줄 뿐만 아니라, 학업 및 인지적 능력을 전반적으로 증진시키는 데 유용하다. 또한 발달과정에 있는 일반 아동·청소년에게도 개별화된 인지기능 향상 프로그램을 통해 그들의 취약하거나 결핍된 인지능력 영역에 대해 개입할 수 있는 방안과 실제 활용 가능한 자료를 제공한다. 이 책은 주 대상이 아동·청소년이지만, 성인의 경우에도 인지기능 향상이나 인지재활을 목적으로 다양한 임상집단에서 활용이 가능할 것으로 기대된다.

최근 뇌 발달에 관한 연구가 급속도로 발전하면서 '뇌 가소성(neuroplasticity)', 즉 뇌는 스스로 변화하며 환경에 적응하는 지속적인 능력을 갖는다는 증거가 밝혀지고 있다(Doidge, 2007). 특히 전두엽은 청소년기를 지나 20대 이후에도 지속적으로 발달한다고 알려져 있다. 이와 유사하게, 어떤 인지적 결함들은 집중적인 훈련을 통해서 개선될 수 있다. 이러한 훈련은 특정 인지기술을 수행하는 데 필요한 뇌세포들 간에 연결을 증가시키며, 때로는 처음에 기대했던 것 이상으로 아동의 능력을 증진시키기도 한다(Manassis, 2014). 앞으로 이와 관련된 연구가 더욱 활발하게 진행될 것으로 보인다. 혹자는 개입을 통해 지능검사 점수가 과연 상승할 것인지, 지능검사 점수가 상승하더라도 지능(혹은 인지능력)이 정말 좋아진 것인지 의문을 제기할 수도 있다. 그러나 이 시리즈는 단순히 지능검사 점수를 높이는 것이 아니라, 개인의 인지적 특성을 파악하고 그의 인지능력을 효율적으로 발휘하는 데 걸림돌이 되는 취약한 영역을 찾아 보완하는 것에 도움을 주고자 한다.

이 시리즈가 웩슬러 지능검사를 활용하여 체계적으로 인지적 개입을 할 수 있는 좋은 안내서이자 도구로서 임상 및 교육 현장에서 널리 사용될 수 있기를 기대하는 바다. 그간 이 책이 출간될 수 있도록 전폭적으로 지원해 주신 학지사 김진환 사장님, 아울러 K-WISC-IV를 개발하시고 한국판 지표점수 및 군집 변환점수의 사용을 허락해 주신 오상우 교수님께 깊은 감사의 마음을 전한다.

언어발달 영역 워크북

🎧 언어발달 영역 워크북은 어떻게 구성되어 있나요?

1) 대상

언어발달 영역에서 유의미한 저하를 보이는 유아, 아동 및 청소년에게 적용할 수 있습니다. 생활연령이나 학년에 상관없이 아동의 인지수준에 맞춰 특별한 제약 없이 활용 가능합니다.

2) 구성

- 본 워크북은 크게 필수과제와 세부 영역별 활동지 두 파트로 구성되어 있습니다.
- 필수과제는 가장 기본적이며 공통적으로 사용할 수 있고, 특별히 어느 특정 영역에 치우치지 않고 통합적인 활동이 가능한 과제로 구성되어 있습니다.
- 세부 영역별 활동지는 각각의 영역에서 고유하게 측정하고자 하는 인지기능 및 내용으로 한정하여 구성하였습니다. 따라서 필수과제를 활용하되, 특별히 수행이 부진한 세부 영역을 집중적으로 추가하여 시행할 수 있습니다.

3) 시행상 유의점

- 모든 활동지는 난이도에 따라 상(★★★), 중(★★★), 하(★★★)로 나뉘어져 있으므로 개별 아동의 수준에 맞춰 사용할 수 있습니다. 단, 어휘력과 상식의 경우 과제의 성격을 고려하여 난이도를 구별하지 않는 대신 주제별로 구성하였습니다.
- 어휘력이나 상식과 같은 세부 영역의 활동지는 영역의 특성상 다소 어렵고 딱딱하게 느껴질 수 있으므로 흥미를 느낄 만한 다른 활동지와 병행하고, 아동의 동기수준이나 인지수준에 맞추어 세밀하게 진행할 것을 권합니다. 한편, 어휘력의 경우 현재 초등학교 교과서에 수록되어 있는 어휘 위주로 문항을 구성하였고, 참고할 수 있는 어휘 목록도 수록하였습니다.

- 비슷한 유형의 활동지를 난이도를 높여 가며 시행할 수도 있지만, 쉽게 지루함을 느끼는 아동의 경우에는 다양한 유형의 활동지를 섞어서 사용할 수도 있습니다. 단, 한 번 시행 시 최소한 10~15분 이상을 할애하도록 합니다. 특히 부모의 협조를 구하여 과제 형태로 제시하여 자주 반복, 연습할 수 있도록 지도합니다.
- 워크북의 활용도를 높이고 치료실에서 쉽게 참조할 수 있도록 세부 영역별 구체적인 개입전략을 각 활동지 앞에 제시하였습니다(이 내용은 1권에 구체적으로 소개되어 있으므로 더 자세한 것을 알려면 1권을 참고하기 바랍니다).

ㄴ 이렇게 지도해 주세요!!!

첫째, 무엇보다 가장 중요한 부분은 본 워크북이 활동중심, 흥미중심, 게임중심으로 구성되어 있다는 점입니다. 활동지가 자칫 아동에게 공부처럼 비춰지면서 심리적 거부감이 들거나 부담스럽게 느끼지 않도록 최대한 재미있게 구성하고자 하였기 때문에 실제 임상장면에서는 워크북과 함께 관련이 있는 다른 여러 가지 활동을 병행하는 것이 좋습니다.

둘째, 활동지를 활용할 때, 우선 각각의 활동지에 나와 있는 여러 가지 지시나 문제를 아동이 먼저 읽어 보고 내용을 파악하도록 합니다. 그 지시문이나 문제가 무엇을 요구하는지 아동이 자신의 말로 표현하도록 하고, 만약 내용을 이해하지 못한다면 치료사(교사)와 같이 문제를 읽으면서 이해하도록 지도합니다. 인지적 개입 시 교사 주도적인 활동이 대부분을 이룬다고 하지만 치료사(교사)가 너무 앞서 많은 것을 해 주려고 하기보다는 조금씩이라도 아동이 혼자 힘으로 문제를 해결할 수 있도록 점진적으로 기회를 제공하는 것이 좋습니다.

셋째, 지시문이나 문제를 정확하게 이해한 후 아동이 먼저 문제를 풀어 보도록 하고, 이때 치료사(교사)는 아동이 문제를 해결하는 과정과 방법을 면밀히 관찰합니다. 단, 아동이 너무 어려워하면 조금씩 단서나 도움을 제공합니다.

넷째, 문제를 어떻게 풀었는지 해결 과정을 아동으로 하여금 자기 말로 설명하게 합니다. 정답이든 오답이든 해결 과정을 꼭 점검하고 오류분석을 실시합니다. 치료사(교사)의 관찰 내용과 아동의 반응을 종합하여 오류를 보이게 된 이유를 분석하고, 그 결과를 아동과 공유합니다. 이를 통해서 아동 스스로도 자신이 어떤 오류를 범하고 있는지 인식할 수 있게 되고, 앞으로 똑같은 실수나 오류를 반복하지 않도록 지도합니다.

다섯째, 아동이 실수나 어려워서 놓친 부분, 꼭 기억해야 할 내용은 치료사(교사)가 직접 한 번

더 정리 및 요약을 해 줍니다.

여섯째, 다소 수동적이고 동기가 부족한 아동에게는 보상체계를 적용할 수 있습니다. 이때 얼마나 정답을 많이 맞혔나 하는 수행결과보다는 아동이 문제를 해결하기 위해 고민한 시간과 과정(예를 들어, 얼마나 집중하였는지, 중간에 포기하지 않고 끝까지 하려고 얼마나 노력하였는지 등)을 칭찬해 줍니다. 직접적인 보상체계는 물론 자기점검, 자기평가와 같은 쉬운 수준의 자기교수법도 활용할 수 있습니다.

▶ 잠깐, 이럴 땐 어떻게 할까요?

Q. 반드시 여기에 나와 있는 순서대로 시행해야 할까요?

A. 아닙니다. 아동의 상황에 따라 영역별, 난이도별, 활동지별로 유연하게 사용하셔도 됩니다. 아동이 잘하지 못하는 영역이나 힘들어하는 활동 위주로 진행하다 보면 자칫 학습동기를 잃을 수 있으므로 처음에는 다소 쉽고, 흥미를 느끼는 활동지에서 시작할 것을 권장합니다.

Q. 아동이 특정 영역의 활동지만 하고 싶어 할 때는 어떻게 해야 할까요?

A. 아동이 원하는 영역과 치료사(교사)가 필요하다고 판단한 학습지를 골고루 할 수 있도록 어떤 활동지를 어떤 순서로 해야 할지 아동과 함께 논의하면서 진행하시면 됩니다.

Q. 아동이 너무 어려워서 하지 않으려고 할 때는 어떻게 해야 할까요?

A. 저자들이 난이도를 조정하려고 많이 노력하였음에도 중간 정도의 필요한 난이도가 없을 수 있습니다. 그럴 경우 치료사(교사)가 도움의 양을 충분히 주어 시행하고, 그다음 도움의 양을 줄이면서 아동이 스스로 해결할 수 있도록 점진적으로 접근해 보는 것도 좋겠습니다.

Q. 필요한 영역 외에 다른 영역의 활동지도 해야 하나요?

A. 본 워크북은 꼭 인지적 약점을 개선하기 위함만은 아닙니다. 아동이 잘하는, 흥미를 느끼는 활동도 얼마든지 활용 가능합니다. 필요한 부분 외에도 골고루 활용하시는 것이 균형 잡힌 인지발달에 도움을 줄 수 있을 것으로 생각합니다.

🅒 목 차

구 분		활동 내용
1. 필수과제	가. 듣고 이해하기	잘 들어 보세요 / 만약 나라면?
	나. 읽고 이해하기	정확하게 읽어 보세요 / 만약 나라면?
	다. 보고 이해하기	요리조리 생각해요
	라. 상상하여 표현하기	내 짝은 누구일까요? / 마음대로 완성해요
2. 사고력	가. 유사점 및 차이점 찾기	비슷한 점을 찾아보세요 / 다른 점을 찾아보세요 / 무엇이 정답일까요?
	나. 유목화하기	같은 종류! 다른 종류! / 어디에 속할까요?
	다. 추론하기	떠오르는 대로 써 보세요 / 숨겨진 규칙을 찾아보세요 / 숨겨진 의미를 찾아보세요 / 왜 그럴까요?
3. 어휘력	(1) 워밍업	끝말잇기
	(2) 어휘의 기본	
	(3) 사람이나 사물의 이름을 나타내는 말이에요	
	(4) 상태나 움직임을 나타내는 말이에요	
	(5) 꾸며 주는 말이에요	
	(6) 이어 주는 말이에요	
	(7) 흉내 내는 말이에요	
	(8) 소리는 같지만 모양이 달라요	
	(9) 소리는 같지만 의미가 여러 가지예요	
	(10) 반대말 또는 비슷한 말이에요	
	(11) 여러 가지가 합쳐진 말이에요	
	(12) 기타	
4. 문제해결력	가. 문제 해결하기	이럴 땐 어떻게 할까요?
	나. 사회적 조망 및 마음읽기	숨겨진 진짜 의도는? / 어떤 기분일까요?
	다. 사회적 및 관습적 규칙 이해하기	바르게 말하고 행동해요
	라. 사회적 상황 판단하기	무엇 때문일까요? / 글 속에 포함된 의미는? / 알맞은 순서는?
5. 상식	(1) 자연환경	어디에서 얻을 수 있을까요?
	(2) 인문환경	
6. 언어퀴즈	가. 언어적 단서를 통한 추론 능력	짝을 찾아 주세요 / 나는 무엇일까요? / 수수께끼를 풀어요

라 영역별 원인 및 개입전략

언어발달 영역에서 어려움을 보이는 아동의 특성

고려해야 할 점

- 저조한 언어능력
- 문화적 · 교육적 기회의 부족
- 발달을 저해하는 걸림돌 (학습장애, ADHD 등)
- 신체적 문제 (청각/시각 손상)
- 주의력, 작업기억, 집행능력 등 다차원적인 인지기술

아동의 특성

- 구어 이해 및 표현에서의 어려움
- 어휘력이 부족함
- 사고와 의견을 언어적으로 표현하는 것이 제한적임
- 적절한 주의와 청각처리 기술을 사용하지만 관용구, 문장, 숙어, 구어적 표현의 의미를 이해하는 면에서의 어려움
- 연령에 적합하게 실생활의 여러 가지 상황에 대해 설명하는 것이 부족함
- 모국어 및 제2외국어 습득 시 곤란을 겪음
- 일반적 지식, 특정 주제에 관한 지식의 범위가 제한적임

언어발달 영역에서 어려움을 보일 때, 이렇게 도와주세요.

언어적 약점의 기본 원인에 맞추어 개입하는 것이 필요해요.

아동에게 책, 신문, TV, DVD 등 다양한 언어적 자극을
제공하여 언어능력을 증진시키도록 해 주세요.

아동이 질문에 단답형으로 반응하기보다는 주어, 서술어,
수식어를 합해서 전체 문장을 사용하도록 격려해 주세요.

아동에게 이야기(동화, 설명문 등)를 들려주고, 아동이 직접 이야기를 구성해서 말하도록
합니다. 더 나아가 신문, 잡지, 역사적 사실, 특정 주제 등 실제적인 자료를 활용할
수도 있어요(이때 아동이 기억하는 데 도움이 될 만한 언어적 단서를 사용해 중요한
점을 강조해 주세요. (예) "이건 중요해", "이것을 기억해", "여기에 주목해라" 등)

듣기를 통해 아동의 이해력이 향상되면 시각자극도 활용할 수 있어요. 아동에게 그림을
보여 주고 그것을 묘사하도록 연습하되, 자신의 의견을 표현하도록 격려해 주세요.

아동이 문장을 읽고 그 의미를 설명하면서 해석하게 하되, 단어들을 기계적으로 따라
읽거나 말하기보다는 구절의 의미와 해석에 초점을 맞추도록 지도해 주세요(이때 중요한
부분을 끄집어낼 수 있도록 밑줄 긋기와 같은 방법을 사용할 수 있어요).

아동의 연령과 수준에 맞는 자료들을 선정해야 해요. 아동에게 흥미로우면서
동시에 정보를 제공하는 교육적인 내용이 좋습니다.

〈지도방법〉

- 가능한 한 언어적인 지시를 간단하게 합니다.
- 가르치기 전에 새로운 용어와 개념에 대한 정의를 제공합니다. 아동에게 새로운 용어와 그 정의를 따로 적게 하고, 그 목록을 정기적으로 공부하도록 충고합니다.
- 특정 주제나 새로운 어휘를 가르칠 때 아동이 이미 알고 있는 정보와 관련을 짓습니다.
- 아동과 대화할 때 교사는 좀 더 정교한 언어사용의 모델이 됩니다. 아동의 말에 반응할 때 연령에 적합하도록 수정된 어휘와 문장구조를 가진 말로 반복해서 말합니다.
- 아동이 단어의 의미를 찾아볼 수 있도록 사전 사용법을 가르칩니다. 책이나 전자기기 형태(예를 들어, 전자사전이나 스마트폰 등)로 학령에 적합한 자원들을 사용합니다.
- 아동에게 구어로 제시한 지시사항을 이해하는지 질문하여 확인합니다. 이해하지 못한 다면,
  - 더 간단한 말로 지시사항을 풀어서 말합니다.
  - 지시사항에서 사용한 용어들을 설명합니다.
  - 부분으로 쪼개서 지시사항의 복잡성을 줄입니다.
  - 개념과 절차를 가르치기 위해서 시범과 모델링을 제공합니다.
  - 그림, 그래프, 차트, 지도, 흐름도, 논리 모델을 사용합니다.
- 아동으로 하여금 구어로 지시한 사항이나 수업내용을 언제 이해하지 못하는지 스스로 인식하게 도와줍니다. 아동에게 이해가 잘 안 될 때에는 치료사(교사)나 부모에게 다시 한 번 설명해 달라고 요청하는 법을 가르칩니다.
- 아동이 언어를 보충할 수 있도록 설명을 들은 것에 대한 시각적인 이미지를 만들도록 (심상화) 가르칩니다.
- 선행 지식을 필요로 하는(혹은 기초로 하는) 정보와 개념을 가르칠 때에는 선행 지식과 현재 소개하는 지식 간의 간격을 점검합니다. 그 간격이 클 경우 처음부터 다시 새로운 것처럼 가르칩니다.

- 환경적으로는 아동을 교사와는 가까이, 소리 나는 것으로부터는 멀리 떨어진 곳에 앉힙니다. 교사의 지시나 설명을 방해할 만한 배경 소리를 줄이거나 제거합니다.

- 다양하고 풍부한 언어적 자극을 제공할 수 있는 환경에 노출시켜서 언어능력을 증진시킵니다. 책을 비롯한 다양한 읽을거리를 활용하여 되도록 많이 읽을 수 있도록 지도하고, 교육적으로 질 높은 TV, DVD와 같은 볼거리들도 활용합니다.

- 듣고 이해할 수 있는 활동을 합니다. 아동에게 여러 가지 다양한 장르의 이야기를 들려준 후, 기본 사실(예를 들어, 육하원칙에 근거한)에 초점을 맞추어 들었던 이야기를 아동이 다시 말해 보도록 지도합니다. 이때 교사는 단순한 이야기로부터 신문, 잡지기사, 역사적 설명, 특정 주제에 관한 보고서 등과 같이 좀 더 다양하고 폭넓은 실제적 자료를 활용합니다. 아동은 이러한 자료를 통해 단순히 기본 사실을 말하는 것뿐만 아니라 자기 방식대로 이야기를 재구성해 볼 수도 있습니다. 이때 치료사(교사)는 학생들이 자료를 기억하는 데 도움이 될 수 있도록 언어적인 단서를 통해 중요한 점들을 강조할 수 있습니다 (예: "이건 중요해", "이것을 기억해", "여기에 주목해" 등).

- 시각자극을 활용합니다. 교사는 그림을 보여 준 후 아동으로 하여금 그 장면을 묘사하게 하고, 의미를 해석하게 하며, 자신의 의견이나 느낀 점까지를 말할 수 있도록 활동을 확장시킵니다.

- 읽기가 가능한 아동의 경우, 구절이나 문장 및 문단을 읽고 그 의미를 설명, 해석하게 합니다. 학생들이 중요한 부분을 파악하도록 밑줄을 긋거나 중요한 핵심 단어를 찾아 표시하게 합니다. 단어를 기계적으로 암기하는 것보다는 그 단어가 포함된 구절의 의미와 해석을 강조합니다.

- 교사는 자료 선택 시 신중을 기합니다. 특히 수업자료가 아동의 수준에 맞고, 흥미로우며, 정보를 제공하고, 교육적 가치가 있어야 합니다. 아동의 이해수준보다 약간 쉬운 수준에서 시작하는 것이 동기유발의 측면에서 효과적입니다.

- 유익한 TV프로그램을 선정하여 아동에게 시청하게 한 후, 다른 사람들에게 시청한 내용을 설명하게 합니다. 또는 시나 수필을 교사와 아동이 함께 읽고 의미를 파악한 후, 다른 사람에게 그 의미를 설명하고 더 나아가 각자 느낀 점을 이야기합니다. 더 나아가 아동이 시나 수필을 직접 써 보고 서로 교환하여 설명하도록 합니다.

- 교사는 시청각적으로 다양한 과제를 제시하여 아동이 보고, 듣고, 말하는 통합적인 학습 방식이 이루어질 수 있도록 수업을 계획합니다.

1) 잘 들어 보세요 ★ ★ ★

◉ 이야기를 잘 듣고, 질문에 적절한 대답을 적어 보세요. (해당 문제는 선생님만 보시고, 필요할 경우 두 번 들려주세요.)

미영이는 학교가 끝나고 문방구 앞에서 파는 강아지를 한 마리 샀다.

누가 _____

언제 _____

어디서 _____

무엇을 _____

수안이는 오늘 아침 복도에서 장난을 치다가 선생님께 혼이 났다.

누가 _____

언제 _____

어디서 _____

무엇을 _____

◉ 이야기를 잘 듣고, 질문에 적절한 대답을 적어 보세요. (해당 문제는 선생님만 보시고, 필요할 경우 두 번 들려주세요.)

다음 주 토요일에 지은이와 소영이는 양로원에 가서 봉사활동을 하기로 했다.

누가 _____   언제 _____

어디서 _____   무엇을 했나? _____

어젯밤 우리 가족은 늦게까지 영화를 보다가 평소보다 30분 늦게 일어났다.

누가 _____   언제 _____

무엇을 했나? _____

기태와 준태는 축구시합을 하기 위해 점심을 먹자마자 운동장으로 뛰어나갔다.

누가 _____   언제 _____

무엇을 했나? _____   왜 _____

3) 잘 들어 보세요 ★ ★ ★

◉ 이야기를 잘 듣고, '누가', '언제', '어디서', '무엇을 했는지' 적어 보세요. (해당 문제는 선생님만 보시고, 필요할 경우 두 번 들려주세요.)

나는 지난 주말 우리 가족과 함께 관악산에 올라가서 김밥을 먹었다.

누가		언제	
어디서		무엇을	

어제 학교가 끝나고 현아는 지수네 집에 가서 함께 숙제를 했다.

누가		언제	
어디서		무엇을	

승준이는 어제 저녁에 엄마의 설거지를 도와 드리다가 접시를 깼다.
그래서 부엌이 엉망이 되었다.

누가		언제	
어디서		무엇을	

원준이는 매주 토요일 도서관에 가서 보고 싶었던 책을 마음껏 본다.

누가		언제	
어디서		무엇을	

🏫 4) 잘 들어 보세요 ★ ★ ★

◉ 이야기를 잘 듣고, '누가', '언제', '어디서', '무엇을 했는지' 적어 보세요. (해당 문제는 선생님만 보시고, 필요할 경우 두 번 들려주세요.)

어제 저녁 할아버지는 공원에서 산책을 하셨다.

누가		언제	
어디서		무엇을	

진우는 내일 놀이동산에 가서 놀 것이다.

누가		언제	
어디서		무엇을	

태형이와 나는 작년 여름 방학에 바다에 가서 수영을 했다.

누가		언제	
어디서		무엇을	

지난 주말 민혁이는 현승이네 집에서 열린 생일잔치에서 춤을 췄다.

누가		언제	
어디서		무엇을	

🏫 5) 잘 들어 보세요 ★ ★ ★

◉ 이야기를 잘 듣고, 육하원칙에 따라 질문에 적절한 대답을 적어 보세요. (해당 문제는 선생님만 보시고, 필요할 경우 두 번 들려주세요.)

저녁에 민재와 동생은 방에서 숙제를 하기 위해 색연필로 그림을 그렸다.

누가		언제	
어디서		무엇을	
어떻게		왜	

어머니는 새로운 상품을 개발하기 위해 밤늦게까지 회사에서 회의를 열심히 하셨다.

누가		언제	
어디서		무엇을	
어떻게		왜	

기차역에서 기관사가 출발시간 1분 전에 승객들이 기차를 놓치지 않도록 깃발을 흔들었다.

누가		언제	
어디서		무엇을	
어떻게		왜	

🏫 6) 잘 들어 보세요 ⭐ ⭐ ⭐

◉ 이야기를 잘 듣고, 육하원칙에 따라 질문에 적절한 대답을 적어 보세요. (해당 문제는 선생님만 보시고, 필요할 경우 두 번 들려주세요.)

준수는 윤호의 생일을 축하해 주기 위해 놀이터에서 큰 소리로 노래를 불러 주었다.

누가 _____   언제 _____

어디서 _____   무엇을 _____

어떻게 _____   왜 _____

지난 금요일에 민지는 소라의 연필을 가지고 놀다가 학원에서 잃어버렸다.

누가 _____   언제 _____

어디서 _____   무엇을 _____

어떻게 _____   왜 _____

어제 날씨가 좋아서 우리 가족은 도시락을 싸서 공원으로 나들이를 갔다.

누가 _____   언제 _____

어디서 _____   무엇을 _____

어떻게 _____   왜 _____

🏫 7) 잘 들어 보세요 ★ ★ ★

◉ 이야기를 잘 듣고, 질문에 적절한 대답을 적어 보세요. (해당 문제는 선생님만 보시고, 필요할 경우 두 번 들려주세요.)

> 지난주 토요일, 민수와 은지는 우리나라의 무형문화재에 대한 숙제를 하기 위해서 도서관에 가서 책을 읽었습니다.

1. 누가 지난 토요일에 도서관에 갔나요?

_____

_____

2. 민수와 은지는 언제 도서관에서 책을 읽었나요?

_____

_____

3. 민수와 은지는 어디서 책을 읽었나요?

_____

_____

4. 민수와 은지는 지난 토요일에 도서관에서 무엇을 하였나요?

_____

_____

5. 민수와 은지는 왜 지난 토요일 도서관에서 책을 읽었나요?

_____

_____

👁 이야기를 잘 듣고, 질문에 적절한 대답을 적어 보세요. (해당 문제는 선생님만 보시고, 필요할 경우 두 번 들려주세요.)

> 어제 점심시간에 밥을 다 먹은 후, 심심했던 수지와 승아는 운동장에 나가서 그네를 타고 놀았습니다.

1. **누가** 점심시간에 운동장에 나갔나요?

_____

_____

2. 수지와 승아는 **언제** 운동장에 나갔나요?

_____

_____

3. 수지와 승아는 **어디서** 그네를 탔나요?

_____

_____

4. 수지와 승아는 점심시간에 운동장에서 **무엇을** 하였나요?

_____

_____

5. 수지와 승아는 **왜** 점심시간에 운동장에 나가서 그네를 탔나요?

_____

_____

🏫 9) 잘 들어 보세요 ★★★

◉ 이야기를 잘 듣고, 질문에 적절한 대답을 적어 보세요. (해당 문제는 선생님만 보시고, 필요할 경우 두 번 들려주세요.)

> 어버이날을 맞아 나와 오빠는 부모님께 드리기 위해 한국마트에 가서 기쁜 마음으로 선물과 꽃을 샀습니다.

1. **누가** 어버이날에 선물과 꽃을 샀나요?

_____

2. 나와 오빠는 **언제** 선물과 꽃을 샀나요?

_____

3. 나와 오빠는 **어디서** 선물과 꽃을 샀나요?

_____

4. 나와 오빠는 어버이날에 마트에 가서 **무엇을** 하였나요?

_____

5. 나와 오빠는 어버이날에 마트에 가서 선물과 꽃을 **어떻게** 하였나요?

_____

6. 나와 오빠는 **왜** 어버이날에 마트에서 선물과 꽃을 샀나요?

_____

◉ 이야기를 잘 듣고, 질문에 적절한 대답을 적어 보세요.

> 시계를 보니 밤 10시여서 나는 침대에 누웠습니다. 평소에는 11시 넘어서 자는데 오늘은 일찍 자야 합니다. 왜냐하면 내일 아침에 운동회 연습이 있어서 솔이와 함께 학교에 가야 하기 때문입니다. 솔이네 집과 우리 집은 걸어서 20분 정도 거리인데 중간 지점에서 만나기로 했습니다.

1. 누가

_____

_____

2. 언제

_____

_____

3. 어디서

_____

_____

4. 무엇을

_____

_____

5. 왜

_____

_____

🏫 1) 만약 나라면? ★ ★ ★

👁 선생님의 질문을 잘 듣고 나서, 다음 질문에 답해 보세요.

1. 지금 가장 먹고 싶은 음식이 있나요? 눈을 감고 떠올려 보세요.

① 그 음식의 이름은 무엇인가요?
_____

② 그 음식의 색과 모양은 어떤가요?
_____

③ 그 음식의 촉감이나 느낌을 표현해 보세요.
_____

2. 물음에 대한 내용을 종합하여 글로 표현해 보세요.

_____
_____
_____
_____
_____

3. 다음 조건에 맞는 단어나 구를 찾아 밑줄을 그어 보세요.

① 음식 이름

② 색깔

③ 모양

④ 촉감이나 느낌

2) 만약 나라면? ★ ★ ★

◉ 선생님의 질문을 잘 듣고 나서, 다음 질문에 답해 보세요.

1. 나는 지금 무슨 옷을 입고 있나요? 한 번 살펴보세요.

   ① 어떤 모양의 옷을 입고 있나요? _____

   ② 언제 산 옷인가요? _____

   ③ 누가 사 주셨나요? _____

   ④ 어디서 샀나요? (모른다면 어디서 샀을 것 같나요?) _____

   ⑤ 오늘 입은 이 옷은 어떤 점이 마음에 들었나요? _____

2. 물음에 대한 내용을 종합하여 글로 표현해 보세요.

   _____

   _____

   _____

   _____

   _____

3. 다음 조건에 맞는 단어나 구를 찾아 밑줄을 그어 보세요.

   ① 옷의 종류

   ② 시간

   ③ 누구

   ④ 장소

   ⑤ 이유

🏫 3) 만약 나라면? ★★★

👁 오늘은 나의 가장 친한 친구를 소개하는 글을 써 보려고 합니다. 친구에 대한 질문을 하나씩 생각하면서 표현해 보세요.

1. 나의 가장 친한 친구는 누구입니까? 눈을 감고 떠올려 보세요.

① 그 친구의 이름은 무엇인가요?

_____

② 그 친구의 외모를 구체적으로 표현해 보세요. (키, 피부, 머리 스타일, 안경 등등)

_____

③ 그 친구의 성격은 어떤지 자세하게 표현해 보세요.

_____

④ 그 친구와 친해진 사건이나 이유가 있으면 말해 보세요.

_____

⑤ 그 친구에게 바라는 점이 있다면 무엇일까요?

_____

2. 물음에 대한 내용을 종합하여 내 친구를 말로 소개해 보세요.

_____

_____

_____

_____

_____

🏫 4) 만약 나라면? ★ ★ ★

👁 오늘은 나의 장래희망에 대해서 소개하는 글을 써 보려고 합니다. 장래희망에 대한 질문을 하나씩 생각하면서 표현해 보세요.

1. 나중에 어른이 되어서 하고 싶은 일은 무엇인가요? 일단 떠올려 보세요. (다양한 것이 있을 수 있습니다.)

　　① 그중에서 가장 하고 싶은 일은 무엇인가요?

　　_____

　　_____

　　② 이유는 무엇인가요? 천천히 생각하면서 3가지 이상 적어 보세요.

　　_____

　　_____

　　③ 그 일을 하기 위해서 내가 지금 노력하고 있는 일이 있나요?

　　_____

　　_____

　　④ 어떤 노력을 하면 되는지 적어 보세요.

　　_____

　　_____

2. 그럼 이제, 모든 질문에 대한 답을 종합하여 내가 커서 하고 싶은 일을 말로 소개해 보세요.

　　_____

　　_____

1) 정확하게 읽어 보세요 ★ ★ ★

◉ 아래의 두 문장을 읽고 한 문장으로 바꿔 써 보세요.

- 봄이 되니 얼음이 녹았다.
- 그리고 개나리도 피기 시작했다.

- 지은이는 운동장에서 놀고 있다.
- 그러나 은성이는 교실에서 책을 읽고 있다.

- 내가 동생에게 과자를 주었다.
- 그러자 동생이 고맙다며 나를 안아 주었다.

---

2) 정확하게 읽어 보세요 ★ ★ ★

◉ 아래의 두 문장을 읽고 한 문장으로 바꿔 써 보세요.

- 운동장 다섯 바퀴를 달렸더니 목이 말랐다.
- 그래서 시원한 얼음물을 마셨다.

_____

_____

- 상현이가 집에 가려고 교문을 나섰다.
- 그런데 비가 내리기 시작했다.

_____

_____

- 오늘은 엄마의 생신이기 때문에 엄마를 위해 설거지를 했다.
- 그리고 빨래도 널고, 청소기도 돌렸다.

_____

_____

🏫 3) 정확하게 읽어 보세요 ★ ★ ★

◎ 아래의 두 문장을 읽고 한 문장으로 바꿔 써 보세요.

- 개울가에 핀 해바라기 사진을 찍었습니다.
- 그리고 그곳에서 놀고 있는 아이들을 바라보았습니다.

- 친구들과 함께 2시간 동안 제기차기를 했습니다.
- 그래서 땀이 아주 많이 났습니다.

- 가을이 되어 낮이 점점 짧아졌습니다.
- 그리고 날씨도 추워졌습니다.

- 길을 걷다 돌부리에 걸려 넘어졌습니다.
- 하지만 울지 않았습니다.

4) 정확하게 읽어 보세요 ★ ★ ★

◉ ⬚ 안에 알맞은 접속사를 넣어 문장을 완성해 보세요.

● 철수는 야구를 좋아합니다.
● ⬚ 영철이도 야구를 좋아합니다.

● 컴퓨터 게임은 시간을 정해 놓고 해야 합니다.
● ⬚ 텔레비전 시청도 시간을 정해 놓고 봐야 합니다.

● 설탕은 달콤합니다.
● ⬚ 소금은 달콤하지 않습니다.

● 아빠는 키가 크십니다.
● ⬚ 나는 키가 작습니다.

● 운동을 하면 몸이 튼튼해지고 건강해집니다.
● ⬚ 지나치게 운동을 많이 하면 오히려 건강을 해칩니다.

5) 정확하게 읽어 보세요 ★ ★ ★

◉ ☐ 안에 알맞은 접속사를 넣어 문장을 완성해 보세요.

- 식목일을 맞이하여 사람들이 설악산을 올라갔습니다.
- ☐ 산에 어린 나무를 여러 그루 심었습니다.

- 친구가 울고 있었습니다.
- ☐ 손수건을 주었습니다.

- 밥을 많이 먹었습니다.
- ☐ 여전히 배가 고픕니다.

- 새 학기가 되었습니다.
- ☐ 새로운 친구들을 만났습니다.

- 친구가 돈을 잃어버렸습니다.
- ☐ 돈을 빌려주었습니다.

🏫 6) 정확하게 읽어 보세요 ★ ★ ★

◉ 〈보기〉의 이야기를 잘 읽고, 질문에 맞는 답을 찾아보세요.

보기

나는 신해 초등학교 3학년 김진아입니다.
나는 보라색을 좋아하고 '3'이라는 숫자를 특히 좋아합니다.
나는 책을 읽는 것과 뜨개질하는 것을 좋아합니다.
나는 가끔 화를 내기도 하지만 금방 풀리는 성격입니다.

1. 내가 가장 좋아하는 색깔은?

_____

2. 내가 좋아하는 취미는 무엇일까요?

_____

3. 나의 성격은 어떨까요?

_____

4. 내가 다니는 학교의 이름은 무엇일까요?

_____

5. 내 이름은 무엇일까요?

_____

🏫 7) 정확하게 읽어 보세요 ★★★

👁 〈보기〉의 이야기를 잘 읽고, 질문에 맞는 답을 찾아보세요.

> **보기**
>
> 진수는 오늘 태영이의 생일파티에 초대되어 선물을 사기 위해 엄마에게 3천원을 받았습니다. 선물을 사려고 문방구에 갔는데 평소 진수가 사고 싶었던 유희왕 카드가 있었습니다. '안 돼~ 태영이의 생일이니까 태영이를 위한 선물을 사야 해!'라고 생각했지만 자신도 모르는 사이 유희왕 카드를 사느라 3천원을 다 써 버렸습니다. 유희왕 카드를 샀다는 기쁨도 잠시 '이제 어쩌면 좋지? 생일파티에 가야 하는데 돈도 다 써 버리고 태영이를 줄 선물을 못 샀네' 라는 고민에 빠졌습니다.

1. 진수는 어디에 간다고 하고 엄마에게 용돈을 받았을까요?

_____

2. 진수는 문방구에서 무엇을 샀나요?

_____

3. 이 글을 읽고 난 후, 진수의 기분이 어떨지 말해 보세요.

_____

◉ 〈보기〉와 같이 다음 글에서 어울리지 않는 말을 찾아 ✕ 를 해 보세요.

보기

새로 산 옷을 입으니 전혀 멋졌다.

1. 선생님께서는 치마를 전혀 입으신다.

2. 씩씩한 군인 아저씨를 보니 기운이 별로 솟아나는 것 같다.

3. "공부할 때 연필을 대롱대롱 돌리지 마라."

4. 아버지는 회사에서 딸랑딸랑 일하십니다.

5. 텔레비전에서 만화가 아직도 시작할 것 같다.

6. 건강을 지키기 위해서 비록 운동을 해야 합니다.

7. 교실 바닥을 열심히 쓸었더니 하나도 힘들었습니다.

9) 정확하게 읽어 보세요 ★ ★ ★

👁 〈보기〉와 같이 다음 문장에서 <u>가장 어울리지 않는 부분을</u> 찾아 ✕ 를 해 보세요.

> 보기
>
> 어머니께서 튀김요리를 맛있게 ~~활짝~~ 튀겨 주셨다.

1. 할머니는 나를 정말로 기운 없이 사랑해 주십니다.

2. 화가 나신 담임선생님께서 "조용히 해라"라고 재미있게 말씀하셨다.

3. 영수와 진희는 옆 동에 펄쩍 삽니다.

4. 지난 주말은 역시 할머니 생신으로 온 가족이 집에 모였습니다.

5. 부디 아침에 일어나자마자 화장실에 가서 세수를 합니다.

6. 오늘은 5월 5일 크리스마스입니다.

7. 에너지를 절약하기 위해서 사용하지 않는 전등을 별로 끄도록 하자.

👁 〈보기〉와 같이 다음 문장에서 <u>가장 어울리지 않는 부분을 찾아</u> ✕ 를 해 보세요.

보기

나는 ~~도무지~~ 행복해서 울었습니다.

1. 자기 전에 이를 부쩍 닦아야 한다.

2. 지각하지 않으려고 학교에 느릿느릿 뛰어갔습니다.

3. 내일이면 아직 기다리던 겨울방학이 시작됩니다.

4. 친구들과 점심을 먹으며 펄쩍펄쩍 수다를 떨었습니다.

5. 지우개가 필요해서 필통을 열어 보니 슬쩍 없었습니다.

6. 엄마에게 숙제를 다 했다고 거짓말을 했더니 종종 기분이 좋지 않았다.

7. 미세먼지주의보 때문에 활짝 창문을 닫아 주세요.

🏫 11) 정확하게 읽어 보세요 ★ ★ ★

◉ 〈보기〉에는 시제를 표현하는 여러 단어가 적혀 있습니다. 아래 글을 잘 읽은 후, (   )에 들어갈 알맞은 말을 〈보기〉에서 골라서 넣어 보세요.

1)

보기

내일, 오늘, 어제

(   )은 개학하는 날입니다. (   ) 밀린 방학숙제를 하느라고 늦게 잤더니 무척 피곤합니다. 이제 방학도 끝나고 새 학기가 시작되었으니 (   )부터 새로운 학원도 다니고 더 열심히 공부할 것입니다.

2)

보기

점심, 아침, 저녁

(   )에 우리 집은 정신이 없습니다. 엄마와 아빠는 회사에, 동생과 나는 학교에 갈 준비를 해야 하기 때문입니다. (   ) 시간에는 학교에서 맛있는 급식을 먹고, (   )에는 집에서 온 가족이 모여 함께 식사를 하며 그 날 있었던 일에 대해 이야기를 나눕니다.

🏫 12) 정확하게 읽어 보세요 ★★★

◉ 〈보기〉에는 시제를 표현하는 여러 단어가 적혀 있습니다. 아래 글을 잘 읽은 후, (   )에 들어
갈 알맞은 말을 〈보기〉에서 골라서 넣어 보세요.

1)

보기

곧, 오늘, 다음에, 아침, 어제

(   )은 우리 학교에서 소풍을 가기로 한 날입니다. (   )
하루 종일 비가 와서 계속 걱정했는데, 다행히 오늘 (   )부터 비가 그치
고 날씨가 좋아졌습니다. 엄마가 맛있는 도시락을 싸 주셨고, 이제 (   )
출발하려고 합니다. (   ) 소풍을 갈 때에도 날씨가 좋았으면 좋겠습니다.

2)

보기

지난번, 지금, 내일, 작년, 당장

설날이 되어 온 친척들이 할아버지 댁에 모였습니다. (   ) 설날에
만난 후 거의 1년 만에 보는 친척분들도 계셨습니다. (   )에 봤을 때보다
키가 많이 큰 동생들도 있었습니다. (   ) 다 함께 윷놀이를 하고 있는
데, 지고 있는 큰아버지는 (   )이라도 윷놀이를 그만두자고 농담을
하셨습니다. 우리 가족은 오늘 여기에서 자고 (   )은 외할아버지 댁으로
갈 예정입니다.

🏫 13) 정확하게 읽어 보세요 ★ ★ ★

👁️ 〈보기〉에는 시제를 표현하는 여러 단어가 적혀 있습니다. 아래 글을 잘 읽은 후, ( )에 들어 갈 알맞은 말을 〈보기〉에서 골라서 넣어 보세요.

보기

조만간, 이미, 당분간, 앞으로, 아직

오늘 아빠가 아프리카로 출장을 가셨습니다. 아빠와 아침에 인사를 못해서 전화를 하려고 했는데 (   ) 비행기가 출발해서 통화를 할 수 없었습니다. 오후에 전화를 하려고 했는데, 엄마가 "아프리카는 너무 먼 나라여서 (   ) 도착하지 않으셨을 거야."라고 하셨습니다. 나는 (   ) 아빠를 보지 못할 것이라 생각하니 많이 아쉬웠습니다.

며칠이 지났습니다. 아빠는 여전히 연락하기가 힘듭니다. 엄마는 "(   ) 아빠에게 연락이 올 거야."라고 나를 위로해 주셨습니다.

아빠를 보려면 (   )도 5일을 더 기다려야 하다니, 시간이 빨리 지나갔으면 좋겠습니다.

14) 정확하게 읽어 보세요 ★★★

◉ 〈보기〉의 이야기를 잘 읽고, 질문에 맞는 답을 찾아보세요.

보기

　　오늘은 친구들과 수영장에 가기로 한 날입니다.
　　너무 신이 나서 아침 일찍 일어나 수영복과 수영모자, 수영할 때 쓰는 안경까지 챙겼습니다. 그런데 수영장에 도착해서 보니 동생의 가방과 헷갈려서 엉뚱한 가방을 들고 왔습니다. 속상한 마음에 어떻게 해야 하나 고민하고 있었는데, 옆에 있던 수경이가 수영복이 한 개 더 있다면서 빌려주겠다고 합니다.

1. 빈칸에 알맞은 단어를 적어 보세요.

　　나는 오늘 ○○○ 과 □□□ 에 가기로 했다.

2. 오늘 내가 느꼈을 기분을 표현한 표정을 모두 골라 보세요.

3. 이와 비슷한 경험이 있었나요? 어떤 경험이었고, 그때 기분은 어땠나요?

_____

_____

_____

🏫 15) 정확하게 읽어 보세요 ★★★

👁 〈보기〉의 이야기를 잘 읽고, 질문에 맞는 답을 찾아보세요.

> **보기**
>
> 오늘은 만우절입니다. 영수가 학교에 가 보니 반 친구들이 아침부터 선생님을 골탕 먹일 계획을 짜고 있었습니다. 친구들이 교실 문 위에 칠판지우개를 올려놓고 자리에 돌아와 앉았습니다. 영수는 재미있겠다고 생각했지만, 한편으로는 선생님께서 화가 나시지는 않을까 걱정이 되었습니다.

1. 만우절은 무슨 날일까요? [국어사전, 인터넷 등에서 찾아 써 보세요.]

2. 친구들이 한 행동을 보고 영수는 어떤 기분이었나요?

3. 선생님께서 교실 문을 열고 들어오신 후, 어떤 반응을 보이실지 이야기해 보아요.

16) 정확하게 읽어 보세요 ★★★

👁 〈보기〉의 이야기를 잘 읽고, 질문에 맞는 답을 찾아보세요.

> ### 보기
>
>   내일은 가을 소풍을 가는 날입니다. 민희는 들뜬 마음에 맛있는 음료수와 과자를 간식으로 사고, 민희의 엄마께서도 도시락을 싸려고 준비를 하셨습니다. 그런데 다음 날 아침 일어나 보니, 비가 내리고 있었습니다. 비가 오면 소풍을 가지 못하고 정상수업을 진행한다는 선생님의 말씀이 생각나서 민희는 속상했습니다.

1. 비가 와서 민희는 왜 속상했을까요?

2. 민희의 감정이 어떻게 변했는지 이야기해 보세요.

3. 민희와 비슷한 경험이 있다면 이야기해 보세요.

◉ 〈보기〉의 이야기를 잘 읽고, 질문에 맞는 답을 찾아보세요.

보기

　　드디어 3월이 되고, 새 학년이 되었습니다. 새 학년이 되어 새로운 친구들과 선생님을 만나게 되어 기쁘고 설레기도 하지만, 공부가 어려우면 어쩌나 친구들과 잘 못 어울리면 어쩌나 하는 걱정으로 마음이 싱숭생숭합니다. 그렇지만 나와 가장 친한 친구 민지가 같은 반이 되어서 다행입니다. 아침에 교실 문을 열었는데 ＿＿＿＿＿＿＿＿＿＿＿＿＿＿＿＿＿＿＿＿＿＿＿＿＿＿＿＿＿.

1. 오늘은 무슨 날입니까?

＿＿＿＿＿＿＿＿＿＿＿＿＿＿＿＿＿＿＿＿＿＿＿＿＿＿＿＿＿＿＿＿＿＿＿＿＿＿

2. 오늘 나의 기분은 어떤가요?

＿＿＿＿＿＿＿＿＿＿＿＿＿＿＿＿＿＿＿＿＿＿＿＿＿＿＿＿＿＿＿＿＿＿＿＿＿＿

3. 마지막 문장의 밑줄 친 곳에 들어갈 만한 상황을 상상해서 적어 보세요.

＿＿＿＿＿＿＿＿＿＿＿＿＿＿＿＿＿＿＿＿＿＿＿＿＿＿＿＿＿＿＿＿＿＿＿＿＿＿

＿＿＿＿＿＿＿＿＿＿＿＿＿＿＿＿＿＿＿＿＿＿＿＿＿＿＿＿＿＿＿＿＿＿＿＿＿＿

◉ 〈보기〉의 이야기를 잘 읽고, 질문에 맞는 답을 찾아보세요.

보기

　　6교시가 끝나고 이제 학원을 가야 할 시간입니다. '아 가기 싫다. 그래도 가야지'라고 생각하며 교문을 나서는데 저기 멀리서 친구 상은이가 나를 불러 세웁니다. "너 학원 가지 말고, 나랑 PC방 갈래?" 나는 순간 고민이 되었지만 '에라 모르겠다' 하고 친구와 PC방에 갔습니다. 솔직히 걱정이 되긴 했지만, 막상 컴퓨터 게임을 하다 보니 걱정을 잊게 되었습니다. 그런데 갑자기 핸드폰이 울렸고, 확인해 보니 엄마였습니다. 갑자기 가슴이 콩닥콩닥 뛰면서 무슨 말을 해야 할지 떠오르질 않았습니다.

1. 엄마의 전화를 받고 이 글의 주인공의 기분은 어땠을까요?

2. 엄마에게 무슨 말을 해야 할까요?

3. 이 글의 주인공과 비슷한 경험을 한 적이 있다면 적어 보세요.

🏫 1) 만약 나라면? ★ ★ ★

◉ 다음 이야기를 잘 읽고, 질문에 알맞게 표현해 보세요.

> 내일은 소풍을 가는 날이에요. 엄마는 내일 내가 가져갈 김밥을 싸고 계시고, 나는 엄마 옆에서 김밥 싸시는 모습을 지켜보고 있어요.
>
> 먼저 검정색 김을 깔고 그 위에 하얀 밥을 올리네요. 그리고 그 위에 내가 가장 좋아하는 분홍색 햄과 빨간색 맛살을 듬뿍 넣어 주셨어요. 하지만 내가 싫어하는 시금치와 당근도 들어 있어요. 그래도 감사한 마음으로 맛있게 먹어야겠죠?

읽은 이야기를 생각하며, 다음에 이어질 엄마와 나의 대화를 완성해 보세요.

🏫 2) 만약 나라면? ★ ★ ★

◉ 다음 이야기를 잘 읽고, 질문에 알맞게 표현해 보세요.

> 요즘 들어 내 동생이 자꾸 내 책상 위의 물건을 가져간다.
> 동생에게 내 방에 들어오지 말라고 말했더니, 갑자기 울기 시작했다. 거실에 계시던 엄마가 동생의 우는 소리를 들으시고는, 어떤 사정인지 물어보지 않으시고 나에게 "형이 동생을 잘 보살펴 줘야지"라며 혼내셨다.

읽은 이야기를 생각하며, 그다음 이어질 나와 엄마의 대화를 완성해 보세요.

🏫 3) 만약 나라면? ★ ★ ★

👁 다음 이야기를 잘 읽고, 질문에 알맞게 표현해 보세요.

> 오랜만에 가족들과 함께 옷을 사러 쇼핑몰에 갔습니다. 기쁜 마음으로 구경을 하다가 쇼핑몰 계단에서 넘어져 다리를 삐끗했습니다. 엄마께서 "오늘은 다리가 아프니까 걸어 다니기 힘들 것 같으니 다음에 오자"라고 말씀하셨습니다. 오랜만에 나온 쇼핑인데 다시 돌아가야 한다고 생각하니 속상하고, 가족들에게 미안했습니다. 그런데 옆에 있던 동생이 미안해하지 않아도 된다며 위로해 주었습니다.

읽은 이야기를 생각하며, 나와 동생의 대화를 완성해 보세요.

🏫 4) 만약 나라면? ★ ★ ★

◉ 다음 이야기를 잘 읽고, 질문에 알맞게 답해 보세요.

> 철수는 새해 첫날 밤 식구들과 함께 구봉산에 올라 별을 보았습니다. 하늘 위를 올려다보니 검정색 도화지에 노란색 점을 찍어 놓은 것처럼 무수히 많은 별들이 떠 있었습니다. 그리고 동그랗고 통통한 보름달도 두둥실 떠 있었습니다.

1. 철수는 새해 첫날 밤 어디에서 무엇들을 보았습니까?

2. 이날 철수의 기분은 어땠을까요?

3. 이와 같은 경험이 있나요? 있다면 선생님과 함께 이야기해 보세요.

5) 만약 나라면? ★ ★ ★

👁 다음 이야기를 잘 읽고, 질문에 알맞게 답해 보세요.

> 지난주 월요일 민지는 식물원으로 소풍을 가서 난생처음 선인장을 보았어요. 손톱크기만큼 아주 작은 선인장도 있었고, 나무처럼 아주 큰 선인장도 있었습니다. 집에 돌아와 민지는 일기장에 식물원에서 봤던 선인장에 대해 적었습니다.

오늘의 상황에서 민지가 일기장에 썼을 만한 내용을 아래에 써 보세요.

6) 만약 나라면? ⭐ ⭐ ⭐

◉ 다음 이야기를 잘 읽고, 질문에 알맞게 답해 보세요.

> 오늘은 내 생일이에요. 부모님께서 나를 위해 멋진 어항을 선물해 주셨어요. 어항 안에는 주황색 물고기가 3마리 들어 있었고, 물고기들이 맘껏 헤엄치며 놀고 있었어요. 어항 바닥에는 조그마한 검은색 돌들이 깔려 있었고, 초록색 수초도 3개 들어 있었어요.

내가 선물 받은 어항을 아래에 표현해 보세요.

🏫 7) 만약 나라면? ★ ★ ★

◉ 다음 이야기를 잘 읽고, 질문에 알맞게 표현해 보세요.

> 며칠 전 우리 반 친구 성호의 생일에 초대받았습니다. 특별한 선물을 해 주고 싶어서 한참을 고민하다가 멋진 그림이 그려진 필통을 샀습니다. 그런데 생일파티에 가 보니 경민이가 나와 똑같은 필통을 선물로 가져왔습니다. '똑같은 필통을 두 개 받으면 성호가 별로 안 좋아할 텐데…….'라는 생각도 들고, '그래도 괜찮아, 일부러 그런 것도 아니니까~'라는 생각도 들었습니다. 생일 축하 노래를 부르고 드디어 선물을 전해 줘야 할 순간이 다가왔습니다.

읽은 이야기와 어울리도록, 그다음 이어질 두 사람의 대화를 완성해 보세요.

나 : _____

성호 : _____

나 : _____

성호 : _____

나 : _____

성호 : _____

🏫 8) 만약 나라면? ★ ★ ★

◉ 다음 이야기를 잘 읽고, 질문에 알맞게 표현해 보세요.

> 학교가 끝나고 집에 돌아와 현관문을 열었는데 집 안에서 타는 냄새가 나고 연기가 납니다. 일단 부엌으로 가서 가스불이 켜져 있는지 확인해 보니 아니나 다를까 가스불은 켜져 있고 냄비 안에서 무언가 타고 있었습니다. 가스불을 끄고, 창문을 열어 환기※를 시켰습니다. 깜짝 놀랐지만 일단 위험한 순간은 넘겼습니다. 이제 엄마에게 전화를 걸어 자초지종※을 설명하려고 합니다.

읽은 이야기와 어울리도록, 그다음 이어질 두 사람의 대화를 완성해 보세요.

나 : _____

엄마 : _____

나 : _____

엄마 : _____

나 : _____

엄마 : _____

※ 환기: 공기가 좋지 않고 탁하여 맑게 바꾸는 것
※ 자초지종: 처음부터 끝까지 모든 과정

9) 만약 나라면? ★ ★ ★

👁 다음 이야기를 잘 읽고, 질문에 알맞게 표현해 보세요.

> 오늘 짝꿍이 다리를 다쳐서 깁스를 하고 학교에 왔다. 선생님께서 몸이 불편한 친구를 도와주라고 하셨지만 귀찮기도 하고 할 일도 많아서 도와주지 않았다. 나는 친구에게 "나도 깁스하고 싶다. 그러면 학원도 안 가도 되고 혼나지도 않고 좋잖아!"라며 놀리기도 했다. 그런데 며칠 뒤 나도 계단에서 삐끗해서 다리를 다쳐 깁스를 하게 되었다. 깁스를 하면 학원도 안 가고 편할 줄 알았는데, 화장실을 가는 것부터 급식실에 가는 것까지 여러모로 너무 불편했다. 짝꿍이 깁스를 했을 때 도와주지도 않고 좋겠다며 놀렸던 것이 너무 미안해서 사과를 하고 싶은 마음이 들었다.

읽은 이야기와 어울리도록, 그다음 이어질 두 사람의 대화를 완성해 보세요.

나 : _____

짝꿍 : _____

나 : _____

짝꿍 : _____

나 : _____

짝꿍 : _____

다. 보고 이해하기

1) 요리조리 생각해요 ★ ★ ★

◉ 다음을 보고 아래 질문들에 답해 보세요.

1. 어떤 상황에서 이런 감정들을 느낄 수 있는지 말해 보세요.

2. 위의 감정 단어들을 비슷한 것끼리 묶어 보세요. 왜 그렇게 생각했나요?

3. 다음의 각 상황에서 느낄 수 있는 감정을 모두 말해 보세요.

   (1) 친구 생일잔치에 다른 친구들은 다 초대장을 받았는데, 나는 받지 못했어요.

   (2) 숙제를 잘해서 선생님께 칭찬을 들었어요.

   (3) 우리 가족이 이사를 가게 되었어요. 깨끗하고 깔끔한 집에 살게 되었지만, 친한 친구들과 헤어지게 되었어요.

🏫 2) 요리조리 생각해요 ★★★

◉ 다음을 보고 아래 질문들에 답해 보세요.

미국 일본 영국 독일 프랑스

이탈리아 캐나다 호주 멕시코

중국 태국 한국 말레이시아

1. 우리나라랑 가까이 있는 나라들은 어느 것인가요? 왜 그렇게 생각했나요?

2. 위에 제시된 나라들을 같은 대륙에 있는 나라들끼리 묶어 보세요.

3. 위에 제시된 나라들 중 섬나라, 반도국가, 대륙국가들을 각각 찾아보세요.

4. 위에 제시된 나라들 중 G7에 속하는 국가들은 어떤 것일까요?

◉ 다음을 보고 아래 질문들에 답해 보세요.

냉장고　세탁기　TV　에어컨
선풍기　다리미　전자레인지　가스레인지
컴퓨터　휴대폰　믹서기　청소기

1. 위에 제시된 것들은 주로 어디에서 사용할 수 있는지 모두 찾아 쓰세요.

　예) TV: 거실

2. 위의 물건들은 주로 어떤 때 사용하나요?

　예) 다리미: 구겨진 옷을 펼 때

3. 사용해 본 경험이 있는 제품은 어떤 것이 있나요?

4. 계절별로 사용하는 제품들은 어떤 것이 있는지 답해 보세요.

5. 선풍기와 세탁기의 공통점은 무엇인가요?

6. 다음 상황에서 사용할 수 있는 제품들을 모두 말해 보세요.

　　날씨가 무더운 어느 휴일 오후, 아빠가 집 안에서 빨래와 청소를 하셨습니다. 빨래와 청소를 마친 후 아빠가 거실에서 쉬고 계셨는데, 엄마가 시원한 오렌지를 갈아서 주스를 만들어 주셨습니다.

4) 요리조리 생각해요 ★ ★ ★

◉ 다음을 보고 아래 질문들에 답해 보세요.

1. 위에 제시된 것들을 형태가 같은 것끼리 묶어 보세요. 왜 그렇게 묶었나요? 각 형태에 속하
   는 또 다른 예시를 말해 보세요.

2. 비누와 주방세제의 공통점과 차이점을 말해 보세요.

3. 물, 수증기, 얼음의 공통점과 차이점을 말해 보세요.

4. 위에 제시된 것들 중, 열을 가했을 때 형태가 변하는 것에는 어떤 것들이 있나요?

5) 요리조리 생각해요 ★★★

◉ 다음을 보고 아래 질문들에 답해 보세요.

레미콘   소방차   탱크   캠핑카   승합차
사다리차   포클레인   트럭
마차
스케이트보드   구급차   경찰차   유모차   불도저

1. 본 적이 있거나 타 본 경험이 있는 것이 있다면 말해 보세요.

2. 공사현장에서 주로 볼 수 있는 것에는 어떤 것들이 있나요?

3. 위급한 상황에서 주로 볼 수 있는 것에는 어떤 것들이 있나요?

4. 불도저와 포클레인, 승합차와 트럭, 캠핑카와 유모차, 마차와 경찰차 각각의 탈것들의 차이점에 대해 말해 보세요.

5. 사다리차와 트럭의 공통점과 차이점을 말해 보세요.

6. 교통사고가 나서 고장 난 차가 도로에 서 있습니다. 이러한 사고 현장에 올 수 있는 탈것을 위에서 모두 골라 보세요.

라. 상상하여 표현하기

1) 내 짝은 누구일까요? ★ ★ ★

👁 〈보기〉와 같이 짝이 되는 단어를 찾아 ○ 해 보세요. 그리고 왜 그런지 이유를 이야기해 보세요.

보기
애벌레 ➡ 나비

우유 ➡	소 돼지 말 닭

왜? _____

학생 ➡	책가방 서류가방 종이가방 핸드백

왜? _____

한글 ➡	율곡 이이 신사임당 세종대왕 이순신

왜? _____

번개 ➡	무지개 천둥 아지랑이 안개

왜? _____

🏫 2) 내 짝은 누구일까요? ★ ★ ★

◉ 〈보기〉와 같이 짝이 되는 단어를 찾아 ○ 해 보세요. 그리고 왜 그런지 이유를 이야기해 보세요.

보기

애벌레 ➡ 나비

망아지 ➡ 돼지
개
소
말

왜? _____

도마 ➡ 칼
가위
지우개
풀

왜? _____

수영 모자 ➡ 목도리
수영복
볼펜
공

왜? _____

소방관 ➡ 주사기
사진기
소화기
경찰차

왜? _____

3) 내 짝은 누구일까요? ★ ★ ★

👁 〈보기〉와 같이 짝이 되는 단어를 찾아 ◯ 해 보세요. 그리고 왜 그런지 이유를 이야기해 보세요.

보기

애벌레 ▶ 나비

의사 ▶ 컴퓨터
소화기
청진기
의자

코트 ▶ 털모자
잠옷
치마
수영복

왜? _____

왜? _____

베개 ▶ 수건
식탁
화장실
이불

손가락 ▶ 양말
머리띠
반지
귀걸이

왜? _____

왜? _____

〈보기〉와 같이 짝이 되는 단어를 찾아 ○ 해 보세요. 그리고 왜 그런지 이유를 이야기해 보세요.

보기

애벌레 ➡ 나비

주스 ➡ 의자
방석
얼음
냄비

왜? _____

겨울 ➡ 새싹
단풍
텔레비전
방학

왜? _____

송편 ➡ 설날
개천절
제헌절
추석

왜? _____

계산기 ➡ 과학
숫자
연필
종이

왜? _____

🏫 5) 내 짝은 누구일까요? ★ ★ ★

◉ 〈보기〉와 같이 짝이 되지 <u>않는</u> 단어를 찾아 ✕ 해 보세요. 그리고 왜 그런지 이유를 이야기해 보세요.

여름 ➡ 에어컨
선풍기
온풍기
부채

왜? _____

방학 ➡ 여름
겨울
가을
봄

왜? _____

계절 ➡ 가을
봄
동지
여름

왜? _____

과목 ➡ 국어
독서
영어
체육

왜? _____

◉ 〈보기〉와 같이 주어진 단어를 넣어 문장을 만들어 보세요.

보기	
노란 ➡	노란 개나리가 활짝 피었습니다.

• 빨간:

• 파란:

• 검정:

보기	
전화, 엄마, 시장 ➡	시장에 간 엄마에게 전화를 걸었다.

• 자전거, 들판, 하늘:

• 책상, 연필, 장난감:

• 책상, 풀, 지우개:

2) 마음대로 완성해요 ★ ★ ★

◉ 〈보기〉와 같이 주어진 단어를 넣어 문장을 만들어 보세요.

보기

노란 ➡ 노란 개나리가 활짝 피었습니다.

• 노래:

• 반지:

• 책상:

보기

전화, 엄마, 시장 ➡ 시장에 간 엄마에게 전화를 걸었다.

• 친구, 심부름, 엄마:

• 그네, 미끄럼틀, 운동장:

• 화장실, 창문, 핸드폰:

3) 마음대로 완성해요 ★ ★ ★

● 〈보기〉와 같이 주어진 단어를 넣어 문장을 만들어 보세요.

보기

(노란) ➡ 노란 개나리가 활짝 피었습니다.

• 종이컵: _____

• 지구: _____

• 운동: _____

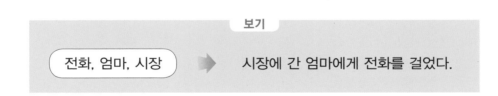

보기

(전화, 엄마, 시장) ➡ 시장에 간 엄마에게 전화를 걸었다.

• 공책, 휴지, 코끼리: _____

• 미용실, 컴퓨터, 벽지: _____

• 손가락, 염색, 바구니: _____

🏫 4) 마음대로 완성해요 ★ ★ ★

👁 〈보기〉와 같이 주어진 단어를 넣어 문장을 만들어 보세요.

보기

노란 ➡ 노란 개나리가 활짝 피었습니다.

• 포도잼: _____

• 연필꽂이: _____

• 땅콩: _____

보기

전화, 엄마, 시장 ➡ 시장에 간 엄마에게 전화를 걸었다.

• 유기농, 이메일, 스케치북, 부엌: _____
_____

• 교실, 가위, 약속, 안경: _____
_____

👁 〈보기〉와 같이 주어진 단어로 재미있는 문장을 만들어 보세요.

보기

가방, 슈퍼마켓, 사진기

➡ 엄마는 슈퍼마켓에서 사진기에 넣는 건전지를 사서 가방에 넣으셨습니다.

1. 코끼리, 사진, 꿈

2. 사냥꾼, 나무, 소리

3. 햄버거, 밥, 할머니

4. 학교, 개나리, 도시락

5. 연못, 수영, 소풍

🏫 6) 마음대로 완성해요 ★ ★ ★

◉ 〈보기〉와 같이 주어진 단어로 재미있는 문장을 만들어 보세요.

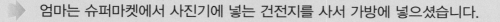

보기

가방, 슈퍼마켓, 사진기

➡ 엄마는 슈퍼마켓에서 사진기에 넣는 건전지를 사서 가방에 넣으셨습니다.

1. 노래, 책상, 화장실, 동생

_____

_____

2. 핸드폰, 칠판, 간식, 체육

_____

_____

3. 시계, 공원, 꽃, 강아지

_____

_____

4. 친척, 여름, 휴게소, 빨래

_____

_____

5. 공사, 책, 자전거, 아빠

_____

_____

〈지도방법〉

- 대상과 개념들 간의 관계성을 강조합니다. 유사점, 차이점을 생각해 보고 직접 설명합니다.
- 유사한 철자/소리/단어의 공통성과 차이점을 찾고 설명합니다.
- 구체적인(concrete) 사고수준에서 추상적인(abstract) 수준으로 확장합니다.
- 교사는 개방형 질문과 폐쇄형 질문을 모두 사용합니다.
- 있는 사실을 그대로 설명하는 방식과 추론하는 방식을 함께 사용합니다.
- 개념을 정의하고, 다양한 기준에 따라 유목화(범주화)를 해 봅니다(어떻게 명명할 것인가? 왜 그렇게 묶었는가?).
- 언어 및 학업기술과의 연계를 고려합니다(특히, 읽기).
- 단순한 주입식 교육과 교사 주도의 지도를 피하고, 아동이 능동적으로 과제에 참여하도록 합니다.
- 아동에게 구체적으로 지시하고, 질문법을 사용하며, 즉각적인 피드백을 제공합니다.
- 새로운 학습 내용을 이미 학습한 내용과 연관시켜 연합적 사고기술을 강화합니다(마인드맵, 토론 등을 활용).
- 시각적 보조 자료를 활용하여 언어적으로 제시되는 단어나 표현을 심상(image)으로 연결시켜 봅니다.
- 선행조직자를 사용하면 새로운 내용의 학습 및 기억을 촉진하는 효과를 얻을 수 있습니다(참고: 선행조직자란, 학생의 이해를 돕고, 인지 구조를 강화하기 위해 수업이 시작될 때 제공하는 어떤 단서나 전체적인 구조를 말함).
- 단어게임(동음이의어, 동음이형어 활용), 국어사전(동의어, 반의어, 유사어, 예문, 숙어, 관용적 표현) 등을 활용합니다.

가. 유사점 및 차이점 찾기

1) 비슷한 점을 찾아보세요 ★ ★ ★

◉ 〈보기〉와 같이 끝말잇기를 해 보세요.

보기

| 학교 | 교실 | 실패 | 패자 부활전 | 전기 |

친구				
베개				
채소				
학교				

2) 비슷한 점을 찾아보세요 ★★★

〈보기〉와 같이 끝말잇기를 해 보세요.

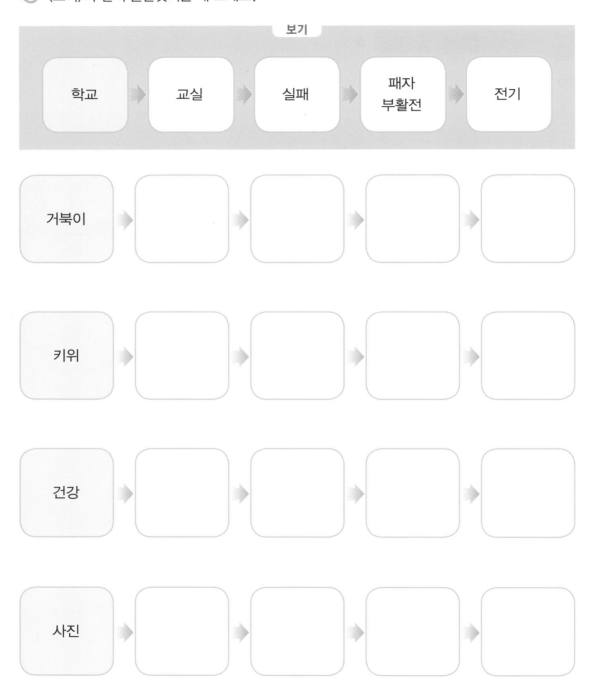

보기

학교 ➜ 교실 ➜ 실패 ➜ 패자부활전 ➜ 전기

거북이 ➜ ➜ ➜ ➜

키위 ➜ ➜ ➜ ➜

건강 ➜ ➜ ➜ ➜

사진 ➜ ➜ ➜ ➜

3) 비슷한 점을 찾아보세요 ★ ★ ★

〈보기〉와 같이 끝말잇기를 해 보세요.

보기

학교 ▶ 교실 ▶ 실패 ▶ 패자 부활전 ▶ 전기

안경 ▶　　▶　　▶　　▶

연구 ▶　　▶　　▶　　▶

물병 ▶　　▶　　▶　　▶

경찰 ▶　　▶　　▶　　▶

🏫 4) 비슷한 점을 찾아보세요 ★★★

👁 〈보기〉와 같이 단어에 공통적으로 들어갈 수 있는 글자를 찾아보세요.

1.
   [ ] 과
   [ ] 자

2.
   남동 [ ]
   여동 [ ]

3.
   종이접 [ ]
   비행 [ ]

4.
   동화 [ ]
   만화 [ ]

5.
   학 [ ]
   선 [ ] 님

6.
   [ ] 걸이
   잠 [ ]

5) 비슷한 점을 찾아보세요 ★★★

● 〈보기〉와 같이 단어에 공통적으로 들어갈 수 있는 글자를 찾아보세요.

1.
고추 ▢
된 ▢

2.
운동 ▢
▢ 사원

3.
미 ▢ 실
▢ 감하다

4.
우 ▢
▢ 제품

5.
▢ 험실
교생 ▢ 습

6.
무당벌 ▢
걸 ▢

🏫 6) 비슷한 점을 찾아보세요 ★ ★ ★

◉ 다음 빈칸에 들어갈 수 있는 글자를 각각 적어 보세요.

1. [　] 교 　　　 [　] 생 　　　 과 [　] 자

2. 장난 [　] 　　　 [　] 기약 　　　 [　] 동

3. [　] 력 　　　 보름 [　] 　　　 [　] 구지

4. 침 [　] 　　　 [　] 나무 　　　 [　] 한민국

5. 머 [　] 　　　 코끼 [　] 　　　 돗자 [　]

6. 참 [　] 름 　　　 [　] 차표 　　　 달리 [　]

7. 노래 [　] 　　　 [　] 귀 　　　 주 [　]

8. [　] 간색 　　　 [　] 리 [　] 리 　　　 [　] 래판

◉ 다음 단어들을 보고, 공통으로 들어가는 글자에 ○ 표 하세요.

> 마차, 마늘, 귀마개, 마술, 도마

> 주유소, 주말, 주소, 경주, 주인

> 인형, 인사, 상인, 시인, 인터넷

> 코스모스, 모래, 모기, 부모님, 모자

> 앨범, 범인, 표범, 범죄자, 모범생

> 교회, 회의실, 회장, 회오리, 회사

8) 비슷한 점을 찾아보세요 ★ ★ ★

◉ 〈보기〉와 같이 제시된 음절이 들어가는 단어를 5개 이상 적어 보세요.

보기

| 이 | ➤ | 이름, 이사, 이마, 이민, 이구아나 |

| 대 | ➤ | |

| 가 | ➤ | |

| 아 | ➤ | |

| 화 | ➤ | |

🏫 9) 비슷한 점을 찾아보세요 ★ ★ ★

◉ 〈보기〉와 같이 제시된 음절이 들어가는 단어를 5개 이상 적어 보세요.

보기

이 ➡ 이름, 이사, 이마, 이민, 이구아나

공 ➡

방 ➡

심 ➡

학 ➡

◉ 〈보기〉와 같이 제시된 음절이 들어가는 단어를 5개 이상 적어 보세요.

보기

| 이 ➡ | 이름, 이사, 이마, 이민, 이구아나 |

| 주 ➡ | |

| 교 ➡ | |

| 강 ➡ | |

| 산 ➡ | |

◉ 〈보기〉처럼 마지막 글자가 똑같은 단어들을 적어 보세요.

보기

| 친구 | 항 구 | 야 구 | 장 구 |

| 선풍기 | ___ 기 | ___ 기 | ___ 기 |

| 방송국 | ___ 국 | ___ 국 | ___ 국 |

| 모자 | ___ 자 | ___ 자 | ___ 자 |

| 송진 | ___ 진 | ___ 진 | ___ 진 |

🏫 12) 비슷한 점을 찾아보세요 ★ ★ ★

👁 〈보기〉처럼 마지막 글자가 똑같은 단어들을 적어 보세요.

보기

친구	▪	항 구	▪	야 구	▪	장 구

가방	▪	___ 방	▪	___ 방	▪	___ 방

기구	▪	___ 구	▪	___ 구	▪	___ 구

사진관	▪	___ 관	▪	___ 관	▪	___ 관

도자기	▪	___ 기	▪	___ 기	▪	___ 기

🏫 13) 비슷한 점을 찾아보세요 ★ ★ ★

◉ 〈보기〉처럼 마지막 글자가 똑같은 단어들을 적어 보세요.

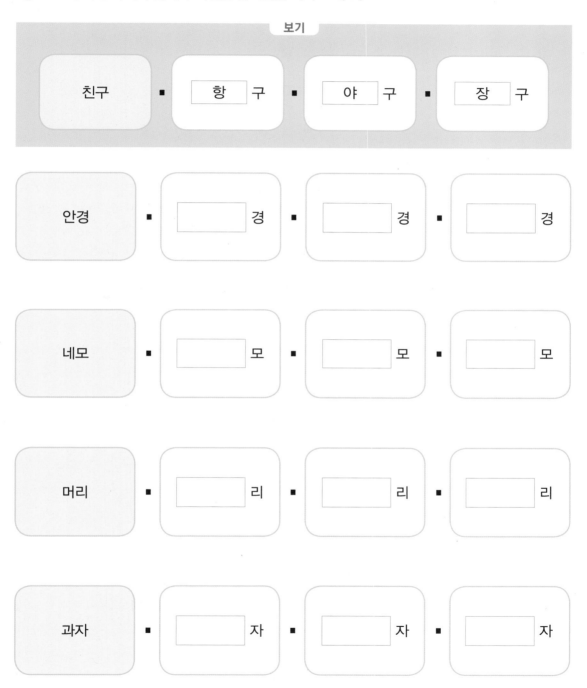

보기

| 친구 | 항 구 | 야 구 | 장 구 |

| 안경 | [ ] 경 | [ ] 경 | [ ] 경 |

| 네모 | [ ] 모 | [ ] 모 | [ ] 모 |

| 머리 | [ ] 리 | [ ] 리 | [ ] 리 |

| 과자 | [ ] 자 | [ ] 자 | [ ] 자 |

👁 〈보기〉와 같이 단어에 공통적으로 들어갈 수 있는 글자를 찾아보세요.

1.

제주 ☐

☐ 시락

2.

땅 ☐

☐ 나물

3.

축구 ☐

동 ☐ 책

4.

머 ☐

☐ 본

5.

금은보 ☐

☐ 요일

6.

☐ 추

☐ 발머리

15) 비슷한 점을 찾아보세요 ★ ★ ★

◉ 〈보기〉와 같이 단어에 공통적으로 들어갈 수 있는 글자를 찾아보세요.

보기

| 학 | 교 |
| 교 | 실 |

1.

| 할아 | | 지 |
| | | 스 |

2.

| 손 | | 건 |
| 수 | | 깡 |

3.

| 송아 | | |
| | | 구본 |

4.

| | | 생님 |
| | | 풍기 |

5.

| 숟가 | | |
| 젓가 | | |

6.

| 소 | | 기 |
| | | 장실 |

◉ 다음 빈칸에 들어갈 수 있는 글자를 각각 적어 보세요.

1.
| 책 ☐ 방 | ☐ 위 | ☐ 로수 |

2.
| 양 ☐ 실 | ☐ 랑이 | 단 ☐ 박 |

3.
| ☐ 진 | 약 ☐ | 운전기 ☐ |

4.
| ☐ 른손 | ☐ 빠 | 가 ☐ 리 |

5.
| 숫 ☐ | ☐ 라 | 효 ☐ |

6.
| ☐ 스 | ☐ 드나무 | ☐ 터 |

7.
| ☐ 이스크림 | ☐ 지랑이 | 메 ☐ 리 |

8.
| 친 ☐ | ☐ 름 | ☐ 리 |

◉ 빈칸에 공통으로 들어갈 알맞은 글자를 연결해 보세요.

2

| □ 리미 ● | ● 지 ● | ● □ 녀노소 |

| □ 누 ● | ● 남 ● | ● 동사무 □ |

| □ 구본 ● | ● 소 ● | ● 수 □ 쟁이 |

| 동서 □ 북 ● | ● 비 ● | ● 우 □ |

| □ 어 ● | ● 다 ● | ● 편 □ |

| □ 나기 ● | ● 문 ● | ● 신 □ 지 |

18) 비슷한 점을 찾아보세요 ★★★

◉ 다음 단어들을 보고, 공통적으로 들어간 글자에 ○표 하세요.

> 저장, 공장, 장구, 미장

> 신장, 시장, 장난감, 책장

> 방송, 방석, 놀이방

> 시금치, 눈금, 금요일

◉ 아래의 글을 읽고 〈보기〉에 있는 글자를 찾아, 각각의 글자에 맞는 도형으로 표시해 보세요.

보기

이 → ○   공 → □   배 → △

학교가 끝나고 친구들이 들에서 공놀이를 하자고 말했습니다.

"공? 농구? 배구? 공던지기?" 고민이 되었지만 학원을 가기 전까지 시간이 남았기 때문에 친구들과 공놀이를 하면서 놀기로 결정! 그런데 이런! 갑자기 배가 살살 아프기 시작했어요. "이이이이이이이잉…."

이를 어쩌지! 배는 아프고, 공은 차야 하고 이러면 안 되는데….

배를 움켜잡고 친구들에게 갔는데 "얼른 공!"이라고 소리쳤습니다.

"얘들아! 나 갑자기 배가 이렇게 아프거든? 공놀이하면서 잠깐 기다려 줄래?"

"배 많이 아파? 그럼 양호실에 다녀와. 공은 여기에 놓고 기다리고 있을게."

🏫 19) 비슷한 점을 찾아보세요 ★★★

👁 〈보기〉와 같이 단어에 공통적으로 들어갈 수 있는 글자를 찾아보세요.

보기

학	교
교	실

1.

☐ 입구

☐ 발

2.

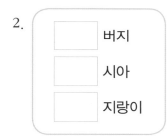

☐ 버지

☐ 시아

☐ 지랑이

3.

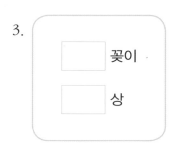

☐ 꽂이

☐ 상

4.

시 ☐

사 ☐ 절

5.

눈동 ☐

☐ 신감

6.

청 ☐ 년

☐ 말리아

집주 ☐

7.

비디 ☐

☐ 두막

☐ 렌지

8.

머리 ☐ 락

☐ 메라

20) 비슷한 점을 찾아보세요 ★★★

● 〈보기〉와 같이 단어에 공통적으로 들어갈 수 있는 글자를 찾아보세요.

보기

학 [교]

[교] 실

1.
미술 [ ]

박물 [ ]

2.
[ ] 수병

[ ] 일

[ ] 각

3.
양 [ ]

[ ] 란색

[ ] 도

4.
[ ] 수리

수 [ ] 과

[ ] 류장

5.
[ ] 루

도 [ ]

토 [ ] 토

6.
[ ] 인공

[ ] 문

[ ] 유소

7.
우체 [ ]

[ ] 잣집

두 [ ]

8.
[ ] 난감

[ ] 조림

신발 [ ]

👁 빈칸에 공통으로 들어갈 알맞은 글자를 연결해 보세요.

☐ 꼽 ●	● 기 ●	● ☐ 험
☐ 린 ●	● 파 ●	● ☐ 네이션
아 ☐ 트 ●	● 실 ●	● 돛단 ☐
영 ☐ ●	● 배 ●	● ☐ 찻길
양호 ☐ ●	● 화 ●	● ☐ 리
☐ 메라 ●	● 카 ●	● ☐ 장실

2

◉ 〈보기〉와 같이 다음 단어들 중에서 공통점이 <u>없는</u> 것 하나를 찾아서 ◯ 표 하세요.

보기

월	목	토	수	(해)

ㅈ	ㅎ	ㄱ	ㅠ	ㅂ

닥	낙	각	락	갈

1시	10시	9시	2시	10분

코	입	귀	배꼽	눈

◉ <u>끝소리가 다른 단어</u>를 찾아보세요.

2

> 친구, 구두, 전구

> 자신감, 단감, 친밀감, 욕심

> 책상, 긴장, 간장, 반장

> 물, 불, 술, 굴, 붓

> 학교, 교장, 분교, 초등학교

> 필통, 분필, 쓰레기통

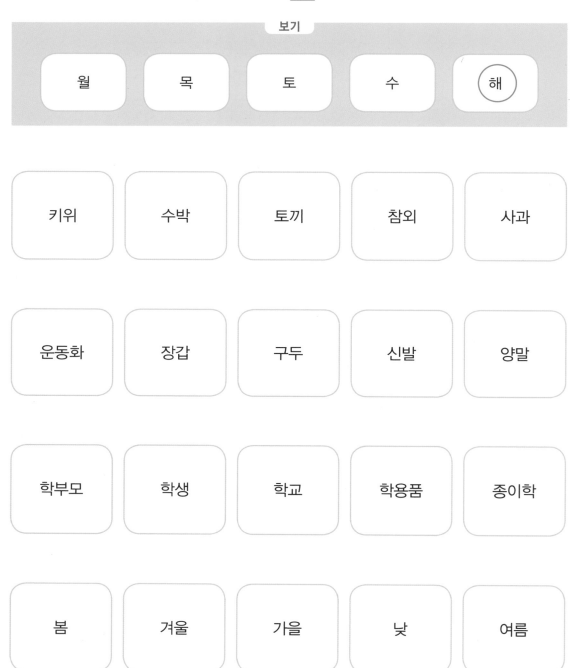

3) 다른 점을 찾아보세요 ★★★

〈보기〉와 같이 다음 단어들 중에서 공통점이 없는 것 하나를 찾아서 ○ 표 하세요.

보기

| 월 | 목 | 토 | 수 | 해 |

| 키위 | 수박 | 토끼 | 참외 | 사과 |

| 운동화 | 장갑 | 구두 | 신발 | 양말 |

| 학부모 | 학생 | 학교 | 학용품 | 종이학 |

| 봄 | 겨울 | 가을 | 낮 | 여름 |

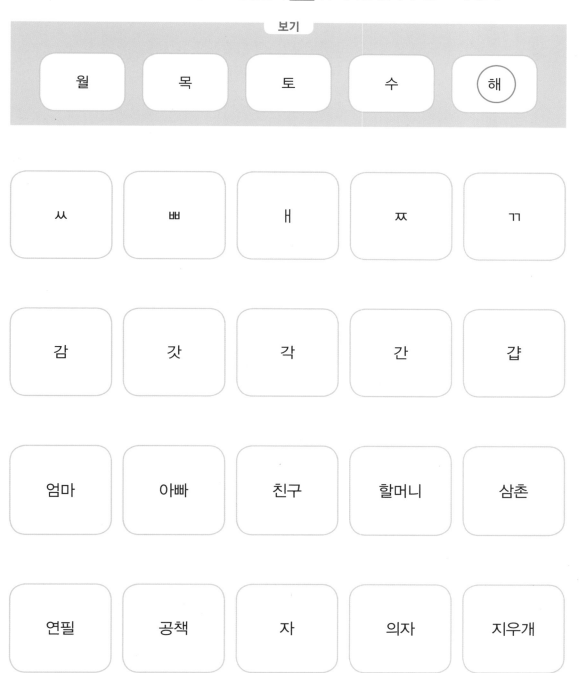

4) 다른 점을 찾아보세요 ★★★

〈보기〉와 같이 다음 단어들 중에서 공통점이 <u>없는</u> 것 하나를 찾아서 ◯표 하세요.

보기

| 월 | 목 | 토 | 수 | (해) |

2

| ㅆ | ㅃ | ㅐ | ㅉ | ㄲ |

| 감 | 갓 | 각 | 간 | 갑 |

| 엄마 | 아빠 | 친구 | 할머니 | 삼촌 |

| 연필 | 공책 | 자 | 의자 | 지우개 |

🏫 5) 다른 점을 찾아보세요 ★★★

◉ 첫소리가 다른 단어를 찾아보세요.

거지, 거짓말, 겨드랑이, 거름

학교, 항복, 학용품, 학춤

남극, 남한, 낙하산, 남자

줄거리, 줄넘기, 준비물, 줄다리기

김밥, 긴장감, 김치, 김구

정보, 정부, 정서, 정숙, 경기

◉ <u>가운뎃소리가 다른</u> 단어를 찾아보세요.

2

> 길거리, 햄버거, 줄거리, 목거리

> 소화기, 미화원, 화수분

> 지우개, 우체통, 비우기

> 수동식, 자동차, 동영상, 운동장

> 청소년, 소풍날, 선풍기

◉ 왼쪽의 단어와 가장 잘 어울리는 말을 오른쪽에서 골라 알맞게 이어 보세요.

장을 ●	● 걸다
글씨를 ●	● 바르다
전화를 ●	● 보다
로션을 ●	● 신다
사진을 ●	● 듣다
뚜껑을 ●	● 쓰다
장갑을 ●	● 찍다
라디오를 ●	● 닫다
구두를 ●	● 덮다
이불을 ●	● 끼다

◉ 빈칸에 공통으로 들어갈 알맞은 단어를 적어 보세요.

2

1.

배가
노래를

2.

원숭이가 나무를
살이 까맣게
버스를

3.

땀이
소리가
화가

4.

연필로 편지를
몸에 좋은 약이 입에는
햇빛을 가리기 위해서 모자를

🏫 3) 무엇이 정답일까요? ★ ★ ★

👁 어울리는 낱말을 연결하여 문장을 완성하세요.

1)

개가 멍멍 ●	● 낳으셨다.
장독대 위에 눈이 ●	● 짓고 계신다.
지난주에 엄마가 막냇동생 보람이를 ●	● 낫는다.
독감에 걸리면 약을 먹어야 금방 ●	● 짖고 있다
할머니께서 시골에 별장을 ●	● 쌓였다.

2)

지갑을 잃어버려서 한참을 ●	● 갔다.
미국에 살고 계신 할머니께 편지를 ●	● 찾았다.
소풍날 아침 친구네 집에 ●	● 같다.
물통에 물이 가득 ●	● 찼다.
내 방 벽에 포스터를 ●	● 붙였다.
나와 동생의 혈액형은 ●	● 부쳤다.

🏫 4) 무엇이 정답일까요? ★ ★ ★

◎ 빈칸에 알맞은 단어를 넣어 문장을 완성하세요. 단어의 형태는 달라질 수 있습니다.

1)

| 다르다 | 틀리다 |

너와 나의 얼굴색은
_____ .

정답은 ③번이야.
아쉽지만 _____ .

2)

| 맞추다 | 맞히다 | 마치다 |

영어 시험이 끝나자마자
내 답과 친구들의 답을
_____ 보았다.

숙제를 다 _____ 전까지
나가서 놀 수 없다.

수학선생님이 내신
문제를 아무도
_____ 못했다.

◉ 다음 문장들의 빈칸에 들어갈 단어를 각 〈보기〉에서 골라 넣으세요.

1.
보기

숯, 숲

☐ 을 피워서 고기를 구웠다.

우리 아빠는 머리 ☐ 이 별로 없다.

2.
보기

셈, 샘

영희는 공부를 잘하는 언니에게 ☐ 을 낸다.

산수 문제를 풀 때는 ☐ 하기를 잘해야 한다.

3.
보기

빚, 빛, 빗

머리를 감은 후 ☐ 으로 머리를 단정하게 했다.

어두운 지하에 있다가 밖으로 나와 밝은 ☐ 을 보니
눈이 부셨다.

아버지의 사업이 잘되지 않아 많은 ☐ 을 지게 되었다.

4.
보기

낯, 낫, 낮

창피해서 ☐ 이 뜨거워졌다.

아기들은 ☐ 이고 밤이고 잠을 많이 잔다.

☐ 놓고 ㄱ자도 모른다.

◉ 다음 문장들의 빈칸에 들어갈 단어를 각 〈보기〉에서 골라 넣으세요. 필요한 경우에는 단어의 형태를 알맞게 바꾸어 보세요.

2

1.
보기
베다, 배다

아기를 [   ] 임산부에게 자리를 양보해 주어야 한다.

종이를 자르다가 실수로 칼에 손을 [   ] .

2.
보기
덥다, 덮다

아프리카는 날씨가 [   ] .

날씨가 추워져서 잠을 잘 때 이불을 잘 [   ] 한다.

3.
보기
갖다, 갔다, 같다

나보다 형이 장난감을 더 많이 [   ] 있다.

친구가 우리 집에서 놀다가 시간이 늦어서 돌아 [   ] .

엄마는 쌍둥이인 영이와 순이에게 [   ] 옷을 많이 사

주신다.

4.
보기
짓다, 짖다, 짙다

엄마가 부엌에서 밥을 [   ] .

마당에서 개가 큰 소리로 [   ] .

안개가 [   ] 끼어서 앞이 잘 안 보인다.

7) 무엇이 정답일까요? ★ ★ ★

◉ 빈칸에 들어가는 단어가 같은 문장을 3개씩 찾아서 쓴 후, 어떤 단어가 공통으로 들어갈지 〈보기〉에서 찾아 적어 보세요.

보기

달다 부치다 붓다 묻다

① 사탕이 ☐.   ② 추석에는 전을 ☐.

③ 부채를 ☐.   ④ 컵에 물을 ☐.

⑤ 선생님께 문제에 대해 ☐.   ⑥ 무게를 ☐.

⑦ 다리가 퉁퉁 ☐.   ⑧ 땅에 타임캡슐을 ☐.

⑨ 물건을 높은 곳에 ☐.   ⑩ 편지를 ☐.

⑪ 매달 적금을 ☐.   ⑫ 옷에 국물이 ☐.

예시

⑤ , ⑧ , ⑫ → 묻다

(1) ☐ , ☐ , ☐ →

(2) ☐ , ☐ , ☐ →

(3) ☐ , ☐ , ☐ →

🏫 8) 무엇이 정답일까요? ★ ★ ★

◉ 아래에서 빈칸에 들어가는 단어가 같은 것을 3개씩 묶고, 어떤 단어가 공통으로 들어갈지 〈보기〉에서 찾아 적어 보세요.

> 보기
>
> 맞다   풀다   싸다   짓다

① 문제를 열심히 ☐.　　② 내가 틀리고 네가 ☐.

③ 물건 값이 ☐.　　　　④ 저녁밥을 ☐.

⑤ 신발 끈을 ☐.　　　　⑥ 엄마께 회초리로 ☐.

⑦ 오랜만에 오신 손님을 ☐.　⑧ 농사를 ☐.

⑨ 포장지로 선물을 ☐.　　⑩ 시를 ☐.

⑪ 휴지로 코를 ☐.　　　⑫ 철수는 벌을 받아도 ☐.

> 예시
>
> ② , ⑥ , ⑦ → 맞다

(1) ☐ , ☐ , ☐　→

(2) ☐ , ☐ , ☐　→

(3) ☐ , ☐ , ☐　→

◉ 어울리는 낱말을 연결하여 문장을 완성하세요.

1)

외양간에서 소뿔에 ●	● 바랬다.
오래된 앨범 속 사진 색들이 ●	● 받쳐서 드려라.
손님께 과일접시를 쟁반에 ●	● 받혔다.
부모님께서 오래도록 건강하시길 ●	● 바란다.
옛날엔 지역 특산물을 임금님께 ●	● 바쳤다.

2)

선생님께서 과학 실험하는 방법을 ●	● 가리키다.
시험에서 정답을 ●	● 맞혔다.
등대가 있는 곳을 손가락으로 ●	● 가르치다.
나무의 기둥을 ●	● 맞추다.
퍼즐을 ●	● 베다.

🏫 10) 무엇이 정답일까요? ★ ★ ★

◉ 발음하는 소리는 같지만 맞춤법이나 뜻이 다른 낱말들이 있어요. 다음 (   ) 안의 낱말 중에 알맞은 것에 ○ 해 보세요.

> 올림픽에서 우리나라 선수가 10점짜리 과녁에 화살을 (맞혔다 / 맞췄다 / 마쳤다).
> 밤 10시가 되어서야 숙제를 (맞혔다 / 맞췄다 / 마쳤다).
> 내가 선생님이 내신 문제의 답을 (맞혔다 / 맞췄다 / 마쳤다).

> 편지를 보낼 때에는 우표를 꼭 (부쳐야 / 붙여야) 한다.
> 아버지께서 누나에게 용돈을 (부쳤다 / 붙였다).
> 명절에 어머니께서는 맛있는 전을 (부치신다 / 붙이신다).
> 수업 중에 발표를 잘하면 칭찬 스티커를 (부칠 / 붙일) 수 있다.

> 어머니는 학교에서 수학을 (가르치시는 / 가리키시는) 선생님이다.
> 나는 손으로 (가르쳐 / 가리켜) 할머니께 은행에 가는 길을 알려드렸다.
> 전학 온 친구에게 오늘 시간표를 (가르쳐 / 가리켜) 주었다.
> 형은 공을 (가르치면서 / 가리키면서) 동생에게 주워오라고 했다.

> 우리 집 강아지가 새끼를 (낳았다/ 나았다).
> 친구의 병이 빨리 (낳았으면/ 나았으면) 좋겠다.
> 조수미는 대한민국이 (낳은/ 나은) 세계 최고의 소프라노다.
> 피아노 실력은 내가 형보다 더 (낳다/ 낫다).

가. 유사점 및 차이점 찾기 **109**

11) 무엇이 정답일까요? ★ ★ ★

○ 아래 빈칸에 공통으로 들어갈 말을 〈보기〉에서 찾아 쓰세요. 필요하면 형태를 바꾸어 쓰세요.

> **보기**
>
> 가다듬다, 가로지르다, 터지다, 쏠리다

1) 버스가 갑자기 서서 앞쪽으로 몸이 (   ).

   시선이 온통 연예인에게 (   ).

   요즘 상수의 관심은 온통 공룡에 (   ).

2) 오디션을 보기 전에 목을 (   ).

   정신을 (   ) 시험공부를 하였다.

   긴장이 되어 계속 호흡을 (   ).

3) 사냥꾼이 숲을 (   ) 토끼를 쫓아갔습니다.

   강아지가 마당을 (   ) 뛰어갔습니다.

   철수가 운동장을 (   ) 교문 쪽으로 걸어갔습니다.

4) 연설이 끝나자 박수가 (   ).

   사건이 (   ) 형사들이 매우 바쁘게 움직였습니다.

   밤새도록 공부를 하다가 코피가 (   ).

1) 같은 종류! 다른 종류! ★ ★ ★

◉ 각 〈보기〉와 같은 종류로 묶일 수 있는 것 3가지를 표에서 찾아보세요.

보기		
의자	책상	베개
	장갑	침대
	접시	소파

보기		
치마	부채	조끼
	점퍼	바지
	반지	야구공

보기		
배추	멜론	시금치
	고사리	감
	튤립	마늘

◉ 각 〈보기〉와 같은 종류로 묶일 수 있는 것 3가지를 표에서 찾아보세요.

보기	짚신	샌들
	헬멧	잠옷
슬리퍼	손수건	구두

보기	미역국	팥빙수
	아이스크림	매운탕
냉면	동치미	잡채

보기	텔레비전	휴대폰
	세탁기	카메라
냉장고	mp3	에어컨

◉ 왼쪽과 같은 종류로 묶일 수 있는 것을 오른쪽에서 찾아보세요.

호랑이	장미	놀이터	고양이	학교

오이	당근	자전거	공책	장화

바지	북	양말	다리미	선풍기

택시	세탁기	이불	구름	버스

달리기	남자	수영	컵	의자

2

◉ 왼쪽과 같은 종류로 묶일 수 있는 것을 오른쪽에서 찾아보세요.

장구	양파	책상	꽹과리	곰

얼굴	트럭	레몬	선인장	다리

미끄럼틀	기타	라면	그네	장갑

피자	모자	라디오	자장면	사진

사과	수박	개나리	냉장고	동화책

◉ 왼쪽과 같은 종류로 묶일 수 있는 것을 오른쪽에서 찾아보세요.

2

| 참치 | 비둘기 | 고양이 | 참새 | 고등어 |

| 국화 | 잔디 | 해바라기 | 소나무 | 단풍 |

| 청바지 | 블라우스 | 치마 | 조끼 | 가디건 |

| 텔레비전 | 냉장고 | 식탁 | 침대 | 장롱 |

| 스키 | 수영 | 스케이트 | 배드민턴 | 야구 |

◉ 왼쪽과 같은 종류로 묶일 수 있는 것을 오른쪽에서 찾아보세요.

반지	팔찌	안경	손목시계	목도리

국어	체험학습	재량활동	체육	조회

의사	파일럿	간호사	디자이너	프로그래머

회전목마	바이킹	시소	미끄럼틀	그네

신나는	짜증나는	외로운	만족스러운	힘겨운

🏫 7) 같은 종류! 다른 종류! ★★★

◉ 왼쪽과 같은 종류로 묶일 수 <u>없는</u> 것을 오른쪽에서 찾아보세요.

| 연필 | 볼펜 | 풀 | 색연필 | 사인펜 |

| 바지 | 와이셔츠 | 코트 | 모자 | 티셔츠 |

| 눈 | 이마 | 코 | 입술 | 손목 |

| 바이올린 | 플루트 | 가야금 | 클라리넷 | 피아노 |

| 농구 | 골프 | 배구 | 마라톤 | 볼링 |

◉ 왼쪽과 같은 종류로 묶일 수 <u>없는 것</u>을 오른쪽에서 찾아보세요.

| 영국 | 미국 | 아시아 | 한국 | 프랑스 |

| 경찰서 | 편의점 | 시청 | 소방서 | 보건소 |

| 비 | 눈 | 안개 | 태풍 | 지진 |

| 서울 | 파리 | 도쿄 | 런던 | 인도 |

| 기쁜 | 슬픈 | 화난 | 찡그린 | 즐거운 |

🏫 9) 같은 종류! 다른 종류! ★★★

👁 다음 〈예시〉와 〈보기〉의 단어들을 잘 보고, 아래 문제들에 답해 보세요.

예시

사과

보기

풍선	접시	포크
파인애플	축구공	딸기
바나나	지구본	칼

1) 〈보기〉에서 사과와 같은 종류 3가지를 적어 보세요.

2) 〈보기〉에서 사과와 같은 모양 3가지를 적어 보세요.

3) 사과, 접시, 칼, 포크는 같이 묶을 수 있습니다. 왜 그럴까요?

10) 같은 종류! 다른 종류! ★★★

◉ 다음 〈예시〉와 〈보기〉의 단어들을 잘 보고, 아래 문제들에 답해 보세요.

예시

우유

보기

주스	소금	빵
컵	커피	토스트기
물	밀가루	눈사람

1) 〈보기〉에서 우유와 같은 종류 3가지를 적어 보세요.

2) 우유, 소금, 밀가루, 눈사람은 같이 묶을 수 있습니다. 왜 그럴까요?

3) 또 어떤 기준으로 묶일 수 있을지 적어 보고, 그 이유를 말해 보세요.

◉ 다음 각 줄의 단어들 중 하나의 단어는 다른 4개의 단어를 대표할 수 있는 단어입니다. 대표하는 단어가 어떤 것인지 골라 보세요.

2

| 교실 | 양호실 | 선생님 | 학교 | 교무실 |

| 키보드 | 모니터 | 컴퓨터 | 마우스 | 본체 |

| 그네 | 모래 | 시소 | 놀이터 | 미끄럼틀 |

| 욕실 | 칫솔 | 비누 | 수건 | 수도꼭지 |

| 슬리퍼 | 구두 | 운동화 | 샌들 | 신발 |

◉ 다음 각 줄의 단어들 중 하나의 단어는 다른 4개의 단어를 대표할 수 있는 단어입니다. 대표하는 단어가 어떤 것인지 골라 보세요.

동생	오빠	가족	엄마	할아버지

편지	주소	우표	봉투	우편번호

싱크대	부엌	가스레인지	냉장고	식탁

튤립	장미	국화	코스모스	꽃

국어	수학	체육	영어	과목

🏫 **13) 같은 종류! 다른 종류!** ★ ★ ★

◉ 다음 각 줄의 단어들을 잘 보고, 그 단어들을 대표할 수 있는 단어를 각각 〈보기〉에서 찾아 맨 마지막의 빈칸에 적어 보세요.

보기			
병원	여름	시계	봄
전화기	빨래	약국	요리

처방전	주사	간호사	의사	

선풍기	방학	샌들	냉방병	

초침	숫자	분침	시침	

밀가루	냄비	양념	칼	

🏫 14) 같은 종류! 다른 종류! ★ ★ ★

◉ 다음 각 줄의 단어들을 잘 보고, 그 단어들을 대표할 수 있는 단어를 각각 〈보기〉에서 찾아 맨 마지막의 빈칸에 적어 보세요.

보기			
계곡	은행	동사무소	바다
결혼식	크리스마스	생일	장례식

신랑	하객	축가	주례	
조개	물고기	미역	불가사리	
케이크	선물	고깔모자	미역국	
통장	현금인출기	번호표	예금	

15) 같은 종류! 다른 종류! ★★★

다음 각 줄에는 하나의 주제와 관련된 단어들이 적혀 있습니다. 각 줄의 단어들을 잘 보고, 맨 마지막 빈칸에 그 주제와 관련된 단어를 하나 더 써 보세요. 또, 각 줄의 단어들과 관련된 주제는 어떤 것인지 연결해 보세요.

여권	여행	비행기	활주로	

겨울	배추	소금	고춧가루	

티켓	팝콘	좌석	스크린	

에펠탑	개선문	파리	루브르 박물관	

립스틱	로션	비비 크림	얼굴	

- 된장
- 버스터미널
- 공항
- 박물관
- 김장
- 영국
- 영화관
- 화장
- 프랑스
- 목욕

16) 같은 종류! 다른 종류! ★ ★ ★

⊙ 다음 각 줄에는 하나의 주제와 관련된 단어들이 적혀 있습니다. 각 줄의 단어들을 잘 보고, 맨 마지막 빈칸에 그 주제가 무엇일지 <u>직접 써 보세요</u>.

5월	선물	방정환	아이	

키	몸무게	가슴둘레	시력	

한라산	감귤	돌하르방	말	

송편	보름달	성묘	강강술래	

낙타	오아시스	선인장	모래	

🏫 17) 같은 종류! 다른 종류! ★ ★ ★

👁 다음 〈예시〉와 〈보기〉의 단어들을 잘 보고, 아래 문제들에 답해 보세요.

예시

닭

보기

달걀	호랑이	생쥐
비행기	삼계탕	잠자리
하마	치킨	천사

1) 닭, 비행기, 천사, 잠자리는 같이 묶을 수 있습니다. 왜 그럴까요?

2) 〈보기〉에서 닭과 같은 종류 3가지를 적어 보세요.

3) 또 어떤 기준으로 묶을 수 있을지 적어 보고, 그 이유를 말해 보세요.

1) 어디에 속할까요? ★ ★ ★

◉ 다음의 단어들을 두 묶음으로 나눈 것을 보고, 두 묶음 사이의 공통점과 차이점에 대해 이야기해 보세요.

목걸이	반지
넥타이	팔찌
목도리	장갑

• 공통점:

• 차이점:

비누	수세미
샴푸	행주
수건	설거지용 세제

• 공통점:

• 차이점:

2) 어디에 속할까요? ★ ★ ★

◉ 다음의 단어들을 두 묶음으로 나눈 것을 보고, 두 묶음 사이의 공통점과 차이점에 대해 이야기해 보세요.

접시	숟가락
그릇	젓가락
컵	포크

• 공통점:

• 차이점:

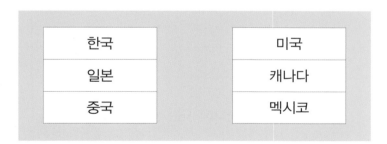

• 공통점:

• 차이점:

2

◉ 포함관계에 대해 알아보아요. 다음 그림은 큰 사각형 안의 단어들이 작은 사각형 안의 단어들을 포함한다는 것을 의미합니다. [   ] 안에는 <u>어떠한 기준으로 이러한 포함관계가 나타날 수 있는지</u> 적혀 있어요.

[우리는 모두 동물이에요]

[우리는 하늘에 사는 동물이에요]

참새   독수리   제비   비둘기   기러기

[우리는 육지에 사는 동물이에요]

개   고양이   사슴   토끼   코끼리

[우리는 바다에 사는 동물이에요]

상어   고등어   갈치   오징어   멸치

👁 다음 그림은 큰 사각형 안의 단어들이 작은 사각형 안의 단어들을 포함한다는 것을 의미합니다. 어떠한 기준으로 이러한 포함관계가 나타날 수 있는지 이야기해 보세요.

당근	호박	식빵	감자	김치

수박	포도	감	자두	귤

• 기준:

기타	피아노	드럼	장구	바이올린

피리	단소	리코더	나팔	색소폰

• 기준:

5) 어디에 속할까요? ★ ★ ★

◉ 다음 그림은 큰 사각형 안의 단어들이 작은 사각형 안의 단어들을 포함한다는 것을 의미합니다. 어떠한 기준으로 이러한 포함관계가 나타날 수 있는지 이야기해 보세요.

수영	마라톤	스케이트	뜀틀	스키
야구	탁구	농구	축구	배드민턴

• 기준: _____

옷걸이	탁자	카펫	거울	스탠드
냄비	접시	국자	프라이팬	도마

• 기준: _____

👁 다음 단어들을 두 묶음으로 나누어 보고, 왜 그렇게 나누었는지 적어 보세요.

코스모스	은행나무	오리
펭귄	벚꽃나무	낙타
	민들레	사자

• 묶음 1: _____

• 묶음 2: _____

➡ 이렇게 나눈 이유: _____

🏫 7) 어디에 속할까요? ★ ★ ★

◉ 다음 〈보기〉의 단어들의 포함관계를 고려하여 아래 사각형에 적어 넣으려고 합니다. 잘 보고 알맞은 포함관계가 나타날 수 있도록 빈칸에 단어들을 넣어 보고, 어떠한 기준으로 나눈 것인지 이야기해 보세요.

보기				
하마	양	닭	고양이	오리
코끼리	펭귄	타조	치타	독수리

하마,   ,   ,   ,

닭,   ,   ,   ,

• 기준:

8) 어디에 속할까요? ★ ★ ★

◉ 다음 〈보기〉의 단어들의 포함관계를 고려하여 아래 사각형에 적어 넣으려고 합니다. 잘 보고 알맞은 포함관계가 나타날 수 있도록 빈칸에 단어들을 넣어 보고, 어떠한 기준으로 나눈 것인지 이야기해 보세요.

2

보기				
눈	입술	잇몸	귀	턱
혀	코	치아	목젖	볼

눈,   ,   ,   ,

입술,   ,   ,   ,

• 기준:

👁 다음 〈보기〉의 단어들의 포함관계를 고려하여 아래 사각형에 적어 넣으려고 합니다. 잘 보고 알맞은 포함관계가 나타날 수 있도록 빈칸에 단어들을 넣어 보고, 어떠한 기준으로 나눈 것인지 이야기해 보세요.

보기
아빠   이모   엄마   외삼촌   고모
외할아버지   친할머니   숙모   외숙모   삼촌

아빠,　　　　　,　　　　　,　　　　　,

이모,　　　　　,　　　　　,　　　　　,

• 기준:

👁 다음 단어들을 두 묶음으로 나누어 보고, 왜 그렇게 나누었는지 적어 보세요.

> 세탁기   걸레   빨래판
>
> 세제   빗자루
>
> 청소기   건조대   쓰레받기

• 묶음 1: _____

• 묶음 2: _____

➡ 이렇게 나눈 이유:
_____

◉ 다음 단어들을 두 묶음으로 나누어 보고, 왜 그렇게 나누었는지 적어 보세요.

거북이	돼지	말
고양이	도마뱀	
뱀	악어	여우

• 묶음 1:

• 묶음 2:

이렇게 나눈 이유:

12) 어디에 속할까요? ★ ★ ★

◉ 다음 단어들을 두 묶음으로 나누어 보고, 왜 그렇게 나누었는지 적어 보세요.

감자	사과	배추
	수박	무
배	오이	복숭아

• 묶음 1:

• 묶음 2:

➤ 이렇게 나눈 이유:

🏫 **13) 어디에 속할까요?** ★ ★ ★

◉ 다음의 단어들을 두 묶음으로 나눈 것을 보고, 두 묶음 사이의 공통점과 차이점에 대해 이야기해 보세요.

물	과자
우유	생선
식혜	포도

• 공통점: _____

• 차이점: _____

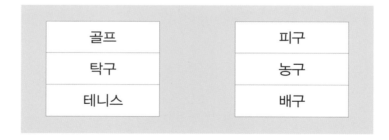

골프	피구
탁구	농구
테니스	배구

• 공통점: _____

• 차이점: _____

🏫 14) 어디에 속할까요?　★★★

👁 다음의 단어들을 두 묶음으로 나눈 것을 보고, 두 묶음 사이의 공통점과 차이점에 대해 이야기해 보세요.

이불	원피스
커튼	점퍼
방석	모자

• 공통점: ＿＿＿＿＿＿＿＿＿＿＿＿＿＿＿＿＿＿＿＿＿＿＿＿＿＿＿＿＿＿＿＿＿

• 차이점: ＿＿＿＿＿＿＿＿＿＿＿＿＿＿＿＿＿＿＿＿＿＿＿＿＿＿＿＿＿＿＿＿＿

버스	자전거
지하철	승용차
기차	오토바이

• 공통점: ＿＿＿＿＿＿＿＿＿＿＿＿＿＿＿＿＿＿＿＿＿＿＿＿＿＿＿＿＿＿＿＿＿

• 차이점: ＿＿＿＿＿＿＿＿＿＿＿＿＿＿＿＿＿＿＿＿＿＿＿＿＿＿＿＿＿＿＿＿＿

🏫 15) 어디에 속할까요? ★ ★ ★

◉ 다음의 단어들을 두 묶음으로 나눈 것을 보고, 두 묶음 사이의 공통점과 차이점에 대해 이야기해 보세요.

아빠	엄마
삼촌	외삼촌
고모	이모

• 공통점:

• 차이점:

선풍기	수영복
에어컨	샌들
부채	반팔 티셔츠

• 공통점:

• 차이점:

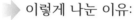 16) 어디에 속할까요? ★ ★ ★

◉ 다음 단어들을 두 묶음으로 나누어 보고, 왜 그렇게 나누었는지 적어 보세요. 그리고 각 묶음에 들어갈 수 있는 것이 또 무엇이 있는지 적어 보세요.

째려보는	라디오	청진기
시끄러운	눈부신	보청기	안경
망원경	텔레비전	조용한

• 묶음 1:

• 묶음 2:

➡ 이렇게 나눈 이유:

➡ 각 묶음에 들어갈 수 있는 또 다른 예 적어 보기:

🏫 17) 어디에 속할까요? ★ ★ ★

◉ 다음 단어들을 세 묶음으로 나누어 보고, 왜 그렇게 나누었는지 적어 보세요. 그리고 각 묶음에 들어갈 수 있는 것이 또 무엇이 있는지 적어 보세요.

당근	깻잎	고추	토마토	상추
무	배추	오이	고구마	시금치
감자	양상추	생강	호박	파프리카

• 묶음 1:

• 묶음 2:

• 묶음 3:

▶ 이렇게 나눈 이유:
_____

▶ 각 묶음에 들어갈 수 있는 또 다른 예 적어 보기[사전, 인터넷을 찾아보세요.] :
_____

144 2. 사고력

다. 추론하기

1) 떠오르는 대로 써 보세요 ★ ★ ★

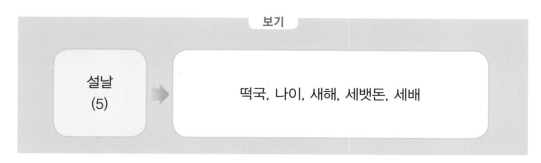

〈보기〉처럼, 다음 단어를 보고 떠오르는 단어들을 괄호 안의 개수만큼 적어 보세요.

보기

| 설날 (5) | 떡국, 나이, 새해, 세뱃돈, 세배 |

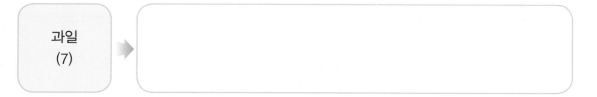

| 동물 (7) | |

| 채소 (7) | |

| 과일 (7) | |

2) 떠오르는 대로 써 보세요 ★ ★ ★

◉ 〈보기〉처럼, 다음 단어를 보고 떠오르는 단어들을 괄호 안의 개수만큼 적어 보세요.

보기

| 설날
(5) | → | 떡국, 나이, 새해, 세뱃돈, 세배 |

| 학교
(7) | → | |

| 교통
수단
(7) | → | |

| 직업
(8) | → | |

🏫 3) 떠오르는 대로 써 보세요 ⭐⭐⭐

💿 〈보기〉처럼, 다음 단어를 보고 떠오르는 단어들을 괄호 안의 개수만큼 적어 보세요.

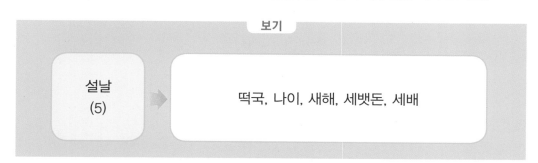

보기

설날
(5)
➡
떡국, 나이, 새해, 세뱃돈, 세배

가족
(7)
➡

기분
(7)
➡

친구
(7)
➡

◉ 왼쪽 칸의 글자는 어떤 규칙에 의해서 변하고 있습니다. 오른쪽 칸도 동일한 규칙에 의해서 변한다면, 빈칸에 어떤 글자가 들어가야 할까요?

보	봐	➡	오	

쿠	퀴	➡	누	

사	샤	➡	카	

가	개	➡	라	

고	과	➡	도	

2) 숨겨진 규칙을 찾아보세요 ★ ★ ★

◉ 왼쪽 칸의 글자는 어떤 규칙에 의해서 변하고 있습니다. 오른쪽 칸도 동일한 규칙에 의해서 변한다면, 빈칸에 어떤 글자가 들어가야 할까요?

◉ 왼쪽 칸의 글자는 어떤 규칙에 의해서 변하고 있습니다. 오른쪽 칸도 동일한 규칙에 의해서 변한다면, 빈칸에 어떤 글자가 들어가야 할까요?

나	낭	➡	바	

속	소	➡	독	

엇	억	➡	젓	

모	몹	➡	로	

놈	님	➡	곰	

◉ 왼쪽 칸의 글자는 어떤 규칙에 의해서 변하고 있습니다. 오른쪽 칸도 동일한 규칙에 의해서 변한다면, 빈칸에 어떤 글자가 들어가야 할까요?

2

무	묵	므	묘

➡

부			

더	뎌	디	두

➡

거			

소	슈	스	시

➡

코			

며	뮤	므	모

➡

벼			

차	챠	처	초

➡

마			

◉ 왼쪽 칸의 글자는 어떤 규칙에 의해서 변하고 있습니다. 오른쪽 칸도 동일한 규칙에 의해서 변한다면, 빈칸에 어떤 글자가 들어가야 할까요?

가	강	감	각	→	바			

만	먼	멱	먹	→	산			

삭	샥	슥	슉	→			룩	

감	갓	각	갑	→	밤			

역	옥	욱	익	→	셕			

◉ 다음 왼쪽과 오른쪽의 단어들은 동일한 규칙에 의해서 변합니다. 빈칸에 어떤 글자가 들어가야 할까요?

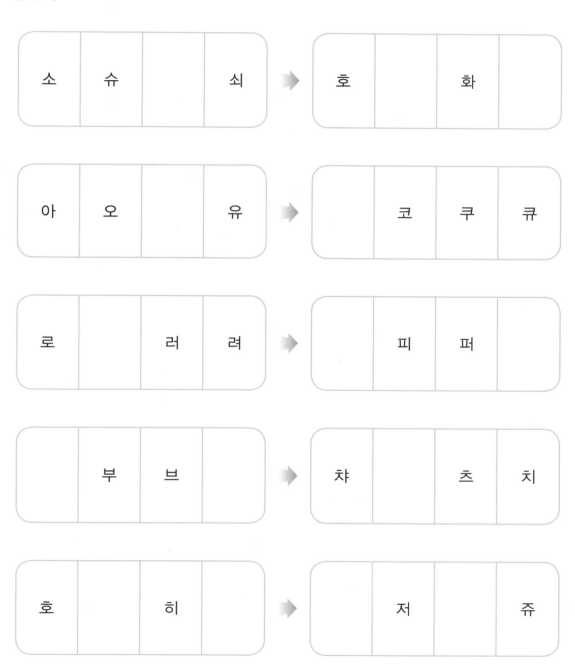

소	슈		쇠

➡

	호		화	

아	오		유

➡

	코	쿠	큐

로		러	려

➡

	피	퍼	

	부	브	

➡

챠		츠	치

호		히	

➡

	저		쥬

◉ 다음 속담과 그 뜻을 보고, 속담의 밑줄 친 단어가 의미하는 것이 무엇인지 뜻에서 찾아 연결해 보세요.

가재는 게 편이라

뜻 사람은 자신과 비슷한 처지에 있는 사람을 더 잘 이해하고 감싸 주기 쉽다.

가지 많은 나무에 바람 잘 날 없다

뜻 자식이 많은 부모님은 근심, 걱정이 끊이지 않는다.

다 된 죽에 코 풀기

뜻 거의 다 된 일을 망쳐 놓았다.

고래 싸움에 새우 등 터진다

뜻 강한 사람들의 싸움 때문에 상관없는 다른 약한 사람들이 피해를 본다.

개천에서 용 난다

뜻 좋지 않은 환경에서 훌륭한 사람이 나왔다.

◉ 다음 속담과 그 뜻을 보고, 속담의 밑줄 친 단어가 의미하는 것이 무엇인지 뜻에서 찾아 연결해 보세요.

사공이 많으면 배가 산으로 올라간다

뜻 어떤 일에 참견하는 사람이 많으면 일이 오히려 엉망이 된다.

아니 땐 굴뚝에 연기 나랴

뜻 근거가 아주 없는 일은 일어나지 않는다.

티끌 모아 태산

뜻 아주 작은 것이라도 모이면 큰 것이 된다.

하룻강아지 범 무서운 줄 모른다

뜻 약한 자가 철없이 강한 자에게 함부로 덤빈다.

어물전 망신은 꼴뚜기가 시킨다

뜻 못난 사람이 자신이 속한 곳이나 동료들을 망신시킨다.

1) 왜 그럴까요? ★ ★ ★

● 다음 문장을 읽고, 참인지 거짓인지에 따라 ○ 또는 × 에 표시하세요. 첫 번째 문제는 답이 제시되어 있습니다. 그리고 거짓이라면 왜 그런지 이야기해 보세요.

1	빵 두 개가 있다. 한 개를 먹었다. 빵이 아직 두 개가 남아 있다.	○ / ⊗
2	들고 있던 책을 놓쳐서 아래로 떨어졌다.	○ / ×
3	돌멩이가 산에서 굴러떨어진다. 나무를 관통했다.	○ / ×
4	시속 100km로 달리던 버스가 갑자기 멈췄다. 그러나 버스 안에 있던 사람들 중 아무도 흔들리지 않았다.	○ / ×
5	비가 내린다. 우산이 없어서 많이 젖었다.	○ / ×
6	바람이 분다. 나무의 이파리가 흔들리지 않는다.	○ / ×
7	함박눈이 내려와 지붕에 눈이 쌓인다.	○ / ×
8	기온이 떨어져서 영하로 내려갔지만, 얼음이 얼지 않았다.	○ / ×
9	어제 눈이 왔다. 오늘 온도가 영상으로 올라갔다. 눈사람이 녹았다.	○ / ×
10	가뭄이 들어서 올해는 풍년이다.	○ / ×
11	파도가 치니 물이 잔잔하다.	○ / ×
12	친할아버지는 우리 아빠보다 나이가 어리시다.	○ / ×
13	내 발 사이즈는 230이고, 상은이의 발 사이즈는 250이다. 내 발이 더 작다.	○ / ×

◉ 다음 문장을 읽고, 참인지 거짓인지에 따라 ○ 또는 ✕ 에 표시하세요. 첫 번째 문제는 답이 제시되어 있습니다. 그리고 거짓이라면 왜 그런지 이야기해 보세요.

1	수탉이 알을 낳았다.	○ / ⊗
2	하마는 강아지보다 무겁다.	○ / ✕
3	독수리는 벌보다 작다.	○ / ✕
4	타조는 거북이보다 빠르다.	○ / ✕
5	이가 아플 땐 안과에 가야 한다.	○ / ✕
6	우체국에 가서 편지를 부친다.	○ / ✕
7	대통령은 남자다.	○ / ✕
8	모든 알이 부화하면 병아리가 나온다.	○ / ✕
9	잣나무에서 은행이 나오지 않는다.	○ / ✕
10	모든 사람의 머리카락은 검은색이다.	○ / ✕
11	모든 어린이는 크면 어른이 된다.	○ / ✕
12	모든 사람이 느끼기에 시간은 똑같이 흘러간다.	○ / ✕
13	학교에는 남자 선생님이 없다.	○ / ✕

🏫 3) 왜 그럴까요?   ★ ★ ★

◉ 다음을 읽고 질문에 답해 보세요.

나는 늦게 일어난다. 자전거를 타고 학교에 간다.
나는 일찍 일어난다. 자전거를 타지 않고 학교에 간다.

나는 왜 자전거를 타고 학교에 갈까?   (   )

오늘은 공휴일이다. 아빠는 회사에 가지 않는다.
오늘은 공휴일이 아니다. 아빠는 회사에 간다.

오늘 아빠는 왜 회사에 가지 않았을까?   (   )

선생님이 기분이 좋다. 숙제를 안 내주신다.
선생님이 기분이 좋지 않다. 숙제를 내주신다.

오늘 선생님은 왜 숙제를 안 내주셨나?   (   )

돈이 없다. 옷을 살 수 없다.
돈이 있다. 옷을 살 수 있다.

내가 옷을 살 수 없는 이유는?   (   )

졸리다. 커피를 마신다.
졸리지 않다. 커피를 마시지 않는다.

나는 왜 커피를 마실까?   (   )

내 동생은 땀을 흘린다. 씻는다.
내 동생은 땀을 흘리지 않는다. 씻지 않는다.

내 동생은 오늘 왜 씻을까?   (   )

◉ 다음을 읽고, 알맞은 것에 표시해 보세요.

> 모든 사람은 죽는다. 영희는 사람이다.

▶ 그렇다면, 영희는 죽을까? 예(   ), 아니요(   ), 모른다(   )

> 나는 비가 오면 꼭 우산을 쓴다. 오늘은 비가 온다.

▶ 그렇다면, 나는 오늘 우산을 쓸까? 예(   ), 아니요(   ), 모른다(   )

> 일요일엔 항상 학교를 가지 않는다. 오늘은 일요일이다.

▶ 그렇다면, 오늘은 학교에 갈까? 예(   ), 아니요(   ), 모른다(   )

> 아기는 우유를 먹기도 한다. 지수는 아기다.

▶ 그렇다면, 지수는 우유를 먹을까? 예(   ), 아니요(   ), 모른다(   )

🏫 5) 왜 그럴까요? ★★★

◉ 다음을 읽고, 알맞은 것에 표시해 보세요.

> 엄마는 기분이 안 좋을 때만 염색을 한다. 오늘은 엄마가 염색을 하셨다.

▶ 그렇다면, 오늘 엄마의 기분은 어떨까? 좋다(   ), 안 좋다(   ), 모른다(   )

> 나는 머리를 감지 않았을 때만 모자를 쓴다. 나는 오늘 모자를 썼다.

▶ 그렇다면, 나는 오늘 머리를 감았을까? 예(   ), 아니요(   ), 모른다(   )

> 아침에 늦게 일어나면 버스를 타고 학교에 가기도 한다. 오늘 버스를 타지 않았다.

▶ 그렇다면, 나는 오늘 늦잠을 잤을까? 예(   ), 아니요(   ), 모른다(   )

> 숙제를 다 하지 못하면 TV를 볼 수 없다. 나는 오늘 TV를 보고 있다.

▶ 그렇다면, 나는 오늘 숙제를 다 했을까? 예(   ), 아니요(   ), 모른다(   )

> 지현이는 화가 나면 종종 산책을 한다. 오늘 지현이는 화가 났다.

▶ 그렇다면, 오늘 지현이는 산책을 할까? 예(   ), 아니요(   ), 모른다(   )

3. 어휘력

<지도방법>

- 약간 쉬운 수준에서 어려운 수준으로 난이도를 조절합니다.
- 단어의 적절한 표현과 올바른 사용에 초점을 둡니다. 구어적 및 문어적 표현을 익힙니다.
- 동의어, 반의어, 유사어의 쓰임새를 강조하여 다양한 단어가 문맥에 맞게 사용되도록 합니다.
- 어휘 목록을 작성하여 다양한 어휘를 공부하도록 하며, 예문을 통해 어휘를 충분히 익히 도록 합니다.
- 새로운 단어를 소개하고 구체적인 예를 사용하여 연습합니다.
- 낱말퍼즐, 속담 및 격언, 사자성어, 수수께끼 등을 활용할 수 있습니다.
- 배운 단어를 다양한 방식으로 이용할 수 있도록 하는 것이 중요합니다(읽기, 듣기, 쓰기 등에서의 활용). 어휘를 이해하는 수준에서 여러 상황에 적절하게 활용하는 수준으로 확장 합니다.

(1) 워밍업

🏫 1) 끝말잇기

◉ 〈보기〉의 단어를 보고 끝말잇기를 해 보세요.

◉ 이번에는 첫 단어를 보고 끝말잇기를 해 보세요.

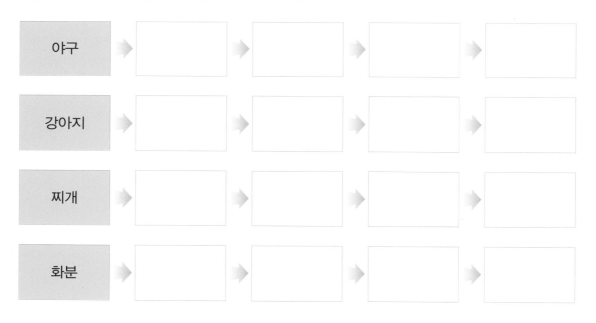

🏫 2) 끝말잇기

◉ 〈보기〉의 단어를 보고 끝말잇기를 해 보세요.

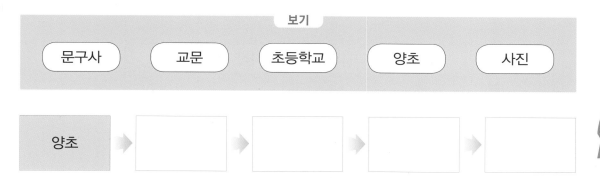

◉ 이번에는 첫 단어를 보고 끝말잇기를 해 보세요.

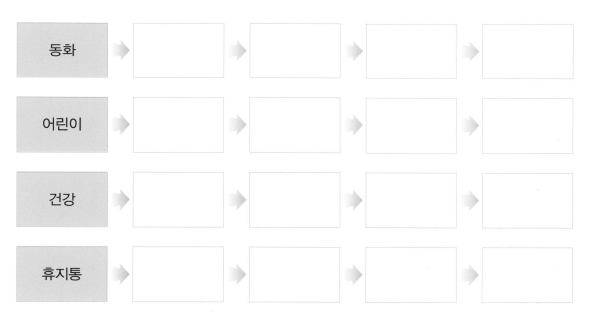

3) 끝말잇기

◉ 〈보기〉의 단어를 보고 끝말잇기를 해 보세요.

보기

| 마술사 | 항아리 | 드라마 | 사진 | 리본 | 본드 |

◉ 이번에는 첫 단어를 보고 끝말잇기를 해 보세요.

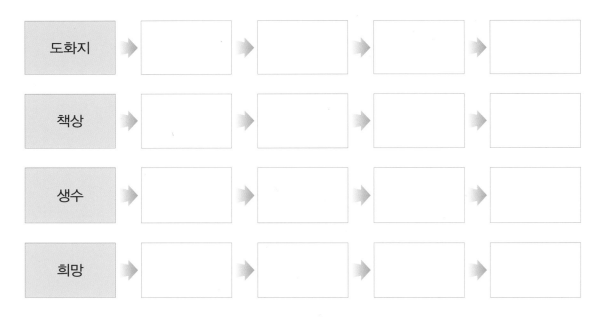

(2) 어휘의 기본

우리가 사용하는 <u>한글</u>은 <u>기본자음 14자</u>, <u>기본모음 10자</u>, <u>겹자음 5자</u>, <u>이중모음 11자</u>로 이루어져 있어요. 이러한 낱자들이 모여 음절을, 음절이 모여 하나의 단어(혹은 어휘)를 구성해요.

1) 음소와 낱자

음소는 음운론상의 최소 단위로, 하나 이상의 음소가 모여서 음절을 이루게 되며, 낱자는 한 글자를 이루는 낱낱의 글자로, 자음 14자와 모음 10자가 있어요.

<u>음소와 낱자의 가장 큰 차이</u>는 음소는 소리를 내는 최소단위를 의미하는 것인 반면, 낱자는 자음과 모음처럼 글자로 나타낼 수 있는 가장 작은 단위라는 점이에요.

● **낱자는 자음과 모음으로 적을 수 있는 낱낱의 글자로서 자모와 비슷한 말이에요.**

자음자	모음자
ㄱ, ㄴ, ㄷ, ㄹ, ㅁ, ㅂ, ㅅ, ㅇ, ㅈ, ㅊ, ㅋ, ㅌ, ㅍ, ㅎ, ㄲ, ㄸ, ㅃ, ㅆ, ㅉ	ㅏ, ㅑ, ㅓ, ㅕ, ㅗ, ㅛ, ㅜ, ㅠ, ㅡ, ㅣ, ㅐ, ㅔ, ㅚ, ㅙ, ㅘ, ㅟ, ㅝ, ㅖ, ㅢ, ㅒ, ㅞ

● **자음자와 모음자 구별하기**

① 자음자의 이름에 숨어 있는 원리: 자음자 이름은 기역, 디귿, 시옷을 제외하면 모두 '자음 + ㅣ, ㅇ + ㅡ + 자음'으로 만들어졌음을 알 수 있습니다. 예를 들면, 'ㅋ'은 '키읔', 'ㅌ'은 '티읕'으로 읽어요.

② 글자의 처음 부분에는 항상 자음자가 있고, 그다음에는 모음자가 있어요.

③ 낱자를 순서(획순)에 맞게 쓰면 좋은 점: 글씨 모양이 바르고 예뻐요. 글씨를 빨리 쓸 수 있어요.

2) 음절과 단어

음절은 음소가 모여 이루어진 말소리 단위를 의미해요. 이것은 ㄱ(기역), ㄴ(니은), ㄷ(디귿), … / ㅏ, ㅗ…와 같은 음소를 합하여 이루어지는 것으로, '가, 고, 도'와 같은 음이 나는 <u>말소리 단위</u>를 말하는 것이에요. 음소가 다른 음소와 합쳐져서 최소의 음절이 되어 소리로 표현되어야 사람과 사람 사이의 의사소통의 기본이 완성될 수 있어요! 그리고 이러한 음절이 모여 하나의 단어 혹은 낱말을 구성하게 되는 것이랍니다.

● 글자의 짜임: 자음자와 모음자가 만나 글자가 만들어져요!

받침이 없는 글자 만드는 방법
처음에 오는 자음자를 고른다. 그다음에 오는 모음자를 고른다. 자음자와 모음자를 모아 글자를 만든다. ➡ 자음자 + 모음자 (ㅅ + ㅏ =사)
받침이 있는 글자 만드는 방법
받침이 없는 글자의 아랫부분에 자음자를 붙이면 받침이 있는 글자가 만들어진다. ➡ 자음자 + 모음자 + 자음자 (ㅅ + ㅏ +ㄴ=산)

3) 단어와 문장

단어는 낱말과 같은 말이며, 단어를 써서 어떤 내용을 완성하는 것을 **문장**이라고 해요. 단어는 의미가 있는 최소기준이며, 단어 자체는 하나의 의미를 가지고 있어요. 문장은 이러한 단어가 다른 단어와 만나 의미를 전달할 수 있는 최소의 의미가 생기는 것을 말해요.

◉ 주어진 단어들을 보고 각 음절수에 맞는 단어를 더 찾아서 써 보세요.

1음절	문,
2음절	나비,
3음절	바나나,
4음절	해바라기,
5음절	엘리베이터,
6음절	에스컬레이터,

◉ 다음은 단어들을 음절수에 따라 나누어 놓은 것입니다.
선생님이 단어를 불러 주면 해당 음절수에 맞게 박수를 쳐 보세요.
(※ 선생님들은 목록에 있는 단어를 무작위로 불러 주세요.)

빵 / 침 / 곰 / 물 / 떡
의자 / 오이 / 택시 / 침대 / 부엌
컴퓨터 / 휴대폰 / 대통령 / 책가방 / 색연필
텔레비전 / 초등학교 / 수수께끼 / 놀이동산 / 훈민정음
엘리베이터 / 교장선생님 / 오스트리아 / 국회의사당
에스컬레이터 / 샌프란시스코 / 세계문화유산

◉ 〈보기〉와 같이 각각의 칸 안에 있는 단어들 중 <u>첫소리가 다른 것</u>에 ○ 해 보세요.

음절 수준	음소 수준	
〈보기〉 사 슴 , 사 자 , ㉣라	㉣ , 총 , 춤	㉣ , 감 , 강
장가, 감기, 장소	돌, 땅, 담	빵, 팥, 풀
차비, 자투리, 차단	혹, 흙, 풀	눈, 돈, 남

◉ 〈보기〉와 같이 각각의 칸 안에 있는 단어들 중 <u>끝소리가 다른 것</u>에 ○ 해 보세요.

음절 수준	음소 수준
〈보기〉 파㉣, 다 리 , 요 리	강 , 감 , 방
참치, 시금치, 마차	눈, 담, 힘
요금, 한글, 눈금	물, 풀, 총

◉ 〈보기〉와 같이 각각의 칸 안에 있는 단어들 중 <u>중간소리(가운뎃소리)가 다른 것</u>에 ○ 해 보세요.

음절 수준	음소 수준
〈보기〉 오 소 리 , 헛 소 리 , 사㉣리	줄 , 물 , ㉣
다리미, 가르마, 코리아	윷, 국, 귤
햄버거, 부침개, 아버지	귤, 글, 금

◉ 〈보기〉와 같이 첫소리에 ○ 표 하고, 빈칸에 그 첫소리로 시작되는 낱말을 자유롭게 써 보세요.

보기

㉣지 ➡ ㉣구 ➡ ㉣방 ➡ ㉣수

사슴	➡		➡		➡		➡	
마늘	➡		➡		➡		➡	
자동차	➡		➡		➡		➡	
주머니	➡		➡		➡		➡	
우산	➡		➡		➡		➡	

◉ 자음자는 ○표, 모음자는 ×표 하세요.

ㅈ ㅃ ㅛ ㅕ ㅎ ㅗ ㅇ ㅆ ㅏ
ㅖ ㄴ ㅂ ㅝ ㅊ ㅟ ㅅ ㅒ ㅠ

◉ 다음 자음자의 <u>알맞은 이름</u>을 찾아 ○표 하세요.

ㄷ			ㅍ			ㅋ		
디귿	디읃	비읍	피을	피읖	피은	키읍	키윽	키읏

◉ 'ㅁ'이 들어간 낱말을 찾아 ○표를 하세요.

모두모두 모여라. 마당에서 물장난하자. 신나게 놀아보자.

◉ 'ㅂ'으로 시작하는 단어를 5~7개 적어 보세요.

_____

_____

◉ 'ㅏ'가 들어 있는 단어를 5~7개 적어 보세요.

_____

_____

◉ 각각의 낱말에 들어 있는 낱자들을 자음자와 모음자로 나누어 보세요.

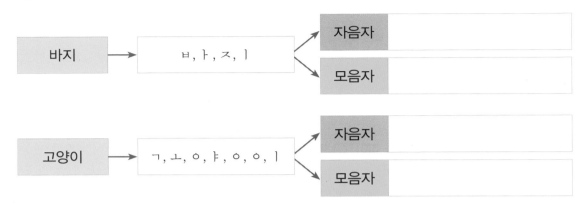

◉ 각각의 낱말에 들어 있는 낱자 중에서 <u>공통으로</u> 들어 있는 자음자를 찾아보세요.

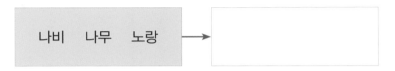

◉ 다음 세 낱말에 공통으로 들어 있는 자음자의 이름을 쓰세요.

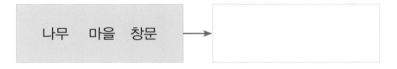

◉ 다음 <u>세 낱말에 공통으로 들어 있는 모음자</u>가 들어 있는 낱말은 어느 것인가요?

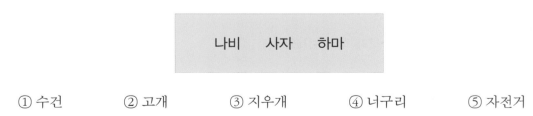

① 수건   ② 고개   ③ 지우개   ④ 너구리   ⑤ 자전거

다음 각 칸에 섞여 있는 음절을 순서대로 재배열하여 단어를 만들어 보세요.

지 + 가		치 + 슴 + 고 + 도	
수 + 분 + 대		양 + 추 + 배	
동 + 통 + 시 + 역		통 + 념 + 양	
선 + 님 + 생		위 + 공 + 인 + 성	
합 + 홍		국 + 방 + 송	

다음 음소를 합해서 단어를 만들어 보세요.

ㅅ ㅣ ㅈ ㅏ ㅇ	
ㅅ ㅐ ㅇ ㄱ ㅏ ㄱ	
ㄷ ㅗ ㅇ ㅈ ㅓ ㄴ	
ㅎ ㅏ ㄹ ㅁ ㅓ ㄴ ㅣ	
ㄱ ㅗ ㅇ ㅌ ㅗ ㅇ ㅈ ㅓ ㅁ	
ㅎ ㅠ ㄷ ㅐ ㅍ ㅗ ㄴ	
ㅌ ㅏ ㄴ ㅅ ㅜ ㅎ ㅗ ㅏ ㅁ ㅜ ㄹ	
ㄱ ㅗ ㅅ ㅡ ㅁ ㄷ ㅗ ㅊ ㅣ	
ㅇ ㅏ ㅈ ㅣ ㄹ ㅏ ㅇ ㅇ ㅣ	

⊙ 다음 낱자를 합쳐서 단어를 완성해 보세요.

ㅅㅗ / ㄴㅏ / ㅁㅜ	소 나 무
ㅂㅜㅅ	
ㅂㅏㅇㅣㅇㅗㄹㄹㅣㄴ	
ㅅㅜㅅㅈㅏ	
ㄴㅗㄹㅏㅇ	
ㅊㅣㄴㄱㅜ	
ㅇㅜㅈㅓㅇ	
ㅂㅗㅁㅏㄹ	
ㅈㅏㅇㅕㄴ	
ㅈㅜㅇㅎㅏㄱㄱㅛ	
ㅂㅏㄷㅏㅅㄱㅏ	
ㅂㅏㄱㅁㅜㄹㄱㅘㄴ	

● 다음 낱자를 합쳐서 단어를 완성해 보세요.

ㅊㅐㄱ / ㄱㅏ / ㅂㅏㅇ	책 가 방
ㅅㅣㄴㅎㅗㄷㅡㅇ	
ㅅㅣㄱㅡㅁㅊㅣ	
ㄷㅗㅅㅣㄹㅏㄱ	
ㅅㅏㅁㄱㅕㅂㅅㅏㄹ	
ㅋㅓㅁㅍㅠㅌㅓ	
ㅂㅏㄴㅡㅈㅣㄹ	
ㄷㅏㄹㄹㅕㄱ	
ㅎㅜㄴㅁㅣㄴㅈㅓㅇㅇㅡㅁ	
ㅎㅓㅇㄱㅓㅍ	
ㅅㅗㄴㄱㅏㄹㅏㄱ	
ㅈㅓㅇㅇㅠㄱㅁㅕㄴㅊㅐ	

우리 반 친구들의 이름과 장래희망을 적어 보세요.

ㄴ ㅏ ㄱ ㅜ ㅇ ㅎ ㅖ ㅈ ㅓ ㅇ	ㅅ ㅓ ㄴ ㅅ ㅐ ㅇ ㄴ ㅣ ㅁ

ㅊ ㅏ ㅅ ㅏ ㅇ ㅇ ㅡ ㄴ	ㄱ ㅜ ㄴ ㅇ ㅣ ㄴ

ㄱ ㅣ ㅁ ㅣ ㄴ ㅈ ㅣ	ㅅ ㅓ ㅇ ㅇ ㅏ ㄱ ㄱ ㅏ

ㅇ ㅣ ㅈ ㅓ ㅇ ㅁ ㅣ ㄴ	ㄷ ㅣ ㅈ ㅏ ㅇ ㅣ ㄴ ㅓ

ㅇ ㅏ ㄴ ㅅ ㅓ ㅇ ㅈ ㅜ ㄴ	ㅅ ㅏ ㅇ ㅓ ㅂ ㄱ ㅏ

◉ 〈보기〉와 같이 주어진 단어를 음절과 음소(자음자와 모음자)로 나누어 보세요.

단어	음절	음소
〈보기〉 딸기	딸, 기	ㄸ ㅏ ㄹ ㄱ ㅣ
잠수함		
이구아나		
곰		
사랑		
종이컵		
아저씨		
대한민국		
책상		
물병		
무한도전		
경복궁		
카멜레온		
방석		
스마트폰		

◉ 글자를 보고 글자를 이루는 낱자를 찾아보세요.

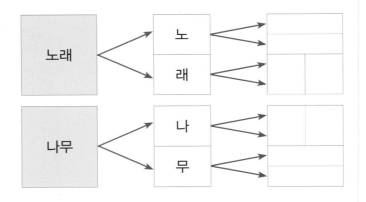

◉ 다음 받침이 있는 글자를 완성해 보세요.

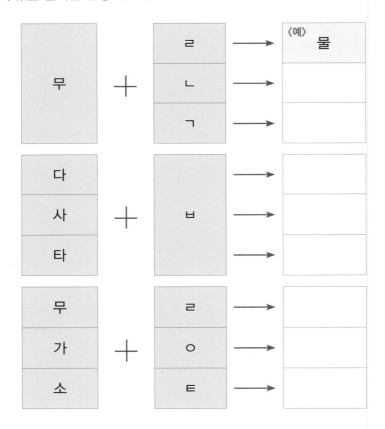

◉ 선을 따라가다 받침을 붙여 낱말을 만든 뒤에 바르게 읽어 보세요.

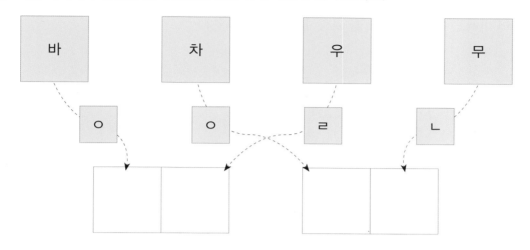

| 바 | 차 | 우 | 무 |

| ㅇ | ㅇ | ㄹ | ㄴ |

◉ 〈보기〉의 낱자를 가지고 만들 수 있는 단어를 자유롭게 써 보세요.

| ㅍ, ㄷ, ㅌ, ㅂ, ㅗ, ㅏ | → | |

◉ 가로, 세로 모두 단어가 완성되도록 다음 빈칸에 알맞은 글자를 넣어 보세요.

	다
구	
니	

	사
	다
너	구

바		니
	두	

	사
바	
	리

◉ 다음 주어진 낱말을 쓸 때 사용하는 낱자가 <u>아닌</u> 것을 모두 골라 보세요.

반지	ㄴ, ㅂ, ㅈ, ㅏ, ㄹ, ㅣ, ㅅ
습관	ㅏ, ㅡ, ㅂ, ㅅ, ㄹ, ㄴ, ㄱ, ㅗ

◉ 다음 문장의 빈칸에 들어갈 가장 알맞은 단어를 찾아 빈칸을 채워 보세요.

1) 우리 아빠는 (   )을/를 조종하는 선장이십니다.
   ① 자동차   ② 배   ③ 버스   ④ 기차

2) 동생이 (   )(으)로 일기를 쓰고 있습니다.
   ① 공책   ② 분필   ③ 연필   ④ 지우개

3) 엄마는 오늘 식탁보를 (   ) 하신다.
   ① 빨려고   ② 던지려고   ③ 가위질하려고   ④ 숨으려고

4) 다람쥐가 (   )을/를 까먹는 모습이 무척 귀엽습니다.
   ① 소나무   ② 낙엽   ③ 밤   ④ 이빨

5) 관객들은 영화가 끝난 뒤에 (   ).
   ① 온다   ② 듣는다   ③ 일어난다   ④ 들어간다

6) 결혼식에서 신랑과 신부가 손을 (   ).
   ① 찼다   ② 잡혔다   ③ 맞잡았다   ④ 마주봤다

7) 의사가 환자에게 약을 (   ).
   ① 처분했다   ② 처방했다   ③ 주문했다   ④ 먹었다

8) 나뭇잎이 바람에 (   ).
   ① 흔든다   ② 떨어진다   ③ 크다   ④ 줍는다

9) 숲 속에서 사람들이 나무를 (   ).
   ① 빤다   ② 듣는다   ③ 뛴다   ④ 벤다

10) 아이들이 재미있는 연극을 보면서 (   ).
   ① 달린다   ② 웃는다   ③ 화난다   ④ 슬프다

(3) 사람이나 사물의 이름을 나타내는 말이에요

■ **초등학교 저학년에서 자주 사용하는 단어**
- 다양한 상황: 집(부엌, 화장실, 가구 등), 학교/교실(수업, 운동장, 칠판, 선생님 등), 동물원(사자, 기린, 하마, 원숭이 등), 병원(치과, 내과, 이비인후과, 접수, 의사, 간호사 등), 소풍(도시락, 돗자리 등)
- 가족 관계: 이모부, 고모, 외삼촌, 외숙모, 사촌, 고모부, 이모, 한솥밥, 결혼식, 주례, 축사, 명절, 유언/유산, 남매/자매, 누나/누이
- 다양한 직업: 가수, 운동선수, 화가, 경찰, 군인, 피아니스트, 선생님, 소방관, 의사, 과학자
- 신체: 머리, 몸통, 손, 허리, 다리, 발, 얼굴 부위(눈, 코, 입, 이마, 눈썹, 턱, 볼, 귀)
- 채소/과일: 배추, 고구마, 무, 양파, 오이, 감자, 마늘, 사과, 복숭아, 포도, 바나나, 감 등
- 문구류: 필통, 공책, 자, 지우개, 크레파스
- 명절: 대보름날, 단오, 추석, 설날
- 편지: 편지지, 편지봉투, 우표, 우체통, 우체부
- 불의 종류: 촛불, 전깃불, 등잔불, 횃불, 화롯불
- 돈의 종류: 지폐, 동전, 엽전
- 글쓰기: 서론/본론/결론, 높임말(말씀, 진지, 성함, 생신), 원인, 결과, 까닭
- 건강 관련: 식습관, 채식, 육식, 배탈, 식중독, 기생충, 유산균, 발병, 양계장, 고혈압, 당뇨, 노화, 두통, 치통, 복통, 질병, 장수, 수명, 전염병, 헌혈, 꾀병, 진찰, 문진, 진료
- 숫자(고유어): 하나, 둘, … 열, 스물, 서른, … 아흔
- 과학실: 깔때기, 시험관, 비커, 집기병, 스포이트, 막자사발
- 웃음의 종류: 너털웃음, 억지웃음, 코웃음, 함박웃음, 눈웃음
- 행정기관: 교육청, 기상청, 산림청, 국세청, 경찰청
- 비의 종류: 안개비, 보슬비, 소나기, 이슬비, 여우비, 장대비
- 기타: 자린고비, 일회용품, 고민거리, 단골손님, 전통음식, 가공식품, 건축설계, 문화유산, 길모퉁이

■ **초등학교 고학년에서 자주 사용하는 단어**
- 글쓰기: 인물, 사건, 배경, 연극(대화, 대본, 독백, 방백, 촌극, 지문, 해설)
- 의미가 비슷한 단어: 응원/기원, 차별/차이, 비판/비난
- 산 관련: 산등성이, 산허리, 산꼭대기, 산자락
- 바람(풍)과 관련된 사자성어: 풍수지탄, 풍비박산, 마이동풍, 풍월주인, 풍전등화
- 마음(심)과 관련된 단어: 효심, 민심, 불심, 진심, 관심
- 길의 종류: 지름길, 오솔길, 샛길, 고샅길, 에움길, 외딴길, 뒤안길, 비탈길
- 반대 의미를 지닌 한자가 붙어서 된 단어: 왕래, 승부, 증감, 귀천, 가감, 애환, 찬반, 선악
- 기타: 나/저, 선의의 거짓말, 선의의 경쟁, 능청, 시늉, 핑계, 시치미, 몸부림, 소용, 시름, 냉수, 그물, 무릎, 귓속말, 위기, 수컷/암컷, 궁리, 가뭄, 햇빛/햇볕, 지위, 계급, 계층, 시선, 장애, 극복, 관중, 현황, 번식, 분주, 사신, 채비, 탈진, 전략, 공식, 침공, 모이, 서평, 갈등, 저주, 해학, 풍자, 배려, 문화유산, 갈등, 개성

◉ 아래 문장의 (　) 안에 〈보기〉의 신체부위 중 적절한 것을 찾아 적으세요. 그리고 〈보기〉에 나와 있는 신체부위가 어디인지 직접 짚어 보세요.

보기

발목　인중　팔꿈치　무릎　미간　옆구리　종아리

1) 철수는 무엇이 마음에 안 들었는지 (　　　　)을 찌푸렸다.

2) "정말 잘못했다고 생각하면 (　　　　) 꿇고 사과해!"

3) 옆에서 달리던 영민이가 팔을 흔들다가 (　　　　)로 나를 쳤다.

◉ 다음 설명에 해당하는 직업을 적어 보세요. 여러 가지가 될 수도 있어요.

1) 학교나 학원에서 학생들을 가르쳐요. ☐

2) 아픈 곳이 있으면 진찰해 주세요. ☐

3) 법을 어기는 사람들을 잡아요. ☐

4) 편지나 소포를 배달해 주세요. ☐

5) 무대에서 노래를 불러요. ☐

◉ 다음 설명에 해당하는 명절을 〈보기〉에서 골라 적어 보세요.

보기

대보름날　성탄절　단오　추석　개천절　설날

1) 새로운 해가 시작하는 것을 기념하며 떡국을 먹고 세배를 드려요. ☐

2) 음력 정월보름날로, 부럼깨기, 쥐불놀이 등을 해요. ☐

3) 음력 5월 5일이며 창포물에 머리 감기, 씨름 등을 해요. ☐

4) 송편을 빚어요. 옛날에는 강강술래를 하기도 했어요. ☐

◉ 다음의 밑줄 친 숫자를 〈보기〉와 같이 적절한 방법으로 읽어 보세요.

우리 분단은 <u>12</u>명입니다. → ① 우리 분단은 <u>열두</u>명입니다. ② 우리 분단은 <u>십이</u>명입니다.

1) 우리 학교는 <u>60</u>년의 전통을 가진 오래된 학교입니다.

2) 할아버지의 연세는 올해 <u>85</u>세입니다.

3) 우리 층에는 <u>20</u>명이 삽니다.

4) 숙제로 읽어야 할 책은 <u>50</u>장입니다.

3

◉ 다음 문장을 읽고, 밑줄 친 부분을 알맞게 고쳐 보세요. 그리고 각 단어의 의미도 이야기해 보세요.

1) 재홍이는 오빠이고, 소정이는 여동생입니다. 둘은 <u>자매</u> 사이입니다.

2) 우리 엄마의 남동생은 나에게는 <u>이모</u>입니다.

3) 삼촌의 딸과 나는 <u>조카</u> 사이입니다.

4) 고모의 남편을 나는 '<u>이모부</u>'라고 부릅니다.

5) 아빠의 아빠는 나에게는 <u>외할아버지</u>입니다.

(4) 상태나 움직임을 나타내는 말이에요

■ 초등학교 저학년에서 자주 사용하는 단어

● 인사말 / 존댓말(*언어이해 지표의 '이해'를 참고하세요.)

● 기본 단어: 일어나다, 씻다, 가다, 오다, 공부하다, 먹다, 쉬다, 자다, 입다, 벗다, 말하다, 걷다, 달리다, 꺾다, 세우다, 모으다, 나르다, 나누다, 잘하다, 돕다, 넣다, 알다, 눕다, 찡그리다, 시끄럽다, 소란스럽다, 까불다, 흔들다, 웃다, 풍부하다, 부족하다, 느리다, 빠르다, 물다, 만들다, 무섭다, 차지하다, 떠들다, 망설이다, 낚아채다, 껴안다, 풀다, 설레다, 상상하다, 다치다, 넘어지다, 일어서다, 시다, 시리다, 바치다, 끓다, 맞추다

● 반대 의미: 앉다/서다, 올라가다/내려가다, 덥다/춥다, 끄다/켜다, 배고프다/배부르다, 쫓다/도망가다, 이기다/지다, 게으르다/부지런하다, 내리다/오르다, 죽다/살다, 부르다/대답하다, 끝나다/시작하다, 좋다/싫다

● 혼동하기 쉬운 동사: 바라다 바래다 / 가르다 가리다 / 건네다 건너다

■ 초등학교 고학년에서 자주 사용하는 단어

● 기본 단어: 외롭다, 맑다, 깨끗하다, 뽑히다, 부딪히다, 흐뭇하다, 뻗다, 퍼지다, 써버리다, 되다, 자라다, 빨다, 느끼다, 변하다, 모이다, 만나다, 소중하다, 베풀다, 극복하다, 새치기하다, 거들다, 무시하다, 버티다, 곁들이다, 드러나다, 표현하다, 감추다, 때리다, 맞다, 빈틈없다, 힘들다, 알다, 모르다, 참다, 비장하다

● 반대 의미: 녹다/얼다, 받다/주다, 사다/팔다, 부끄럽다/자랑스럽다, 지저분하다/깔끔하다, 환하다/어둡다, 서두르다/느긋하다, 넉넉하다/부족하다

● 비슷한 의미: 아끼다 절약하다 / 놓다 두다

● 헷갈릴 수 있는 동사: 낳다 낫다 낮다 / 틀리다 다르다 / 베다 배다 / 가르치다 가리키다 / 서두르다 서투르다 / 꿰매다 꿰다 / 얕보다 엿보다

● 어울리는 동사: (신경이, 눈썹이, 머리털이 + 곤두서다) (동전을, 이야기를, 비밀을 + 털어놓다) (물이, 불길이, 바람이 + 잦아들다) (기회가, 집에, 발에 + 닿다) (가슴을, 땅을, 콧구멍을 + 후비다) (심장이, 시계가, 기침이 + 멎다)

● 기타: 시치미를 떼다, 입맛을 다시다, 목을 축이다, 까맣게 잊다, 바짝 마르다, 어리둥절하다, 어이없다, 어처구니없다, 버릇없다, 소용없다, ~ 못지않다, 서행하다, 감돌다, 귀가 솔깃하다, 생각에 잠기다, 당황하다, 처지가 못 되다, 대여하다(빌리다, 대출하다), 반납하다

◉ 다음은 예나의 하루 일과를 나타낸 것입니다. ( ) 안에 알맞은 동사를 적어 보세요.
여러 가지가 될 수 있고, 단어의 형태가 달라질 수도 있습니다.

> 예나는 아침 7시에 (   ). 세수를 한 후에는 엄마가 차려 주신 아침밥을
> (   ). 옷을 (   ) 준비를 한 후에 학교에 갑니다. 학교에서
> 열심히 공부를 하고 집에 와서는 텔레비전을 보며 쉬었습니다.
> 　저녁을 먹은 후, 예나는 엄마를 (   ) 동생과 함께 설거지를 하였습니다.
> 예나는 엄마께 칭찬을 (   ) 기분이 좋았습니다.

◉ A에 적힌 문장의 ( ) 안에 들어갈 가장 적절한 단어를 B에서 골라 연결해 보세요. 단어의
형태는 달라질 수도 있습니다.

A		B
오늘 수학시간에 짝꿍이랑 시끄럽게 ( ) 선생님께 혼났다.	● ●	만들다
어버이날을 맞이하여 부모님께 드릴 카네이션을 ( ).	● ●	꺾다
교통사고가 났는데 크게 ( ) 않아서 다행이다.	● ●	상상하다
공원에서 사진을 찍는데 햇빛에 눈이 부셔서 얼굴을 ( ).	● ●	떠들다
학교 운동장에 있는 조그만 정원에 "꽃을 ( ) 마세요."라고 적힌 팻말이 있다.	● ●	찡그리다
내일 모레 피아노 대회에서 1등 할 것을 ( ) 기분이 좋아졌다.	● ●	다치다

(4) 상태나 움직임을 나타내는 말이에요 **183**

⊙ A에 적힌 문장의 ( ) 안에 들어갈 가장 적절한 단어를 B에서 골라 연결해 본 후, C에서 그 반대말을 골라 보세요. 단어의 형태는 다를 수도 있습니다.

A			B			C
겨울이 되니 날씨가 추워서 두꺼운 코트를 ( ).	●	●	앉다	●	●	대답하다
동생은 불을 ( ) 잠자리에 들었다.	●	●	오르다	●	●	켜다
버스에서 어떤 학생이 자리를 양보해서 할머니가 ( ).	●	●	입다	●	●	지다
올해는 비가 충분히 오지 않아서 과일 가격이 많이 ( ).	●	●	부르다	●	●	내리다
가위바위보에서 ( ) 내가 먹고 싶은 것을 먹을 수 있었다.	●	●	도망가다	●	●	서다
선생님께서 멀리서 내 이름을 큰 소리로 ( ).	●	●	끄다	●	●	끝나다
술래에게 잡히지 않기 위해 열심히 ( ).	●	●	시작하다	●	●	벗다
무대에 불이 켜지고, 드디어 오케스트라가 연주를 ( ).	●	●	이기다	●	●	쫓다

◉ 다음 ( ) 안에 들어갈 알맞은 단어를 〈보기〉에서 골라 적당한 형태로 바꾸어 써넣으세요.

보기				
곤두서다	새치기하다	자랑스럽다	어이없다	낫다
흐뭇하다	멎다	곁들이다	털어놓다	녹다
극복하다	부딪히다	두다	낳다	느긋하다
잃다	서두르다	감추다	잊다	놓다
부끄럽다	낮다	대출하다	써버리다	어리둥절하다

1. 내일 아주 중요한 시험이 있다. 그래서 오늘 하루 종일 신경이 (　　　　).

2. 작은 키에도 불구하고 열심히 노력해서 농구선수가 되고 싶은 꿈을 이루어서 매우 (　　　　).

3. 지민이는 자신의 비밀을 단짝친구인 현정이에게 (　　　　).

4. 소은이는 롤러코스터를 타다가 심장이 (　　　　)뻔 했다.

5. 어제가 엄마 생신이었다는 사실을 까맣게 (　　　　).

6. 코를 후비다가 친구와 눈이 딱 마주쳤다. 그래서 너무 (　　　　).

7. 학교 숙제를 하기 위해 도서관에서 책을 3권 (　　　　).

8. 아빠와의 약속시간에 늦을까 봐 나는 서두르는데 동생은 너무 (　　　　) 화가 났다.

9. 나의 국어성적은 70점이고, 짝꿍은 90점이다. 짝꿍보다 내 점수가 20점이나 (　　　　).

10. 내가 2살 때 엄마가 내 동생을 (　　　　)고 한다.

11. 내가 좋아하는 유희왕 카드를 사느라 돈을 다 (　　　　).

12. 얼음이 (　　　　)면 물이 된다.

13. 복도에서 뛰다가 담임선생님과 (　　　　). 그래서 철퍼덕하고 넘어졌다.

14. 아침에 늦잠을 잤기 때문에 지각하지 않으려고 (　　　　) 준비했다.

다음 (   ) 안에 들어갈 알맞은 단어를 〈보기〉에서 골라 적당한 형태로 바꾸어 써넣으세요.

보기

가르치다	가리키다	귀가 솔깃하다	변덕스럽다	얕보다
엿보다	깔끔하다	틀리다	다르다	부족하다
무사하다	꿰매다	서투르다	서두르다	절약하다
지나치다	당황하다	베풀다	생각에 잠기다	빈틈없다
입맛을 다시다	자랑스럽다	알다 모르다	써버리다	시치미를 떼다

1. 우리 학교 국어선생님은 국어와 함께 한문도 (   ).

2. 동계올림픽에서 피겨스케이팅으로 금메달을 딴 김연아 선수가 (   ).

3. 친구에게 반갑게 인사했는데 못 본 척하고 (   ) 기분이 매우 나빴다.

4. 나는 휴대폰이 공짜라는 말에 (   ) 가게에 들어갔다.

5. 신호등의 빨간불이 켜졌지만 나는 이것을 (   ) 길을 건넜다.

6. 외국인 관광객에게 친절을 (   ) 한다.

7. 엄마가 창 밖에 비가 내리는 풍경을 보시면서 아무 말도 없이 (   ).

8. 키가 작은 친구라고 (   ) 덤볐다가 큰 코 다친다.

9. 나의 엉뚱한 질문에 선생님께서 매우 (   ).

10. 시험을 보는데 어려운 문제가 많아서 시간이 (   ).

11. 하루 종일 비가 왔다가 개었다가를 반복하는 것이 날씨가 참 (   ).

12. 편의점을 찾기 위해 화살표가 (   ) 방향을 따라 갔지만 허탕이었다.

13. 외국에서 오래 살다 온 은정이는 한국말이 (   ).

14. 체육대회 마지막 계주에서 나는 온 힘을 다 (   ).

(5) 꾸며 주는 말이에요

주 제	저학년이라면 이 정도는 알아 두어야 해요!
시간	새벽, 아침, 점심, 저녁, 밤, 오전, 오후, 봄, 여름, 가을, 겨울, 아침, 점심, 저녁 때 쯤, 정오, 자정, 이번, 지난번, 다음번, 나중에
날씨	맑다, 춥다, 비가 오다, 흐리다, 개다, 덥다
위치	동, 서, 남, 북, 위에, 아래에, 옆에, 오른쪽에, 왼쪽에, 바로 아래, 바로 옆에, 건너편, 가로질러
꾸며 주는 말	낮은, 높은, 깊은, 얕은, 넓은, 좁은, 빠른, 느린, 쉬운, 어려운, 밝은, 어두운, 작은, 큰, 적은, 많은, 앞에, 뒤에, 깨끗한, 더러운, 같은, 다른, 맞은, 틀린, 옅은, 짙은, 두꺼운, 얇은
기분, 상태, 성격	용감한, 씩씩한, 착한, 무서운, 다정한, 깨끗한, 더러운, 감동적인, 고소한, 자상한, 간절한, 거슬리는, 소심한, 둥그스름한, 달짝지근한, 짭짤한, 모성애가 강한, 우애가 깊은, 효성이 지극한
부사	언뜻, 간신히, 선뜻, 새삼, 멋쩍게, 골똘히, 빤히, 화들짝, 홀짝, 냉큼, 언뜻, 넌지시, 도저히, 태연하게
헷갈릴 수 있어요	작다, 적다

주 제	고학년이라면 이 정도는 알아 두어야 해요!
시간	작년, 먼 훗날, 어렸을 때, 내년, 올해, 요즈음, 4학년 때, 오늘, 지난 주말, 다음에, 그끄저께, 그저께, 어저께, 내일, 모레, 글피, 재작년, 작년, 내년, 내후년, 한나절, 한시, 섣달, 동짓달, 정월, 하루, 이틀, 사흘, 나흘, 닷새, 엿새, 이레, 여드레, 아흐레, 열흘
기분, 상태, 성격	화나는, 공손한, 겁이 많은, 안타까운, 너그러운, 불안한, 정확한, 우쭐대는, 넉넉한, 행복한, 우울한, 차분한, 영리한, 마음이 여린, 꼼꼼한, 덤벙대는, 쾌활한, 예리한, 꼼꼼한, 미심쩍은, 당당한, 가물가물한, 궁핍한, 똘똘한, 참담한, 모진, 세심한, 민감한, 확신하는, 위태위태한, 흥미진진한, 퀴퀴한, 무덤덤한, 진취적인, 탁월한, 오묘한, 미묘한, 고즈넉한
부사	몹시, 매우, 온갖, 왠지, 슬쩍, 슬그머니, 어차피, 별로, 재빨리, 간신히, 제발, 도대체, 거저, 푹, 썩, 마침, 가득, 살짝, 간절히, 꼼짝없이, 금방, 여전히, 여태, 도저히, 유유히, 속속들이, 멀찌감치, 차츰, 굳이, 훨씬, 자칫, 몽땅, 흠뻑, 한껏, 실컷, 순식간에, 갑자기, 어김없이, 온갖, 줄곧, 태연하게, 고루, 고스란히, 어슴푸레, 부리나케, ~에도 불구하고, 마지못해, 도무지, 더군다나, 기어이, 안타깝게, 하필, 별안간, 하마터면, 무심결에, 흔쾌히

⦿ 다음 〈보기〉에는 시간을 나타내는 단어들이 적혀 있어요. 문제를 잘 읽고 (   ) 안에 알맞은 단어를 채워 넣으세요.

보기

어제 새벽 그저께 금요일 모레 오후 일요일 저녁 아침

1) 오늘은 수요일입니다. (   )는 월요일이었습니다.

2) 토요일 다음 날은 (   )입니다.

3) 아침에는 날씨가 쌀쌀했는데 (   )가 되니 날씨가 꽤 따뜻해졌습니다.

4) 내일 (   )는 우리 엄마 생신입니다.

5) 아직 이른 (   )이라 해가 뜨지 않았습니다.

⦿ 다음 〈보기〉에는 날씨를 나타내는 단어가 적혀 있어요. 문장을 잘 읽고 (   ) 안에 적절한 단어를 골라 적어 넣으세요.

보기

맑다 흐리다 개다 춥다 덥다

1) 바람이 많이 불거나 눈이 내리면 (   ).

2) 오늘은 구름이 많이 껴서 날이 (   ).

3) 여름에는 선풍기가 없으면 안 될 정도로 무척 (   ).

4) 어제는 하늘이 흐리고 비가 많이 왔는데 오늘은 날이 (   ).

5) 해도 나고 하늘도 파란 것이 날씨가 (   ).

👁 다음 〈보기〉는 성격이나 상태를 나타내는 단어들이에요. 문장을 읽고 ( ) 안에 가장 적절한 단어를 골라 적으세요. 단, 단어의 형태를 바꿀 수 있습니다.

> **보기**
>
> 소심하다   우애가 깊다   간절하다   용감하다   거슬리다

1) 수민이와 효철이는 (   ) 남매 사이다.

2) "조용히 좀 해 줘. 떠드는 소리가 (   ) 공부를 할 수가 없잖아."

3) 시험에 2번이나 떨어진 연진이는 정말 (   ) 마음으로 시험장에 들어갔다.

4) (   ) 옆집 형이 도둑을 잡았다는 소문이 들렸다.

5) 승호는 큰 덩치와는 다르게, 성격이 (   ).

👁 아래의 문장을 잘 읽고 〈보기〉에서 가장 적절한 말을 골라 ( ) 안에 적어 넣으세요.

> **보기**
>
> 도저히   새삼   멋쩍게   빤히   화들짝
> 홀짝   간신히   골똘히   언뜻   넌지시

1) 사람들이 많은 곳에서 넘어진 진연이는 (   ) 웃으며 일어났습니다.

2) 달리기에서 3등을 한 영미는 (   ) 결승에 진출하였습니다.

3) 엄마는 예전 사진들을 보며 (   ) 생각에 잠기셨습니다.

4) 키가 작은 하진이는 책꽂이 맨 위 칸에 있는 책을 (   ) 꺼낼 수 없었습니다.

5) 진영이가 뒤에서 몰래 다가가자 선생님께서 (   ) 놀라셨습니다.

◉ 다음 〈보기〉는 시간 관련 표현입니다. 문장에서 어색한 부분을 〈보기〉에서 골라 올바른 표현으로 고쳐서 적어 보세요.

보기				
오늘	요즘	작년	3시	그저께
내일	먼 훗날	재작년	정월	어저께
모레	지난 주말	내년	올해	정오
글피	돌아오는 주말	내후년	어렸을 때	새벽

1. 아빠의 컸을 때 모습은 나와 무척 닮았다. ☐ → ☐

2. 저녁을 먹지 않았더니 정오에 배가 고파서 깰 정도였다. ☐ → ☐

3. 오늘로부터 이틀 후를 '글피'라고 부른다. ☐ → ☐

4. 나는 초등학교 2학년이다. 내후년에는 3학년이다. ☐ → ☐

5. 어저께 학교 운동장에 가서 세 발 자전거를 탈 것이다. ☐ → ☐

◉ ( ) 안의 표현 중 가장 적절한 것에 ○를 표시하고, 큰 소리로 읽어 보세요.

1. 약속시간이 한참 지났는데, 친구가 (아직 / 갑자기 / 멀찌감치) 나타나지 않았다.

2. 오늘은 (도대체 / 왠지 / 온갖) 밖에 나가고 싶지 않다.

3. 햇살이 창문을 통해 방 안 (온갖 / 가득 / 거저) 비쳤다.

4. 방과 후 활동이 생각보다 (굳이 / 금방 / 마침) 끝나서 평소보다 일찍 집에 돌아왔다.

5. (더군다나 / 하마터면 / 하필) 소풍가는 날 비가 오다니…….

◉ 다음 ( ) 안에 들어갈 알맞은 단어를 〈보기〉에서 골라 적당한 형태로 바꾸어 써넣으세요.

보기

화나는	예리한	확신하는	공손한	진취적인
넉넉한	덤벙대는	가물가물한	흥미진진한	불안한
쾌활한	우쭐대는	행복한	아리송한	안타까운

1. 유치원 때 같은 반이었던 친구들의 이름이 (   ).

2. 영화가 어떻게 진행될지 점점 (   )해진다.

3. TV에서 혼자 사시는 어르신들이 많다는 (   ) 소식을 들으니 마음이 무거워졌다.

4. 나는 (   ) 성격이라 시험에서 아는 문제도 자꾸 틀린다.

5. 내일 아침 건강검진을 위해 병원에 가야 하는데, 혹시라도 아픈 곳이라도 있을까 봐 (   ).

◉ ( ) 안의 표현 중 가장 적절한 것에 ○를 표시하고, 큰 소리로 읽어 보세요.

1. 나는 지금 (슬그머니 / 온갖 / 몹시) 배가 고프다.

2. 왜 (도무지 / 하필 / 부리나케) 시험보기 직전에 화장실을 가고 싶은 건지…….

3. 엄마의 제안을 (매우 / 왠지 / 흔쾌히) 받아들였다.

4. 소나무는 (온갖 / 갑자기 / 차츰) 비바람을 맞고도 사계절 푸르다.

5. 친구의 말을 (무심결에 / 도무지 / 유유히) 이해할 수가 없다.

◉ 다음 ( ) 안에 들어갈 알맞은 단어를 〈보기〉에서 골라 적당한 형태로 바꾸어 써넣으세요.

보기

공손한	차분한	불안한	민감한	우쭐대는
꼼꼼한	너그러운	탁월한	마음이 여린	미묘한
정확한	무덤덤한	영리한	진취적인	고즈넉한

1. (   ) 사람은 다양한 일에 도전하는 것을 즐긴다.

2. (   ) 사람은 웃어른에게 인사를 잘 한다.

3. 시험에서 100점 맞았다고 (   ) 친구가 얄밉다.

4. 지현이는 겉으로는 강해 보이지만 실제로는 (   ) 친구다.

5. 아빠는 물건 하나를 사실 때도 이것저것 (   ) 따져 보신다.

◉ ( ) 안의 표현 중 가장 적절한 것에 ○ 를 표시하고, 큰 소리로 읽어 보세요.

1. 오랜만에 친척 동생을 만났는데, (태연하게 / 도저히 / 여전히) 귀엽고 사랑스럽다.

2. (자칫 / 제발 / 마지못해) 친구의 부탁을 들어주었다.

3. (간신히 / 어차피 / 흠뻑) 해야 할 숙제라면 빨리 하는 게 낫다.

4. (실컷 / 몽땅 / 훨씬) 놀다가 집에 들어갔는데, 엄마가 화가 나 계셨다.

5. 두 시간 째 숙제를 했지만, (별안간 / 아직까지 / 기어이) 끝내지 못했다.

(6) 이어 주는 말이에요

◉ 문장과 문장을 연결해 주는 말을 '이어 주는 말' 또는 '접속어'라고 부릅니다.
<u>문장과 문장의 관계</u>에 따라서 알맞은 종류의 이어 주는 말을 사용해야 합니다.

그리고 더구나 게다가 아울러 그뿐 아니라	• 앞의 내용에 새로운 내용을 덧붙이거나 보충할 때 • 앞 문장과 비슷한 내용의 문장일 때	• 나는 딸기를 좋아해. 그리고 나는 참외도 좋아해. • 그는 국어, 수학, 영어를 잘한다. 게다가 과학도 잘한다.
그러나 하지만 그렇지만	• 앞 문장과 반대인 문장이 나왔을 때	• 나는 딸기를 좋아해. 그러나 동생은 딸기를 싫어해.
그런데 그러면 아무튼 다음으로 한편	• 앞 문장과 방향을 바꾸고 싶을 때 • 뒤의 내용이 앞의 내용과는 다른, 새로운 생각이나 사실을 서술하여 화제를 바꾸며 이어 줄 때	• 나는 딸기를 좋아해. 그런데 지금은 배가 불러. • 우리 가족은 저녁마다 배드민턴을 쳐요. 한편 민성이네는 줄넘기를 한대요.
그래서 따라서 그러므로 그러니까	• 앞 문장이 원인, 뒤 문장이 결과일 때	• 나는 딸기를 좋아해. 그래서 딸기를 많이 먹어.
왜냐하면	• 앞 문장이 결과, 뒤 문장이 원인일 때	• 학교에서 선생님께 꾸중을 들었다. 왜냐하면 친구와 다투었기 때문이다.
또는 혹은 및 이와 함께	• 앞뒤의 내용과 같은 위치에 있는 내용을 나열할 때	• 칼 또는 가위를 가져오너라. • 문학에는 시, 소설 및 수필 등이 있다.
요컨대 즉 결국 말하자면	• 앞의 내용을 다른 말로 바꾸어 말하거나, 짧게 정리할 때	• 방청소는 바로 해야 한다. 즉, 미뤄서는 안 된다는 것이다. • 컴퓨터 게임을 많이 했다. 결국 안경을 쓰게 되었다.
예를 들면 예컨대 이를테면	• 앞의 내용에 대해 구체적인 예를 들어 설명할 때	• 나는 땀을 많이 흘린다. 예를 들면, 운동할 때뿐만 아니라 가만히 있어도 땀을 흘린다.

두 문장의 관계를 살펴본 후, 알맞은 종류의 이어 주는 말을 <u>모두</u> 찾아 넣어 보세요.

그리고	왜냐하면	그러나	예를 들면	그러므로
게다가	결국	그렇지만	그래서	한편

1. 나는 등산을 좋아한다. ☐ 매주 등산을 간다.

2. 눈이 나빠져서 안경을 썼다. ☐ 어두운 곳에서 책을 읽었기 때문이다.

3. 요즘 들어 달리기를 많이 한다. ☐ 수영도 한다.

4. 어제 밤늦게까지 숙제를 하느라 오늘 아침 늦게 일어났고, 결국 지각했다.

☐ 숙제를 가져오지 않았다. ☐ 점심 도시락도 챙겨 오지 않았다.

5. 과일가게에는 다양한 종류의 과일이 있었다.

☐ 바나나, 토마토, 수박, 딸기 등이 있었다.

6. 비가 오면 소풍이 취소된다고 했다. 오늘 아침 비가 오기 시작했다.

☐ 소풍을 가지 못했다.

앞에서 두 문장을 연결할 때 사용하는 '이어 주는 말'을 배웠습니다. 〈보기〉와 같이 이어 주는 말에 어울리는 문장을 자유롭게 적어 보세요.

> **보기**
>
> **어제는 나의 생일이었다.**
>
> (하지만) 생일파티를 하고 싶지는 않았다.
> (왜냐하면) 요즘 엄마가 병원에 입원해 계시기 때문이다.
> (게다가) 아빠도 직장일에다 엄마 병간호까지 하시느라 바쁘시기 때문이다.

1. **나는 여름이 싫다.**

(그래서)

(결국)

(그러므로)

2. **친구랑 놀이터에 갔다.**

(그런데)

(하지만)

(게다가)

3. **엄마가 강아지를 사 주셨다.**

(그렇지만)

(그런데)

(왜냐하면)

● 앞에서 두 문장을 연결할 때 사용하는 '이어 주는 말'을 배웠습니다. 〈보기〉와 같이 이어 주는 말에 어울리는 문장을 자유롭게 적어 보세요.

보기

어제는 나의 생일이었다.

(하지만) 생일파티를 하고 싶지는 않았다.
(왜냐하면) 요즘 엄마가 병원에 입원해 계시기 때문이다.
(게다가) 아빠도 직장일에다 엄마 병간호까지 하시느라 바쁘시기 때문이다.

1.　　**베란다에 텃밭이 생겼다.**

(그래서) _____

(그뿐 아니라) _____

(그러므로) _____

2.　　**할머니가 주신 용돈으로 소풍 갈 때 입을 옷 한 벌을 샀다.**

(하지만) _____

(게다가) _____

(그렇지만) _____

3.　　**모기가 윙윙거리는 소리에 잠을 잘 수가 없었다.**

(그래서) _____

(그런데) _____

(그뿐 아니라) _____

(7) 흉내 내는 말이에요

◉ 소리를 묘사한 말(의태어)과 모양이나 태도·행동 등을 묘사한 말(의성어)을 배워 봅니다. 이것들은 반복되는 리듬을 가지고 있어서, 재미있고 실감나게 표현할 수 있어요.

	이 정도는 꼭 알아 두세요!					
ㄱ ㄴ	깡총깡총 깡충깡충 껑충껑충	꼬박꼬박 꾸벅꾸벅 갈팡질팡	고래고래 겅중겅중 기웃기웃	간질간질 가물가물	꼬르륵 꿈틀꿈틀	냠냠 느릿느릿
ㄷ	데굴데굴 대롱대롱 뒤뚱뒤뚱	덜컹덜컹 딸랑딸랑 도란도란	또각또각 뚜벅뚜벅 덩실덩실	둥실둥실 데굴데굴 따끔따끔	따르릉 들쭉날쭉 딸까닥	달그락 동동
ㄹ ㅁ	룰루랄라	무럭무럭	매콤달콤	멍멍	몽글몽글	
ㅂ	반짝반짝 번쩍번쩍 방글방글 벙글벙글	보글보글 부글부글 바들바들 부들부들	부랴부랴 빙글빙글 반지르르 보들보들	빈둥빈둥 비실비실 부르르 삐그덕	바스락 부스럭 발라당 벌러덩	뾰족뾰족 삐죽삐죽 부릉부릉
ㅅ	산들산들 살랑살랑	살금살금 슬금슬금	시들시들 시름시름	새록새록 쓱싹쓱싹	새근새근 싱글벙글	사각사각 솔솔 쌩쌩
ㅇ	아기자기 아장아장 엉금엉금	얼키설키 알뜰살뜰 아삭아삭	알쏭달쏭 알콩달콩 옹기종기	울퉁불퉁 알록달록 얼룩덜룩	오순도순 엉거주춤 우당탕	울그락불그락 어슬렁어슬렁
ㅈ	졸졸 줄줄 질질 쭉쭉	지글지글 주렁주렁	쭈뼛쭈뼛 조근조근	질겅질겅 조마조마	쪼르륵 쨍그랑	점점
ㅊ	차근차근 차곡차곡	철벅철벅 찰칵찰칵	찰랑찰랑 철렁철렁	찰싹찰싹 철석철석	첨벙첨벙 치카치카	
ㅋ ㅌ	콜록콜록	콩닥콩닥	쿵덕쿵덕	티격태격	터덜터덜	쿨쿨
ㅍ	폴짝폴짝	파릇파릇	펄럭펄럭	팔딱팔딱	퍽퍽	풍덩
ㅎ	하하하 허허허	흔들흔들 후드득	훨훨 활활	훌쩍훌쩍	헐레벌떡	흥청망청

3

(7) 흉내 내는 말이에요 **197**

◉ 다음 〈보기〉는 어떤 소리나 모양을 나타내는 단어입니다. 문장을 읽고 (   ) 안에 적절한 것을 골라서 적어 넣으세요.

보기

대롱대롱 무럭무럭 둥실둥실 꼬르륵 따르릉
느릿느릿 빙글빙글 데굴데굴 사각사각 간질간질

1) 거북이가 (   ) 기어갑니다.

2) 바람이 부니 바람개비가 (   ) 돌아갑니다.

3) 언덕 아래로 돌멩이가 (   ) 굴러가고 있습니다.

4) 점심을 먹지 못했더니 배에서 (   ) 소리가 납니다.

5) 식목일에 심은 나무에 물을 열심히 주었더니 (   ) 자랐습니다.

◉ 소리나 동작을 나타내는 다음 단어들을 보다 큰 소리나 동작을 나타내는 단어들로 바꾼다면 어떻게 바꿀 수 있을까요? 〈예시〉와 같이 적절히 바꾸어서 문장을 만들어 보세요.

예시

토끼가 깡충깡충 뛰어갑니다. ➡ 캥거루가 껑충껑충 뛰어갑니다.

1) 콜록콜록

➡ _____

2) 보글보글

➡ _____

3) 팔짝팔짝

➡ _____

◉ 〈보기〉에 주어진 단어들을 아래 문장의 (   ) 안에 적절히 넣어 보세요.

보기

꾸벅꾸벅   덩실덩실   빈둥빈둥   고래고래   도란도란   기웃기웃
삐그덕삐그덕   대롱대롱   매콤달콤   바스락바스락   동동
갈팡질팡   보글보글   들쭉날쭉   또각또각   뒤뚱뒤뚱   발라당

1) 언니가 화가 많이 났는지 소리를 (   ) 질러서 잠들었던 동생이 깼다.

2) "너 그렇게 집에서 (   ) 놀지만 말고 밖에 나가서 운동이라도 좀 해!"

3) 어제 늦게까지 잠을 자지 못한 형이 공부를 하다가 (   ) 졸았다.

4) 방학이 되면 시골 할머니 댁에서 사촌동생들과 (   ) 모여 앉아 밤새 이야기했던
    기억이 난다.

5) 장롱 문이 망가져서 열 때마다 (   )거린다.

6) 나는 (   )한 떡볶이를 좋아한다.

7) 떠나가는 기차를 보며 혜민이는 발을 (   ) 굴렀다.

8) 우리가 하는 이야기가 궁금했는지 동생이 방문을 열고 (   ) 거렸다.

9) 엄마의 구두소리가 (   ) 들렸다.

10) 철민이는 누구의 편을 들어야 할지 쉽게 결정하지 못하고 (   )했다.

◉ 〈보기〉와 같이 그림과 관련된 흉내 내는 말을 자유롭게 적어 보세요. (p.197 '(7) 흉내 내는 말 목록'을 참고하세요.)

보기

데굴데굴

(   )

(   )

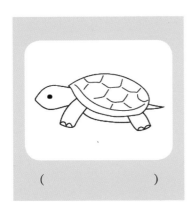

(   )

(   )

(   )

(   )

(   )

(   )

〈보기〉와 같이 그림과 관련된 흉내 내는 말을 자유롭게 적어 보세요. (p.197 '(7) 흉내 내는 말 목록'을 참고하세요.)

보기

데굴데굴

(   )

(   )

(   )

(   )

(   )

(   )

(   )

(   )

👁 〈보기〉와 같이 그림과 관련된 흉내 내는 말을 자유롭게 적어 보세요. (p.197 '(7) 흉내 내는 말 목록'을 참고하세요.)

보기

〈정답〉
데굴데굴

〈설명〉
발로 공을 차서 굴러갈 때

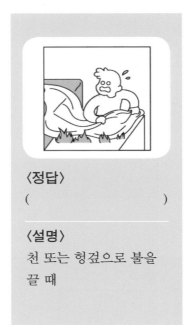

〈정답〉
(   )

〈설명〉
천 또는 헝겊으로 불을 끌 때

〈정답〉
(   )

〈설명〉
가위로 머리를 자를 때

〈정답〉
(   )

〈설명〉
꽃향기를 맡을 때

〈정답〉
(   )

〈설명〉
유리컵을 떨어뜨렸을 때

〈정답〉
(   )

〈설명〉
비가 오는 날

◉ 다음 상황과 관련 있는 흉내 내는 말을 〈보기〉에서 골라 써넣으세요.

보기

바들바들	고래고래	바스락바스락	꿈틀꿈틀	따르릉
달그락	꼬르륵	부릉부릉	냠냠	느릿느릿
딸랑딸랑	슬금슬금	방글방글	질겅질겅	기웃기웃
뒤뚱뒤뚱	삐죽삐죽	엉거주춤	따끔따끔	반짝반짝
동동	빈둥빈둥	데굴데굴	도란도란	보글보글

3

1. 설거지할 때

2. 전화벨이 울릴 때

3. 방울이 울릴 때

4. 배가 고플 때 배에서 나는 소리

5. 공이 굴러갈 때

6. 엄청 큰 목소리로 소리를 지를 때

7. 지렁이가 기어가는 모습

8. 음식이 냄비에서 끓을 때 나는 소리

9. 오리가 걸어가는 모습

10. 게으른 모습을 표현할 때

11. 세차를 해서 차가 깨끗해졌을 때

12. 상처 난 곳에 소독약을 바를 때

13. 아기가 미소를 짓는 모습

14. 맛있는 음식을 먹을 때

(8) 소리는 같지만 모양이 달라요

저학년이라면 이 정도는 알아 두어야 해요!	
짓다 (재료를 들여 밥, 옷, 집 등을 만들다) **짖다** (개, 까마귀가 시끄럽게 울다, 소리내다)	**가르치다** (지식이나 이치 등을 알려 주다) **가리키다** (손가락 따위로 방향 · 대상을 집다)
낫다 (성적이 더 좋은 / 병이 치유되는) **낳다** (아기를 / 새끼를) **낮다** (보통에 미치지 못하는)	**같다** (똑같은, 동일한) **갔다** (~장소에 가다) **갖다** (가지다, 소유하다)
빚다 (흙으로 형태를 만들다, 송편을 만들다) **빗다** (머리카락을 빗으로 가지런히 하다)	**잊어버리다** (기억하지 못하다) **잃어버리다** (가지고 있던 물건이 없어지다)
부치다 (편지나 물건을 보내다) **붙이다** (떨어지지 않게 하다)	**반드시** (틀림없이, 꼭) **반듯이** (기울거나 굽지 않고 바르게, 말끔하게)

고학년이라면 이 정도는 알아 두어야 해요!	
새다 (기 · 액체가 틈으로 빠져 나가다) **세다** (힘이 많다, 숫자를 헤아리다)	**바치다** (신 또는 어른에게 뭔가를 드리다) **받치다** (물건의 밑에 뭔가를 올리거나 대다) **받히다** (머리나 뿔로 부딪히다)
느리다 (동작을 하는 데 시간이 길다) **늘이다** (더 길게/넓게 하다)	**바라다** (어떤 일이 이루어지기 원한다, 　　　　　갖고 싶다) **바래다** (볕이나 습기를 받아 색이 변하다)
넘어 (일정한 시간, 시기, 범위를 벗어나다) **너머** (저쪽, 건너편)	**맞히다** (문제에 대한 답이 맞다) **맞추다** (서로 떨어진 부분을 맞대어 붙이다) **마치다** (끝나다)
매다 (끈이나 줄로 묶다) **메다** (어깨에 걸치거나 올려놓다)	

다음 〈보기〉는 발음은 같지만 형태와 의미는 다른 단어들의 뜻을 적어 놓은 것입니다. 잘 읽어 보고 아래 문장의 ☐ 안에 알맞은 단어를 적어 보세요. 필요하면 형태를 바꿀 수 있습니다.

> 보기
>
> ⊙ **짓다**: 재료를 들여 만들다.
>   **짖다**: 동물이 목청으로 소리를 내다.
>
> ⊙ **빗다**: 머리털을 가지런히 하다.
>   **빚다**: 흙, 가루와 같은 재료로 어떤 형태를 만들다.
>
> ⊙ **붙이다**: 어떤 것이 맞닿아 떨어지지 않도록 하다.
>   **부치다**: 편지나 물건을 상대에게로 보내다.

1) 시골에 계신 할머니 댁으로 편지를 ☐.

2) 아빠는 거실에서 TV를 보고 계시고, 엄마는 부엌에서 밥을 ☐ 계신다.

3) 추석에 온 가족이 함께 모여 송편을 ☐ 맛있게 먹었다.

4) 개가 갑자기 큰 소리로 ☐ 깜짝 놀랐다.

5) 사진을 찍기 위해 머리를 단정하게 ☐.

6) 찢어진 책을 테이프로 ☐.

◉ 다음 〈보기〉는 발음은 같지만 형태와 의미는 다른 단어들의 뜻을 적어 놓은 것입니다. 잘 읽어 보고 아래 문장의 ☐ 안에 알맞은 단어를 적어 보세요. 필요하면 형태를 바꿀 수 있습니다.

> **보기**
>
> ◉ **새다**: 기체, 액체, 빛, 소리 등이 틈이나 구멍을 통해 빠져 나가거나 나오다.
>   **세다**: 1. 힘이 많다.
>   2. 숫자를 헤아리거나 꼽다.
>
> ◉ **반듯이**: 비뚤어지거나 기울거나 굽지 않고 바르게
>   **반드시**: 틀림없이 꼭
>
> ◉ **넘어**: 일정한 것에서 벗어나 지나서
>   **너머**: 높이나 경계로 가로막은 것의 저쪽 또는 그 공간
>
> ◉ **느리다**: 걸리는 시간이나 과정의 기간이 길다.
>   **늘이다**: 원래의 것보다 더 길게 하다.
>   **늘리다**: 수나 분량, 시간 등이 원래보다 많아지다.

1) 지현이는 걸음이 ☐☐☐☐☐ , 항상 뒤처진다.

2) "이번에는 ☐☐☐☐☐ 합격할 거야!"

3) 수도꼭지가 고장이 나서 물이 졸졸 ☐☐☐☐☐ .

4) 저 담장 ☐☐☐☐☐ 에는 뭐가 있을까?

5) "시험 범위를 ☐☐☐☐☐ 시다니, 선생님 너무하세요!"

6) 달리기 시합에서 출발 신호 전에 선을 ☐☐☐☐☐ 가면 반칙이다.

◉ 【 】안의 표현 중 문맥에 가장 적절한 표현을 찾아 ○ 하세요.

1. 오래 입은 청바지의 색이 【 바라다. / 바래다. 】

2. 부모님의 꿈은 시골에 집을 【 짓는 / 짖는 】 것이다.

3. 살이 쪄서 바지의 허리 부분을 【 느리다. / 늘이다. 】

4. 저 멀리 비행기가 날아가는 것을 손으로 【 가리키다. / 가르치다. 】

5. 오늘의 모든 일정을 【 맞히다. / 마치다. 】

6. 내일 시험이라 밤을 꼴딱 【 새우다. / 세우다. 】

7. 지각해서 학교 담을 【 넘어 / 너머 】 갔다.

8. 우리나라가 월드컵에서 16강에 진출하길 간절히 【 바라다. / 바래다. 】

9. 아빠는 출근할 때 넥타이를 【 매다. / 메다. 】

10. 한라산은 백두산보다 【 낫다. / 낳다. / 낮다. 】

11. 점심 급식으로 어제와 【 같은 / 갖은 / 갔은 】 반찬이 나와 밥을 별로 먹고 싶지
    않았다.

◉ 【 】안의 표현 중 문맥에 가장 적절한 표현을 찾아 ○ 하세요.

1. 처음 가 본 곳에서는 길을 【 잊기 / 잃기 / 읽기 】 쉽다.

2. 오늘 해야 할 숙제는 【 반듯이 / 반드시 】 해야 한다.

3. 시험에서 정답을 최대한 많이 【 맞히고 / 맞추고 / 마치고 】 싶다.

4. 활을 쏴서 과녁에 정확히 【 맞히다. / 맞추다. / 마치다. 】

5. 버스에서 지갑을 【 읽어버리다. / 잃어버리다. / 잊어버리다. 】

6. 정해진 시간 안에 모든 활동을 【 맞히다. / 맞추다. / 마치다. 】

7. 사고 싶었던 레고 장난감을 【 갖게 / 같게 / 갔게 】 되었다.

8. 엄마는 내가 2살 때 동생을 【 낳으셨다. / 낮으셨다. / 나으셨다. 】

9. 나와 내 동생의 혈액형은 A형으로 【 갖다. / 같다. / 갔다. 】

10. 암탉이 알을 【 낮다. / 낫다. / 낳다. 】

11. 어제가 할머니 생신인 것을 【 읽어버렸다. / 잃어버렸다. / 잊어버렸다. 】

(9) 소리는 같지만 의미가 여러 가지예요

명사	
말 ·	① 입에서 나는 소리　② 동물 ③ 곡식 및 가루를 잴 때	**배** ① 신체 부위 ② 바다 위를 이동하는 교통수단
벌	① 꽃에서 꿀과 꽃가루를 모으는 곤충 ② 잘못을 저지른 사람에게 주는 괴로운 일 ③ 넓고 평평한 땅	**눈** ① 하늘에서 내리는 하얀색 ② 얼굴 중, 볼 수 있게 해 주는 곳
전기	① 전자이온이 만든 에너지의 한 형태 ② 한 사람의 일생을 기록해 놓은 것	**김** ① 바다에서 나는 음식 중 하나 ② 수증기
차례	① 여럿을 순서에 따라 벌여 놓은 것 ② 명절 아침에 간단히 지내는 제사	**비** ① 빗자루 ② 하늘에서 내리는 물방울
얼굴	① 신체부위　② 표정 ③ 모임이나 기관을 대표하는 사람	**밤** ① 밤나무의 열매 ② 하루 중 어두운 시간
인정	① 남을 생각하고 도와주는 따뜻한 마음 ② 다른 사람의 말에 그렇다고 하는 것	**굴** ① 바다에서 나는 음식 중 하나 ② 땅이나 바위가 깊숙하게 패인 곳

동사	
(허리가 / 고구마를) **굽다**	(맛이 / 용돈을 / 편지를) **쓰다**
(바퀴가 / 군침이 / 머리가) **돌다**	(숨이 / 얼음이) **차다**
(용기가 / 화가 / 해가) **솟다**	(고기가 / 버스를 / 피부가) **타다**
(담요를 / 신문지를 / 김밥을) **말다**	(시를 / 농사를 / 밥을) **짓다**
(잠이 / 유리컵을) **깨다**	(옷을 / 껍데기를) **벗다**
	(부지런 / 추워서 몸을 / 곡식을) **떨다**

다음 〈보기〉 단어들의 여러 가지 의미를 잘 살펴본 후, 아래 문장의 밑줄 친 단어가 어떤 의미로 쓰인 것인지 골라 번호를 적어 보세요.

> 보기
>
> ⊙ 배: ① 신체 부위
> ② 바다 위를 이동하는 교통수단
> ③ 과일의 종류 중 하나
>
> ⊙ 눈: ① 하늘에서 내리는 하얀색
> ② 얼굴 중, 볼 수 있게 해 주는 곳
>
> ⊙ 타다: ① 탈것 위에 몸을 얹다.
> ② 뜨거운 열을 받아 검게 변할 정도로 익다.
>
> ⊙ 쓰다: ① 도구를 사용하여 종이 따위에 적다.
> ② 혀로 느끼는 맛의 종류

1) 어부는 아침 일찍 배를 타고 나간다. ☐

2) 약이 써서 약을 먹은 후 사탕을 먹었다. ☐

3) 오랜만에 먹은 배가 달고 맛있었다. ☐

4) 민희는 눈이 나빠져서 안경을 써야 한다. ☐

5) 할머니 댁에 가기 위해 기차를 탔다. ☐

6) 가스레인지에 올려놓은 냄비가 새까맣게 탔다. ☐

7) 친구에게 사과의 편지를 쓰다. ☐

8) 얼른 겨울이 와서 펑펑 눈이 내렸으면 좋겠다. ☐

◉ 다음 〈보기〉 단어들의 여러 가지 의미를 잘 살펴본 후, 아래 문장의 밑줄 친 단어가 어떤 의미로 쓰인 것인지 골라 번호를 적어 보세요.

보기

◉ **벌**: ① 꽃에서 꿀과 꽃가루를 모으는 곤충
② 잘못을 저지른 사람에게 주는 괴로운 일

◉ **전기**: ① 전자이온이 만든 에너지의 한 형태
② 한 사람의 일생을 기록해 놓은 것

◉ **돌다**: ① 원을 그리며 움직이다.
② 제대로 작용하다.

◉ **솟다**: ① 사람의 몸이나 마음속에 힘이나 의욕 등이 생겨나다.
② 해나 달이 하늘로 올라가다.

1) 친구들의 응원에 힘이 솟아서 씨름 대회에서 이겼다. ☐

2) 어제 전기가 나가서 온 집 안이 깜깜했다. ☐

3) 친구와 싸워서 복도에서 벌을 섰다. ☐

4) 이번 주 숙제는 세종대왕의 전기를 읽고 독후감을 쓰는 것이다. ☐

5) 회전목마는 천천히 돌아서 별로 무섭지 않다. ☐

6) 바닷가에서 해가 솟는 모습을 보니 정말 멋졌다. ☐

7) 냉장고 코드를 꽂았더니 잘 돌아간다. ☐

8) 성묘를 갔다가 벌에 쏘였다. ☐

◉ 다음 표 안에 6개의 동작이 적힌 도형이 있습니다(벗다, 타다, 떨다, 차다, 짓다, 쓰다). 각각의 문장을 읽고 문장에 표현된 동작과 어울리는 것을 찾아서 해당하는 도형을 그려 보세요.

	지진으로 인해 두려움에		할아버지는 시골에서 농사를	용돈을
버스를	벗다		타다	집에 돌아와 옷을
약이		얼음은		떨다
차다	애벌레가 허물을		여름방학 내내 밖에서 축구를 했더니 피부가	
	짓다	새로운 건물을		추워서 몸을
친구에게 편지를			쓰다	달리기를 했더니 숨이

(10) 반대말 또는 비슷한 말이에요

반대말(=반의어)				
시골 – 도시	진담 – 농담	공격 – 수비	낭비 – 절약	관심 – 무관심
출국 – 입국	선의 – 악의	판매 – 구입	승리 – 패배	제한 – 무제한
수출 – 수입	적군 – 아군	성공 – 실패	찬성 – 반대	공식 – 비공식
장점 – 단점	냉기 – 온기	현실 – 이상	권리 – 의무	호감 – 비호감
강점 – 약점	저승 – 이승	출발 – 도착	감소 – 증가	정상 – 비정상
본명 – 가명	부족 – 풍족	유해 – 무해	무례 – 정중	공개 – 비공개
선배 – 후배	충신 – 역신	생성 – 소멸	드문 – 흔한	가능 – 불가능
풍년 – 흉년	전반 – 후반	개방 – 폐쇄	낯선 – 낯익은	이익 – 불이익
원인 – 결과	생산 – 소비	후손 – 조상	해롭다 – 이롭다	공평 – 불공평
무료 – 유료	손해 – 이익	소란 – 적막	당기다 – 밀다	평등 – 불평등
반대 – 찬성	실내 – 실외	팽창 – 수축	화려한 – 소박한	공정 – 불공정
간접 – 직접	환대 – 푸대접	거절 – 승낙	자연스럽다 – 어색하다	합격 – 불합격
지상 – 지하	적응 – 부적응	절망 – 희망	불리하다 – 유리하다	필요 – 불필요
식전 – 식후	적극적 – 소극적	우회전 – 좌회전	분주하다 – 한가하다	동참 – 불참
		성수기 – 비성수기		유리한 – 불리한

비슷하거나 똑같은 의미를 가진 말(=유사어, 동의어)					
개 = 뚜껑	항상 = 늘	감격 = 감동	닮다 = 비슷하다		
버릇 = 습관	도로 = 길	의견 = 생각	포개다 = 겹치다		
이유 = 까닭	꼭 = 반드시	조절 = 조정	풍부한 = 넉넉한		
동무 = 친구	지혜 = 지식	찬성 = 동의	피곤한 = 고단한		
생명 = 목숨	이미 = 벌써	결심 = 결의	노동자 = 근로자		
소중 = 귀중	줄곧 = 내내	변명 = 핑계	자린고비 = 구두쇠		
참여 = 참가	염려 = 걱정	정열 = 열정	분실하다 = 잃어버리다		
일기 = 날씨	제한 = 제약	실천 = 실현	화장 = 치장 = 변장		
체험 = 경험	아첨 = 아부	안심 = 안도	보관 = 간직 = 저장		
궁궐 = 대궐	상상 = 공상	풍경 = 경치	체면 = 낯 = 면목		
재판 = 판결	몸놀림 = 동작	임자 = 주인	사용 = 이용 = 활용		
대강 = 대충	반복 = 되풀이	소동 = 소란	집중 = 몰입 = 몰두		
방해 = 훼방	늙은이 = 노인	대체 = 대신	소통 = 대화 = 교감		
겉면 = 표면	귀엣말 = 귓속말	저렴한 = 싼	관점 = 입장 = 측면		
예상 = 예측	실랑이 = 승강이	선의 = 호의	조급 = 다급 = 성급		
간청 = 부탁	서서히 = 천천히	훗날 = 후일	요즘 = 최근 = 근래		
굴복 = 복종	끝내 = 마침내	공정한 = 공평한	간신히 = 겨우 = 가까스로		
		화려한 = 호화로운	마치다 = 끝내다 = 완성하다		

◉ 다음 문장에서 밑줄 친 단어의 반대말을 빈칸에 써 보세요.

1) 어떤 가수는 진짜 자기 이름이 아닌 가명을 사용한다. ☐

2) 삼촌이 오늘 중국 출장 때문에 출국하신다고 하셨다. ☐

3) 지하 주차장에 차가 꽉 찼다. ☐

4) 올해는 풍년이 들어 다행이다. ☐

5) "시험이 내일 모레인데, 공부 안 하면 너만 손해지." ☐

◉ 다음 문장에서 밑줄 친 단어의 반대말을 〈보기〉에서 골라 보세요.

보기

부적응　적군　비성수기　역신　비정상
비현실　무례　푸대접　적막　소멸

1) 공연장은 매우 소란스러웠다. ☐

2) 성수기에는 비행기 값이 비싸다. ☐

3) 좋은 성적을 거둔 국가대표 선수들이 환대받았다. ☐

4) 왕 옆에는 충신이 항상 지키고 있었다. ☐

5) 공부를 너무 안 했기 때문에 이번 중간고사에서 100점을 받는 것은 현실적으로 불가능하다.

☐

◉ 왼쪽과 오른쪽에 적힌 단어들을 반대말끼리 연결해 보세요. 그리고 아래 문장의 (   ) 안에 적절한 단어를 골라 적어 보세요. 이때 단어의 형태를 바꿀 수도 있습니다.
(예: 많다 → 많이, 크다 → 큰)

위				실외
속	●		●	내리다
올라가다	●		●	가끔
절약	●		●	내려가다
많다	●		●	아래
맞히다	●		●	적다
실내	●		●	겉
크다	●		●	틀리다
타다	●		●	지다
같다	●		●	작다
자주	●		●	낭비
이기다	●		●	다르다

1) (   ) 운동장에서는 비가 오면 축구를 못했는데, (   ) 체육관을 새로 지어서 언제라도 축구를 할 수 있게 되어 참 좋다.

2) 내가 형이라 항상 동생에게 양보해야 되니까 억울하다. 오늘도 엄마가 동생에게는 과자를 (   ) 주시고, 나는 (   ) 주셨다.

3) 버스를 (   ) 때는 요금을 내고, (   ) 때는 벨을 눌러야 한다.

4) 날씨가 추울 때는 (   )에 두꺼운 외투를 하나 입는 것도 좋지만, (   )에 얇은 옷을 여러 겹 껴입는 것이 더 따뜻하다.

5) 시험 문제를 많이 (   ) 수 있었는데 실수를 해서 생각보다 더 (   ).

◉ B에 주어진 문장의 ( ) 안에 들어갈 적절한 단어를 A와 C에서 각각 찾아 연결해 보세요.
A와 C의 두 단어의 의미는 비슷합니다.

A			B			C
보관	●	●	① 선생님은 우리가 숙제한 것을 보시면 열심히 했는지, ( )했는지 다 아신다.	●	●	ⓐ 간청
경치	●	●	② 오늘 아침에 형이 잠을 더 자겠다고 엄마와 ( )를 벌였다.	●	●	ⓑ 대충
반복	●	●	③ 여행에 와서 아름다운 ( )을/를 보니 기분이 좋아진다.	●	●	ⓒ 간직
부탁	●	●	④ 친구들이 준 편지를 버리지 않고 잘 ( )해 놓았다가 읽어 보니 너무 재미있었다.	●	●	ⓓ 풍경
핑계	●	●	⑤ 현수가 한 번만 도와달라고 나에게 ( )했다.	●	●	ⓔ 승강이
실랑이	●	●	⑥ 조금 지겹더라도 같은 문제를 여러 번 ( )해야 실수를 줄일 수 있다.	●	●	ⓕ 동의
찬성	●	●	⑦ "차가 막혀서 늦었다는 ( )은/는 대지 마!"	●	●	ⓖ 변명
대강	●	●	⑧ "제 의견에 ( )하시는 분은 손을 들어주세요."	●	●	ⓗ 되풀이

◉ 〈보기〉의 단어들 중에서 <u>반대말의 쌍</u>을 최대한 많이 찾아보세요.

보기				
찬성	불필요	당기다	증가	패배
화려한	동참	낭비	불합격	비호감
후배	이롭다	해롭다	호감	절약
불이익	감소	합격	필요	이익
권리	의무	불참	흔한	수비
밀다	공격	소박한	실내	드문
참석	반대	승리	실외	선배

3

(예) 합격 ─ 불합격

◉ 〈보기〉의 단어들 중에서 비슷한 말의 쌍을 최대한 많이 찾아보세요.

보기

저렴한	목숨	소중	면목	구두쇠
생명	귀중	제한	최근	체면
피곤한	잃어버리다	노곤한	몰입	제약
사용	근로자	자린고비	걱정	비슷하다
집중	입장	요즘	싼	관점
닮다	염려	분실하다	노동자	이용

(예) 저렴한 ── 싼

(11) 여러 가지가 합쳐진 말이에요

1. 어떤 글자나 단어가 있고, 여기에 다양한 단어가 붙을 수 있어요.

-보	느림보, 꾀보, 잠보, 털보, 먹보, 울보	-둥이	귀염둥이, 재롱둥이, 쌍둥이, 막둥이, 흰둥이
-가	정치가, 음악가, 성악가, 건축가, 무용가	-꾼	농사꾼, 나무꾼, 낚시꾼, 장사꾼, 사냥꾼
-거리	고민거리, 이야깃거리, 반찬거리, 웃음거리, 일거리	-꾸러기	잠꾸러기, 장난꾸러기, 욕심꾸러기, 심술꾸러기
-증	궁금증, 학생증, 등록증	-쟁이	욕심쟁이, 심술쟁이
-터	장터, 배움터, 전쟁터, 나루터	-투성이	낙서투성이, 상처투성이
-짓	고갯짓, 날갯짓, 눈짓, 손짓, 발짓, 몸짓	-심	조바심, 호기심, 질투심
-성	인간성, 조심성, 붙임성, 작품성, 인사성, 참을성, 적극성, 독창성, 계획성, 대중성, 상징성, 실천성, 간결성	헛-	헛수고, 헛기침, 헛소문, 헛걸음, 헛일, 헛소리
-력	상상력, 창의력, 마찰력, 영향력	편-	편애, 편식, 편견
비-	비정상, 비공개, 비성수기, 비공식	친-	친환경, 친자식, 친부모
불-	불필요, 불충분, 불공평, 불공정, 불이익, 불가능	무-	무소유, 무자식, 무능력, 무관심
과-	과체중		

2. 서로 다른 두 단어가 합쳐져서 새로운 하나의 단어가 됩니다.

물 + 걸레 = 물걸레	늦 + 잠 = 늦잠	강 + 산 = 강산	소 + 고기 = 소고기
물 + 냉면 = 물냉면	군 + 밤 = 군밤	쑥 + 밭 = 쑥밭	돼지 + 고기 = 돼지고기
손 + 수건 = 손수건	밤 + 낮 = 밤낮	논 + 밭 = 논밭	시계 + 바늘 = 시곗바늘
손 + 수레 = 손수레	집 + 안 = 집안	방 + 바닥 = 방바닥	바늘 + 방석 = 바늘방석
단짝 + 친구 = 단짝친구	초 + 불 = 촛불	첫 + 사랑 = 첫사랑	대중 + 매체 = 대중매체
새 + 색시 = 새색시	쇠 + 못 = 쇠못	책 + 가방 = 책가방	반짝 + 세일 = 반짝세일
		가죽 + 신 = 가죽신	

◉ 〈보기〉의 설명을 잘 보고, 아래의 단어를 완성할 수 있는 가장 적절한 말을 연결해 보세요.

보기

⊙ – **꾼**: 어떤 낱말 뒤에 붙어, 그 일을 잘하는 사람, 그 일을 직업으로 하는 사람을 나타냄.
⊙ – **꾸러기**: 어떤 낱말 뒤에 붙어, 그런 짓을 많이 하는 사람, 그런 짓이 심한 사람을 나타냄.
⊙ – **둥이**: 어떤 특징을 지닌 사람을 귀엽게 또는 가볍게 부르는 말
⊙ – **쟁이**: 어떤 성질이나 특징을 많이 가진 사람

잠 ●	● 꾼
사냥 ●	
장난 ●	● 꾸러기
귀염 ●	
겁 ●	● 둥이
낚시 ●	
재롱 ●	● 쟁이
고집 ●	

◉ 다음 〈보기〉에 단어 앞이나 뒤에 붙어 그 단어에 특별한 의미를 더하는 말이 제시되어 있습니다. 아래의 문장을 읽고, ( ) 안에 들어갈 말을 적어 보세요.

> **보기**
>
> 편－: 한쪽으로 치우치거나 한쪽만을 나타냄.
> 헛－: '이유 없는', '보람 없는', '잘못된'
> －보: 어떤 특징을 지닌 사람
> －거리: 어떤 것의 내용이 될 만한 재료
> －짓: 움직이는 동작

1) 내 동생은 너무 잘 울어서 별명이 울(   )다.

2) 친구가 나에게 고민(   )를 털어놓았다.

3) 우리 선생님은 민희만 (   )애 하신다.

4) 규민이는 느림(   ) 거북이처럼 행동이 느리다.

5) 시골에서 열리는 5일장에는 맛있는 먹(   )들이 많이 있다.

6) 선생님은 나에게 이쪽으로 오라고 손(   ) 하셨다.

7) 달리기에서 꼴찌를 하다니, 그동안 열심히 연습했는데 왠지 (   )수고한 기분이다.

8) 엄마는 키가 작으신 것이 어렸을 때 (   )식을 해서라고 말씀하셨다.

9) "그런 (   )소리를 하다니, 네가 많이 졸린 모양이구나."

10) 어린 아기 새가 날갯(   )을 하였다.

◉ 다음의 단어들 중에서 가장 알맞게 합쳐진 단어에 ○ 하세요.

상상심 헛상상 친상상 과상상 상상력

궁금가 궁금증 헛궁금 편궁금 친궁금

손쟁이 손꾼 편손 무손 과손 손짓 손성

불공평 헛공평 편공평 무공평 공평투성이 공평쟁이

농사둥이 농사꾼 편농사 농사심 농사터 농사력 불농사

◉ 〈보기〉와 같이 빈칸에 공통으로 들어가야 하는 낱말을 써넣으세요.

보기

고민 거리 , 웃음 거리 , 일 거리 ➞ 거리

1. ☐ 소유 , ☐ 능력 , ☐ 자식 ➞ ☐

2. 조바 ☐ , 호기 ☐ , 시기 ☐ ➞ ☐

3. ☐ 충분 , ☐ 필요 , ☐ 이익 ➞ ☐

4. 계획 ☐ , 대중 ☐ , 참을 ☐ ➞ ☐

⊙ 다음 〈보기〉처럼 한 단어를 두 부분으로 쪼개 보세요. (/ 사용)

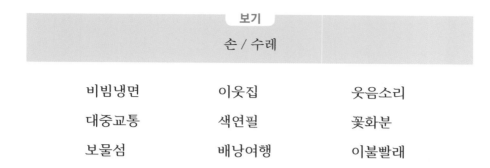

보기	
손 / 수레	

비빔냉면	이웃집	웃음소리
대중교통	색연필	꽃화분
보물섬	배낭여행	이불빨래

3

⊙ 〈보기〉와 같이 빈칸에 공통으로 들어가야 하는 낱말을 써넣으세요.

보기			
고민 거리 , 웃음 거리 , 일 거리 ➡			거리

1. ☐ 정상 , ☐ 공개 , ☐ 공식 ➡ ☐

2. 학생 ☐ , 주민등록 ☐ , 궁금 ☐ ➡ ☐

3. ☐ 환경 , ☐ 자식 , ☐ 부모 ➡ ☐

4. 배움 ☐ , 장 ☐ , 전쟁 ☐ ➡ ☐

5. 음악 ☐ , 건축 ☐ , 정치 ☐ ➡ ☐

(12) 기타

◉ 초등학생이 알아야 하는 사자성어

고진감래	구사일생	견물생심	거두절미
경거망동	개과천선	금상첨화	금지옥엽
난공불락	다다익선	노심초사	대기만성
독불장군	동문서답	동병상련	동분서주
동상이몽	막상막하	무위도식	박장대소
박학다식	반신반의	배은망덕	백전백승
비몽사몽	사면초가	살신성인	사필귀정
상부상조	설상가상	속수무책	솔선수범
심사숙고	십중팔구	어부지리	우유부단
유언비어	유비무환	역지사지	이심전심
인과응보	일사천리	일석이조	일편단심
일취월장	자포자기	작심삼일	자화자찬
적반하장	전화위복	죽마고우	초지일관
청출어람	팔방미인	풍전등화	

◉ 다음의 상황에 어울리는 사자성어를 찾아 연결해 보세요.

재현이는 모든 일에 앞장서서 열심히 한다.	● ●	일편단심
내가 동생에게 피아노를 가르쳐 주었는데, 지금은 동생이 나보다 피아노를 더 잘 친다.	● ●	청출어람
동생이 먼저 때려 놓고 내가 한마디 했다고 오히려 나에게 화를 낸다.	● ●	죽마고우
"나는 너 하나만 사랑해!"	● ●	솔선수범
안 그래도 늦잠을 잤는데, 차까지 막힌다.	● ●	적반하장
규민이는 어린 시절부터 나와 가장 친한 친구다.	● ●	십중팔구
현희는 거의 매번 약속시간보다 늦게 나온다.	● ●	유비무환
내일이 수영 대회인데, 나는 평소에 연습을 많이 해서 별로 걱정되지는 않는다.	● ●	설상가상

◉ '(12) 기타'에 제시된 사자성어 목록을 보고, 아래의 의미를 뜻하는 사자성어를 찾아 적어 보세요.

1. 고생 끝에 즐거운 일이 찾아온다는 말 ➡ ㄱ

2. 어떤 것이 위이고 아래인지 구분할 수 없이 비슷하다는 말 ➡ ㅁ

3. 둘이 다투는 틈에 엉뚱한 제3자가 이익을 가로챈다는 말 ➡ ㅇ

4. 묻는 말에 대해 전혀 엉뚱한 대답을 한다는 말 ➡ ㄷ

5. 한 가지 일을 해서 두 가지 이익을 얻는다는 말 ➡ ㅇ

6. 지난날의 잘못을 고쳐 착하게 변화됨을 이르는 말 ➡ ㄱ

7. 많으면 많을수록 더욱 좋다는 말 ➡ ㄷ

8. 손뼉을 치면서 크게 웃는 것을 이르는 말 ➡ ㅂ

9. 좋은 일에 또 좋은 일이 더해진다는 말 ➡ ㄱ

👁 '(12) 기타'에 제시된 사자성어 목록을 보고, 아래의 의미를 뜻하는 사자성어를 찾아 적어 보세요.

1. 백번 싸워 백번 이긴다는 뜻으로, 싸울 때마다 매번 이김

➡ | ㅂ |

2. 아는 것이 매우 많음

➡ | ㅂ |

3. 겉으로는 똑같이 행동하지만 속으로는 각자 딴 생각을 함

➡ | ㄷ |

4. 큰 그릇을 만드는 데 시간이 오래 걸린다는 말로, 성공할 사람은 늦게 이루어짐

➡ | ㄷ |

5. 어떠한 불행이라도 노력과 의지만 있다면 불행을 행복으로 바꿀 수 있다는 것을 의미함

➡ | ㅈ |

6. 여러 번 죽을 고비를 겪고 간신히 목숨을 건짐

➡ | ㄱ |

7. 남의 의견을 무시하고 자기 스스로 모든 일을 처리하는 사람을 일컬음

➡ | ㄷ |

8. 남에게 입은 은혜를 잊고 배신함

➡ | ㅂ |

9. 물건을 보면 갖고 싶은 욕심이 생김

➡ | ㄱ |

4. 문제해결력

〈지도방법〉

- 사회적으로 지켜야 할 규범을 익힙니다(공공장소 예절, 에티켓, 인사말 등).
- 일상생활에서 경험할 수 있는 다양한 상황(개인적·사회적 갈등상황, 도덕적 갈등상황, 문제해결상황 등)을 제시합니다. 이때 단순한 상황에서 복잡하고 미묘한 상황으로 확장합니다.
- 상황을 이해하기 위해 다양한 단서(주변 상황 단서, 자세나 태도, 표정, 말투, 목소리, 말의 내용 등)를 활용합니다.
- 실제 상황을 이해하는 데 도움을 줄 수 있는 다양한 활동(역할극, TV나 DVD 시청 등)을 해 봅니다.
- 주어진 상황을 이해한 후, 다양한 대처방식을 생각해 보게 합니다. 그리고 행동의 원인에 따른 결과를 예상해 본 후, 각 대처방식의 장단점을 파악해 가장 적절한 대처방식을 찾도록 돕습니다.
- '왜? 만약 ~라면?'과 같은 질문을 사용하여 아동이 보다 풍부하게 사고하도록 돕습니다.
- 직접적으로 사회적 상황을 경험하게 하여, 학습한 지식을 실제적으로 활용해 보게 하는 것이 중요합니다(예를 들어, 또래 간의 갈등 해결하기 등).

1) 이럴 땐 어떻게 할까요? ★ ★ ★

◉ 왼쪽을 보면 다양한 상황이 적혀 있습니다. 각 상황에 어떻게 하는 것이 좋을지 적어 보세요.

상황		어떻게 해야 할까?
길을 걸어가면서 과자를 다 먹었다. 빈 과자봉지를 버리고 싶다.	➡	
학교에서 점심시간에 놀다가 옷의 단추가 떨어졌다.	➡	
점심시간에 축구를 하다가 친구가 나와 부딪혀 다쳤다.	➡	
횡단보도 앞에 서 있었고 빨간불인데, 갑자기 옆에 있던 사람이 건너갔다.	➡	
유리컵을 깼다. 이 컵은 엄마가 엄청 아끼시는 컵이다.	➡	
길을 걷다가 슬리퍼 끈이 떨어졌다.	➡	
숙제와 준비물이 적힌 알림장을 학교에 두고 왔다.	➡	

2) 이럴 땐 어떻게 할까요? ★ ★ ★

◉ 왼쪽을 보면 다양한 상황이 적혀 있습니다. 각 상황에 어떻게 하는 것이 좋을지 적어 보세요.

상황		어떻게 해야 할까?
TV를 보려고 하는데 동생과 내가 보고 싶은 프로그램이 다르다.	▶	
시장에서 엄마를 잃어버렸다.	▶	
버스에서 나는 자리에 앉아 있고 남은 자리는 없는데, 할머니 한 분이 타셨다.	▶	
엄마가 주방세제를 사오라고 하셨는데, 슈퍼에 가서 보니 여러 종류가 있었다.	▶	
아파서 집에 돌아와 쉬려고 누웠는데, 친구가 놀자고 전화가 왔다.	▶	
이번 주말에 나들이를 가려고 했는데, 일기예보를 보니 비가 올 예정이라고 한다.	▶	
현관문을 열고 집에 들어가니 타는 냄새가 나고 연기가 난다.	▶	

◉ 다음 글을 읽고 아래 질문들에 답해 보세요.

> 오늘 아침에 엄마가 오늘은 학교가 끝난 후 꼭 학원에 가라고 말씀하셨다. 그런데 학교 수업이 끝난 후 친구가 나에게 "우리 오랜만에 같이 놀자!"라고 말하며 PC방에 가자고 하였다. 나는 친구들과 같이 PC방에 가서 놀고 싶었지만, 그렇게 되면 학원에 빠져야 해서 고민이 된다.

1) 지금 이 상황에서 가장 문제가 되는 것은 무엇일까요?

_____

_____

2) 그럼 '나'는 어떻게 해야 할까요?

_____

_____

3) 왜 그렇게 생각하나요?

_____

_____

4) 그렇게 하면 어떤 결과가 생길까요?

_____

_____

5) 그 밖에 또 다른 해결방법은 없을까요?

_____

_____

4

4) 이럴 땐 어떻게 할까요? ★ ★ ★

◉ 다음 글을 읽고 아래 질문들에 답해 보세요.

> 친구들이 나에게 우리 반 친구인 지수에 대해 안 좋은 이야기를 했다. 친구들은 지수가 조금 더러운 것 같아 놀기 싫다고 하면서 나에게도 지수와 가까이 지내지 말라고 했다. 그런데 내가 볼 때 지수는 그렇게 더러운 것 같지도 않고, 좋은 친구인 것 같아서 친하게 지내고 싶다. 하지만 내가 지수와 친하게 지내면 다른 친구들이 나를 나쁘게 생각할까 봐 걱정도 된다.

1) 지금 이 상황에서 가장 문제가 되는 것은 무엇일까요?

_____

_____

2) 그럼 '나'는 어떻게 해야 할까요?

_____

_____

3) 왜 그렇게 생각하나요?

_____

_____

4) 그렇게 하면 어떤 결과가 생길까요?

_____

_____

5) 그 밖에 또 다른 해결방법은 없을까요?

_____

_____

◉ 다음 글을 읽고 아래 질문들에 답해 보세요.

> 선생님이 오늘 중요한 시험을 본다고 하셨다. 그런데 나는 어제 피곤해서 공부를 제대로 하지 못했다. 시험 문제를 풀고 있는데 어려운 문제들이 너무 많다. 그런데 앞자리에 앉은 동수는 열심히 답을 쓰고 있는 것 같았다. 내가 몸을 조금만 옆으로 하면 동수의 답이 보일 것 같은데……. 이번 시험에서 점수가 잘 나오면 엄마가 내가 평소에 갖고 싶었던 장난감을 사 주신다고 약속하셔서, 오늘 시험을 꼭 잘 보고 싶다.

1) 지금 이 상황에서 가장 문제가 되는 것은 무엇일까요?

2) 그럼 '나'는 어떻게 해야 할까요?

3) 왜 그렇게 생각하나요?

4) 그렇게 하면 어떤 결과가 생길까요?

5) 그 밖에 또 다른 해결방법은 없을까요?

6) 이럴 땐 어떻게 할까요? ★ ★ ★

◉ 다음 글을 읽고 아래 질문들에 답해 보세요.

나는 내일 학교에 가지고 갈 준비물을 사려고 문방구에 갔다. 그런데 거기에서 우리 반 친구인 영아가 주인아저씨 몰래 펜을 자기의 가방에 넣고 있는 것을 발견했다. 나는 다른 사람의 물건을 훔치는 것은 잘못된 일이라고 생각하지만, 주인아저씨에게 이야기하면 영아의 입장이 곤란해질 것 같다.

1) 지금 이 상황에서 가장 문제가 되는 것은 무엇일까요?

2) 그럼 '나'는 어떻게 해야 할까요?

3) 왜 그렇게 생각하나요?

4) 그렇게 하면 어떤 결과가 생길까요?

5) 그 밖에 또 다른 해결방법은 없을까요?

7) 이럴 땐 어떻게 할까요? ★ ★ ★

◉ 우리 반 친구들의 고민을 어떻게 해결하는 것이 좋을지 나의 생각을 말해 보세요.

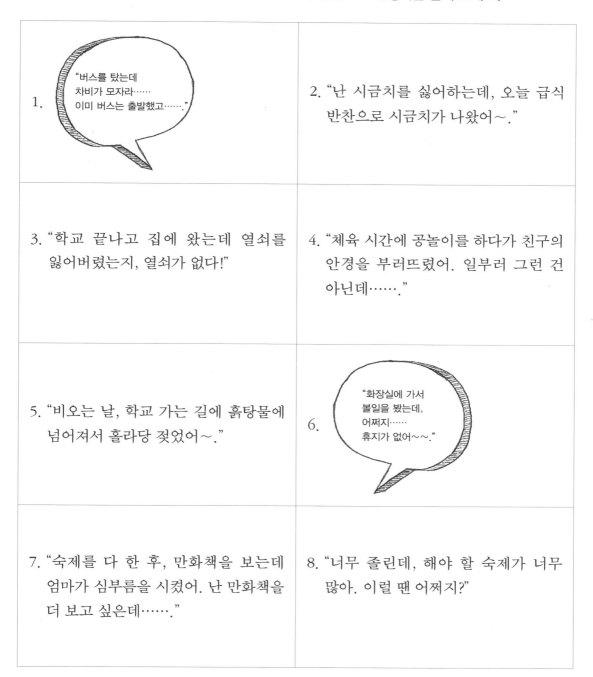

1. "버스를 탔는데 차비가 모자라······ 이미 버스는 출발했고······."

2. "난 시금치를 싫어하는데, 오늘 급식 반찬으로 시금치가 나왔어~."

3. "학교 끝나고 집에 왔는데 열쇠를 잃어버렸는지, 열쇠가 없다!"

4. "체육 시간에 공놀이를 하다가 친구의 안경을 부러뜨렸어. 일부러 그런 건 아닌데······."

5. "비오는 날, 학교 가는 길에 흙탕물에 넘어져서 홀라당 젖었어~."

6. "화장실에 가서 볼일을 봤는데, 어쩌지······ 휴지가 없어~~."

7. "숙제를 다 한 후, 만화책을 보는데 엄마가 심부름을 시켰어. 난 만화책을 더 보고 싶은데······."

8. "너무 졸린데, 해야 할 숙제가 너무 많아. 이럴 땐 어쩌지?"

가. 문제 해결하기 **235**

🏫 8) 이럴 땐 어떻게 할까요? ★ ★ ★

👁 여러분이 다음과 같은 상황에 처했다면, 어떤 생각이 들었고, 어떻게 해야 할까요?

이번 주 토요일은 1학년 때부터 친했던 재윤이의 생일이다. 그런데 얼마 전 전학 온, 내가 친해지고 싶은 누리의 생일도 토요일이다. 재윤이와 누리에게 생일 초대를 받았는데, 같은 날 같은 시간이네? 어떻게 하지?

▶

학교에서 모둠별활동을 하는데, 3명이 한 모둠이 되어야 한다. 그런데 친한 친구들은 나까지 포함해서 4명이다. 1명은 다른 모둠으로 가야 하는 상황인데, 어떻게 할까?

▶

어버이날 선물을 사야 한다. 그런데 그동안 용돈을 못 모았다. 어쩌지?

▶

휴일 아침, 엄마가 대청소를 하자고 하셨다. 그런데 얼마 뒤, 친구들이 놀이터에 가자고 전화를 했다. 가고 싶긴 한데, 엄마와의 약속도 있고……. 어떻게 하지?

▶

👁 여러분이 다음과 같은 상황에 처했다면, 어떤 생각이 들었고 어떻게 해야 할까요?

> 저녁에 부모님께서 모임에 참석하시게 되어 내가 부모님을 대신해서 3살짜리 동생을 돌보게 되었다. 동생을 돌보며 숙제를 하는데 옆에서 동생이 자꾸 귀찮게 했다. 잠깐 딴짓을 하다가 동생이 다쳤다.

▶

> 내일은 시험이 있는 날이다. 집에서 시험공부를 하고 있었는데, 친구가 놀이터에 가자고 했다. 살짝 고민이 되었지만, 1시간만 놀다 와서 공부해야지 생각하고 놀이터에 갔다. 집에 돌아와 공부를 하려고 책상에 앉았는데, 너무 피곤해서 공부에 집중할 수가 없었다.

▶

> 엄마에게 핸드폰을 사달라고 했더니 안 된다고 하셨다. 마침 엄마 방에 들어갔다가 책상 위에 있는 돈을 보고, 나도 모르게 엄마 돈을 슬쩍했다. 그런데 순간 죄책감이 들어서 다시 가져다 놓으려고 했는데, 이미 엄마가 눈치를 채셨다.

▶

> 짝꿍이 다리를 다쳐서 깁스를 하고 학교에 왔다. 선생님께서 몸이 불편한 친구를 도와주라고 하셨지만 귀찮기도 하고 할 일이 많아서 도와주지 않았다. 그런데 며칠 뒤 나도 계단에서 삐끗해서 다리를 다쳐 깁스를 하게 되었다. 짝꿍을 안 도와주고 놀렸던 것이 너무 미안했다.

▶

🏫 10) 이럴 땐 어떻게 할까요?　★ ★ ★

👁 아래의 내용을 끝까지 잘 보고 (　　) 안에 알맞은 단어를 적어 보세요.

생선	돼지고기		분식	반찬	계산대1
채소			유제품	냉동제품	계산대2
과일			일회용품	과자	계산대3

　나는 (　　　　) 코너에 가서 사과 2개와 배 1개를 산 후, 동생이 부탁한 과자 1봉지를 사러 갔습니다. 그리고 (　　　　) 코너에서 우유를 사고, 고등어를 사러 가려는데 너무 무거워 계산대 2번에 가서 장바구니를 가지고 왔습니다. 그런 후, 고등어를 사러 (　　　　) 코너에 갔다가 계산을 하러 계산대 1번에 서 있습니다.

🏫 11) 이럴 땐 어떻게 할까요? ★ ★ ★

◎ 다음과 같은 상황에서 어떻게 하는 것이 가장 적절한지 보기에서 골라 보세요.

1. 집에 가는 길에 바닥에 떨어져 있는 책을 발견했어요. 책을 펼쳐 보니 이름과 전화번호가 적혀 있네요. 어떻게 해야 할까요?

   ① 그 자리에서 주인을 기다린다.   ② 전화를 걸어 주인을 찾아 준다.

   ③ 전화가 올 때까지 기다린다.

2. 아이스크림을 샀는데 떨어뜨렸어요. 어떻게 해야 할까요?

   ① 아이스크림을 산 곳에 가서 새것으로 바꿔 달라고 한다.

   ② 그냥 두고 간다.

   ③ 떨어진 아이스크림을 치운 후 간다.

3. 비가 와서 운동장이 진흙탕이 되어 운동화에 묻었습니다. 차에 타려고 하는데 차 바닥이 깨끗하네요. 어떻게 해야 할까요?

   ① 발을 털고 차에 탄다.

   ② 어차피 바닥은 더러워도 되니까 그냥 탄다.

   ③ 신발을 벗고 탄다.

4. 쉬는 시간에 화장실에서 볼일을 봤는데, 그때에서야 화장지가 없다는 것을 알았습니다. 어떻게 해야 할까요?

   ① 밖에 있는 친구에게 부탁한다.   ② 볼일을 보고 그냥 나온다.

   ③ 그 자리에 가만히 있는다.

5. 복도에서 넘어져 옷이 찢어졌다. 어떻게 해야 할까요?

   ① 찢어진 채로 다닌다.   ② 체육복으로 갈아입는다.

   ③ 집에 가서 다른 옷으로 갈아입고 온다.

🏫 12) 이럴 땐 어떻게 할까요? ★★★

👁 다음과 같은 상황에서 어떻게 하는 것이 가장 적절한지 보기에서 골라 보세요.

1. 식당에서 저녁을 먹고 나왔는데, 음식 가격이 잘못 계산되었다는 것을 알게 되었어요. 어떻게 해야 할까요?

   ① 다음부터는 이 식당에 오지 말아야겠다고 생각한다.

   ② 식당에 다시 들어가서 영수증을 보여 주며 다시 확인해 달라고 한다.

   ③ 억울하지만 이미 나왔기 때문에 그냥 집에 간다.

2. 저 멀리서 "도와주세요!"라는 목소리가 들려요. 어떻게 해야 할까요?

   ① 주변 어른에게 도움을 요청한다.   ② 무작정 119에 전화를 건다.

   ③ 모른 척한다.

3. 집에 걸려 온 전화를 받았는데, 엉뚱한 사람을 찾습니다. 어떻게 해야 할까요?

   ① 엄마를 바꿔 준다.   ② 그냥 끊는다.

   ③ 잘못 걸었다고 말한다.

4. 학교를 가는 길에 같은 반 친구 수진이가 가방이 무거운지 낑낑대면서 가고 있습니다. 어떻게 해야 할까요?

   ① 수진이보다 빨리 지나간다.

   ② 수진이를 약 올린다.

   ③ 수진이에게 도움이 필요한지 물어본다.

5. 수업시간에 필기하려고 하는데, 필통을 안 가지고 왔어요. 어떻게 해야 할까요?

   ① 짝에게 연필이나 볼펜을 빌린다.

   ② 필기하지 않고 가만히 있는다.

   ③ 선생님에게 연필이나 볼펜을 빌린다.

13) 이럴 땐 어떻게 할까요? ★ ★ ★

◉ 다음과 같은 상황에서 어떻게 하는 것이 가장 적절한지 보기에서 골라 보세요.

1. 놀이동산에서 가족을 잃어버렸어요. 어떻게 해야 할까요?

　① 가족들이 내 목소리를 들을 수 있도록 큰 소리로 운다.

　② 먼저 집에 가서 기다린다.

　③ 잃어버린 자리에 서서 기다린다.

2. 수업시간에 선생님이 하신 말씀이 이해가 되지 않아요. 어떻게 해야 할까요?

　① 손을 들고 질문한다.

　② 짝에게 물어본다.

　③ 그냥 몰라도 넘어간다.

3. 방에서 바퀴벌레를 발견했어요. 어떻게 해야 할까요?

　① 소리를 질러 엄마를 부른다.

　② 못 본 척한다.

　③ 살충제를 뿌린다.

4. 3교시 체육시간입니다. 체육복을 갈아입으려고 봤더니, 깜빡하고 안 가지고 왔습니다. 어떻게 해야 할까요?

　① 그냥 교복을 입고 간다.

　② 옆 반 친구에게 빌린다.

　③ 집에 가서 가지고 온다.

5. 알레르기 때문에 먹지 못하는 반찬이 점심 급식으로 나왔습니다. 어떻게 해야 할까요?

　① 선생님께 알레르기 때문에 먹지 못한다고 말씀드린다.

　② 다른 아이들은 먹으니까 나도 그냥 먹는다.

　③ 선생님께 가서 다른 반찬을 달라고 말씀드린다.

🏫 14) 이럴 땐 어떻게 할까요? ★ ★ ★

◉ 다음과 같은 상황에서 어떻게 말하는 것이 가장 적절한지 보기에서 찾아보세요.

1. 친구의 이에 고춧가루가 낀 것을 알아챘습니다. 친구가 무안해하지 않도록 어떻게 말해야 할까요?

   ① 너 이에 고춧가루 꼈어.   ② 저기, 거울 한 번 보는 건 어때?

   ③ 너 지금 완전 더러워 보여.

2. 담임선생님이 헤어스타일을 바꾸셨습니다. 선생님께서 "어때?"라고 물으셨는데, 어떻게 말해야 할까요?

   ① 이상해요.   ② 잘 어울리세요.

   ③ 모르겠어요.

3. 내일은 내 생일입니다. 생일파티를 할지 말지 아직 부모님께 여쭤 보지도 않았는데, 친구들이 어디서 할 거냐고 물어봅니다. 어떻게 말해야 할까요?

   ① 안 할 건데?   ② 어차피 넌 초대 안 할 거야.

   ③ 아직 부모님께 안 여쭤 봤어. 여쭤 보고 알려 줄게.

4. 치과에 갔더니 의사선생님께서 양치질을 열심히 하라고 하셨습니다. 어떻게 말해야 할까요?

   ① 네, 양치질 열심히 할게요.   ② 나 매일 하는데요?

   ③ 양치질 귀찮아요. 안 하면 안 돼요?

5. 엄마가 심부름을 시키셨는데 동생과 수다를 떨면서 가는 바람에 잊어버렸습니다. 엄마에게 전화를 걸어 어떻게 말해야 할까요?

   ① 엄마~ 동생이랑 수다 떨다가 뭐 사오라고 하셨는지 깜빡 잊어버렸어요.

   ② 엄마~ 뭐야?

   ③ 엄마~ 내가 먹고 싶은 거 사 가면 되죠?

🏫 15) 이럴 땐 어떻게 할까요? ★★★

◉ 다음과 같은 상황에서 어떻게 말하는 것이 가장 적절한지 보기에서 찾아보세요.

1. 최선을 다해서 공부했는데, 시험에서 좋은 성적을 얻지 못한 친구가 있습니다. 어떻게 말하면 좋을까요?

   ① 나보다 잘 봤으면서 왜 그래~.

   ② 속상한가 보다. 그래도 다음에 또 기회가 있잖아.

   ③ 몇 점인데? 설마 50점도 못 받은 건 아니지?

2. 친구가 약속시간에 30분 늦게 나타났습니다. 어떻게 말해야 할까요?

   ① 왜 이렇게 늦었어? 걱정했잖아. 미리 연락하지~.

   ② 뭐야! 30분이나 기다렸잖아. 짜증 나.

   ③ 다음부턴 너랑 약속을 하나 봐라.

3. 친한 친구가 이유 없이 나에게 화를 냅니다. 어떻게 말해야 할까요?

   ① 왜 화부터 내고 난리야?

   ② 나한테 화가 난 것 같은데, 왜 그런지 이야기해 줄 수 있어?

   ③ 미안해. 화내지 마.

4. 길거리를 가다가 모르는 사람이 이름과 전화번호를 묻습니다. 어떻게 말해야 할까요?

   ① 이름만 알려 줄게요. 제 이름은 ○○○예요.

   ② 제 이름은 ○○○이고, 전화번호는 ○○○-○○○○예요.

   ③ 모르는 사람에게는 이름이나 전화번호를 알려 주면 안 된다고 배웠어요. 죄송합니다.

5. 아빠가 용돈으로 5만 원을 주시면서 '사고 싶은 것 사'라고 하셨습니다. 어떻게 말해야 할까요?

   ① 아빠! 감사합니다.

   ② 더 줘~ 이걸로 내가 사고 싶은 거 못 사.

   ③ 5만 원밖에 안 줘요?

가. 문제 해결하기 **243**

🏫 16) 이럴 땐 어떻게 할까요? ★ ★ ★

👁 다음과 같은 상황에서 무엇이 문제이며, 어떻게 하는 것이 더 좋을지 생각해 보고 이야기해 보세요.

1. 오늘은 철민이의 생일이다. 친구가 철민이에게 선물을 주었는데, 철민이의 마음에 들지 않았다. 철민이는 친구가 보는 앞에서 "아, 이거 나한테는 필요 없는 거네."라고 이야기했다.

2. 경희가 새로 산 옷이라고 자랑하면서 "이 옷 예쁘지?"라고 물어보았다. 하지만 내가 보기에는 별로인 것 같아서, "아니, 별로 안 예쁜데."라고 대답했다.

3. 계단을 올라가다가 형석이가 앞으로 넘어졌다. 형석이는 아파서 눈물이 찔끔 났는데 옆에서 같이 가던 수민이가 넘어진 모습이 너무 웃기다고 말하며 큰 소리로 깔깔대며 웃었다.

4. 아빠의 생신 선물을 사기 위해서 마트에 갔다. 마트에는 내가 예전부터 갖고 싶었던 레고 장난감이 있었다. 아빠도 좋아하실 것 같아서 아빠 선물로 레고장난감을 샀다.

5. 친구가 큰맘 먹고 머리를 잘랐다며 어떠냐고 물어보았다. 나는 바꾼 머리보다 예전 머리가 더 잘 어울리는 것 같다고 이야기해 주었다.

6. 선희가 자신에게 소중한 곰인형을 잃어버려서 속상하다며 울었다. 그 이야기를 듣고 있던 수경이는 "지금 나이가 몇 살인데 곰인형을 잃어버렸다고 우니?"라고 이야기했다.

◉ 다음과 같은 상황에서 어떻게 말하는 것이 가장 적절한지 이야기해 보세요.

1. 어느 날 엄마와 아빠가 "동생이 생겼어."라고 말하셨어요.

2. 지난주에 고모가 결혼식을 하셨어요.

3. 친하지 않았지만 같은 반이던 친구가 전학을 간다고 합니다.

4. 할머니가 편찮으셔서 병원에 입원하셨다고 합니다.

5. 친구가 점심시간 내내 책상에 엎드려 있어요.

6. 오늘은 친구의 생일입니다. 그런데 선물을 깜빡했어요.

◉ 다음의 주어진 상황에서 어떤 대안이 있으며, 어떤 결과가 나올지 예상해서 어떻게 결정할지 빈칸을 채워 보세요.

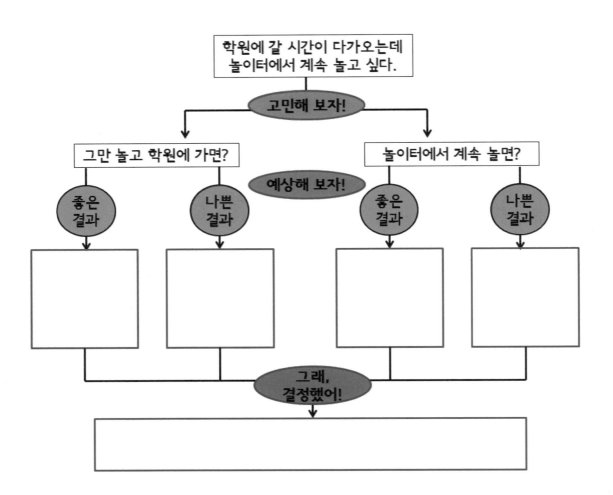

◉ 다음의 주어진 상황에서 어떤 대안이 있으며, 어떤 결과가 나올지 예상해서 어떻게 결정할지 빈칸을 채워 보세요.

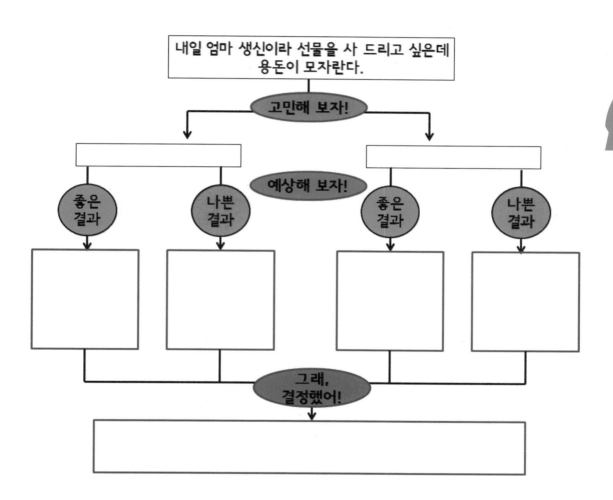

◉ 다음의 주어진 상황에서 어떤 대안이 있으며, 어떤 결과가 나올지 예상해서 어떻게 결정할지 빈칸을 채워 보세요.

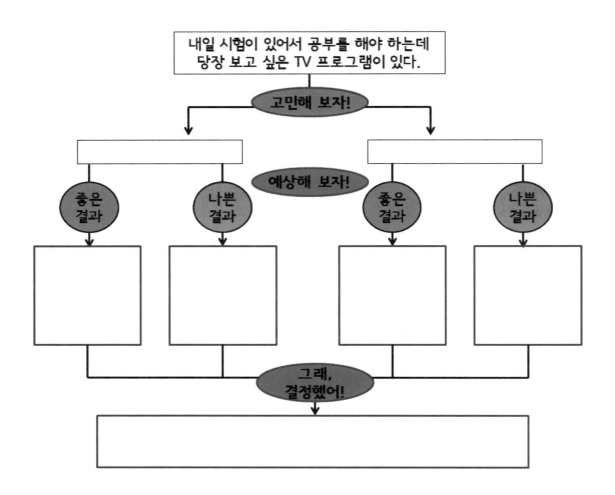

나. 사회적 조망 및 마음읽기

🏫 1) 숨겨진 진짜 의도는? ★★★

◉ 아래의 상황을 잘 읽고, (   ) 안에서 밑줄 친 말의 진짜 의미를 찾아 ◯ 해 보세요.

1. 엄마가 이사를 가자고 하셨는데, 아빠께서 "좀 더 고민해 봅시다."라고 하셨다.
   아빠가 하신 말씀은 (① 고민해 보고 이사를 갈 것이다 / ② 고민해 보고 이사를 갈 수도 있고 안 갈 수도 있다)라는 뜻이다.

2. 선생님께서 올해를 마지막으로 우리 학교를 떠나신다고 하셨다.
   선생님께서는 (① 우리 학교를 그만두실 것이다 / ② 여행을 떠나실 것이다).

3. 신문에 '나로호가 내일 발사될 수 있을까?'라는 제목의 기사가 실렸다.
   이 제목의 의미는 (① 내일 나로호가 발사될 수도 있고 되지 않을 수도 있다 / ② 내일 나로호가 발사될 수 있다)는 것이다.

4. 어떤 냉장고 광고에 '최고라고 생각하지 않으면 사지 마세요'라는 문구가 적혀 있다.
   이 문구는 (① 이 냉장고는 최고가 아니다 / ② 이 냉장고는 매우 훌륭하다)라는 것을 의미한다.

5. 축구 경기에서 진 팀의 감독이 인터뷰 중에 "졌지만 진 것이 아니다."는 말을 하였다.
   감독의 말은 (① 우리 팀이 최선을 다했기 때문에 졌지만 후회는 없다 / ② 우리 팀이 이길 수 있었는데 봐준 것이다)라는 의미다.

6. 친구의 생일에 친구네 집에 가서 식사를 하는데, 친구가 "차린 건 없지만 맛있게 먹어."라고 하였다. 친구의 말은 (① 친구네 어머니께서 반찬을 많이 해 주지 않으셨다는 의미다 / ② 친구가 예의를 차리려고 한 말이다).

🏫 2) 숨겨진 진짜 의도는? ★ ★ ★

👁 아래의 상황을 잘 읽고, (   ) 안에서 밑줄 친 말의 진짜 의미를 찾아 ○ 해 보세요.

1. 엄마가 내가 숙제도 다 안 하고 놀기만 하는 것을 보시고, "너 참 잘났다."라고 하셨다.
   엄마는 (① 내가 열심히 놀아서 나를 칭찬해 주신 것이다 / ② 내가 숙제도 하지 않고 놀기만 해서 속상하신 것이다).

2. 우리 반에서 공부를 잘하는 민수가 "나는 이번 시험에서 최선을 다했어."라고 말했다.
   이것은 민수가 (① 이번 시험에서 100점을 받을 것이다 / ② 열심히 했지만 결과는 알 수 없다)라는 의미다.

3. 오늘 뉴스에서 아나운서가 "올해 우리나라 경제에 적신호가 들어왔습니다. 이에 대한 대책이 필요합니다."라고 말했다. 이는 우리나라 경제의 (① 성장률이 좋다 / ② 성장률이 좋지 않다)라는 의미다.

4. 사장님께서 계약서에 사인을 하셨다. 이것은 사장님께서 (① 계약서에 이름을 쓴 것뿐이다 / ② 계약서 내용에 동의를 하신다)라는 의미다.

5. 우리 큰아버지는 고등학교 이후로 책을 덮으셨다고 했다.
   큰아버지께서는 고등학교 이후로 (① 공부를 하지 않으셨다 / ② 책을 사지 않으셨다).

6. 친구네 집에 놀러갔는데, 친구가 "네 집처럼 생각해."라고 했다.
   이 말은 (① 우리 집처럼 편하게 있어도 된다 / ② 그 집이 이제부터 우리 집이다)라는 의미다.

👁 아래의 상황들을 잘 읽고, 밑줄 친 말의 적절한 의미를 골라 보세요.

1.
> 내가 동생과 장난을 심하게 치자, 엄마가 화가 나셨다.
> 엄마: 너 이럴 거면 집에서 나가!

① 장난치지 말고 조심해라.　　　　② 지금 집에서 나가라.

2.
> 엄마가 조심하라고 하셨는데도, 장난을 치다가 엄마가 굉장히 아끼시는 컵을 깼다.
> 엄마: 참 잘했다.

① 엄마가 아끼는 컵을 깨서 화가 나셨다.　　② 컵을 깬 것을 칭찬하시는 것이다.

3.
> 오랜만에 뵌 할머니께서 나를 보고 말씀하셨다.
> 할머니: 아이고, 이제 다 컸네.

① 내가 더 이상 자라지 않을 것이다.　　② 내가 많이 어른스러워졌다는 것이다.

4.
> 내 성적이 떨어진 것을 보시고 엄마께서 말씀하셨다.
> 엄마: 공부 때려치워!

① 내 성적이 떨어져서 화가 나셨다.　　② 공부를 그만하라는 의미다.

5.
> 내가 공부도 안 하면서 시험을 잘 볼 수 있을 거라고 이야기하니까 엄마께서 말씀하셨다.
> 엄마: 퍽도 잘하겠다.

① 공부를 열심히 하라는 의미다.　　② 잘 할 것이라고 격려해 주신 것이다.

🏫 1) 어떤 기분일까요?   ★ ★ ★

👁 다음과 같은 상황에서 나는 어떤 기분을 느끼는지 〈보기〉와 같이 적어 보세요.

보기

자전거를 타고 쌩쌩 달리면   나는 신납니다.

1	엄마가 칭찬해 주시면	나는 _____ .
2	친구들과 보드게임을 함께할 때	나는 _____ .
3	학교 준비물을 깜빡하고 안 가져갔을 때	나는 _____ .
4	내일 소풍인데 비가 온다고 할 때	나는 _____ .
5	서점에서 책을 볼 때	나는 _____ .
6	아침에 늦게 일어나서 지각을 했을 때	나는 _____ .
7	시험 바로 직전에	나는 _____ .
8	아침에 일어나기 싫은데 일어나야 할 때	나는 _____ .
9	아빠께서 깜짝 선물을 주셨을 때	나는 _____ .
10	슬픈 드라마를 볼 때	나는 _____ .

2) 어떤 기분일까요? ★ ★ ★

👁 나는 <u>언제 다음과 같은 기분을 느끼는지</u> 〈보기〉와 같이 적어 보세요.

보기
창민이는 [친한 친구가 전학을 가서] 슬펐습니다.

1	민준이는	[ ]	기뻤습니다.
2	재일이는	[ ]	놀랐습니다.
3	지호는	[ ]	걱정되었습니다.
4	소연이는	[ ]	신났습니다.
5	현승이는	[ ]	억울했습니다.
6	윤지는	[ ]	속상했습니다.
7	현진이는	[ ]	만족스러웠습니다.
8	세진이는	[ ]	섭섭했습니다.
9	솔이는	[ ]	실망했습니다.
10	상미는	[ ]	우울했습니다.

4

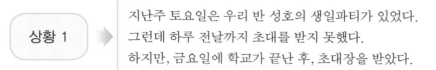

3) 어떤 기분일까요? ★★★

◉ 다음의 상황에서 느껴지는 감정을 모두 적어 보세요.

상황 1 ▶ 지난주 토요일은 우리 반 성호의 생일파티가 있었다.
그런데 하루 전날까지 초대를 받지 못했다.
하지만, 금요일에 학교가 끝난 후, 초대장을 받았다.

_____

_____

상황 2 ▶ 성호의 생일선물을 사려고 문방구에 갔다.
특별한 선물을 해 주고 싶어서 한참을 고민하다가 멋진 그림이 그려진 필통을 샀다.
그런데 생일파티에 가 보니, 경민이가 나와 똑같은 필통을 선물로 가져왔다.

_____

_____

상황 3 ▶ 생일 축하 노래를 부르고, 케이크를 한 조각씩 나누어 먹었다.
내가 제일 좋아하는 초콜릿 케이크였다.

_____

_____

🏫 4) 어떤 기분일까요? ★ ★ ★

◉ 다음의 상황에서 느껴지는 감정을 모두 적어 보세요.

상황 1 ▶ 학교 끝나고 학원을 가야 하는데, 친구가 PC방에 가자고 한다.
"에라 모르겠다."하고 친구와 PC방을 가서 한참 컴퓨터 게임을 하고 있는데 핸드폰이 울린다. 엄마다!

_____

_____

상황 2 ▶ 지난주에 아빠가 천안으로 출장을 가셔서 일주일 동안 집에 오시지 못했다.
오늘 아빠가 집에 돌아오셨는데, 천안의 명물 호두과자를 사 오셨다.
우와! 호두과자는 내가 제일 좋아하는 간식이다!

_____

_____

상황 3 ▶ 요즘 들어 내 동생이 자꾸 내 책상 위의 물건을 가져가서 망가뜨린다.
동생에게 "내 방에 들어오지 마!"라고 말했더니, 갑자기 울기 시작했다.
거실에 계시던 엄마가 동생의 우는 소리를 들으시고는, 어떤 사정인지 물어 보지도 않으시고 나에게 "형이 동생을 잘 보살펴 줘야지."라며 혼내셨다.

_____

_____

🏫 5) 어떤 기분일까요? ★★★

👁 다음의 상황에서 느껴지는 감정을 모두 골라 이야기해 보세요.

상황 1 ➤ 다음 달에 부모님께서 부산으로 회사를 옮기게 되셨다.
그래서 우리 가족은 이사를 가게 되었다. 나도 전학을 가야 한다.

_____

_____

상황 2 ➤ 수학 선생님께서 "이 문제를 아는 사람?"이라고 하셔서, 용기 내서 손을 들었다.
답을 말했더니 선생님께서 "그건 틀린 답이에요."라고 하셨다.
친구들이 나를 보면서 킥킥대며 웃었다.

_____

_____

상황 3 ➤ 운동장에서 놀다가 3,000원을 주워서, 그 돈으로 떡볶이를 사 먹었다.
집에 가는 길에 2,000원을 또 주웠다.
그런데 집에 와서 보니 내 지갑이 없다. 잃어버린 것 같다.

_____

_____

👁 다음과 같은 상황에서 나는 어떤 감정을 느끼나요?

비가 오고 있습니다.

그런데 우산이 없습니다.	운동장 청소를 안 해도 됩니다.	가뭄 때문에 걱정하시던 할아버지가 생각났습니다.

옷을 사러 갔습니다.

엄마께서 내가 원하는 대로 사도 좋다고 하셨습니다.	마음에 드는 디자인의 옷이 있었지만, 색이 없었습니다.	집에 와서 입어 보니, 옷에 무언가 묻어 있었습니다.

4

7) 어떤 기분일까요? ★★★

◉ 다음의 짧은 글을 읽을 때 어떤 감정이 느껴지나요? 아래에서 골라 번호를 적어 보세요. 그리고 (   ) 안에 가장 적절한 감정 단어를 〈보기〉에서 찾아 넣으세요. 필요하면 단어의 형태를 바꾸어 문장을 완성해 보세요.

> 보기
>
> ① 좋아하다   ② 당황스럽다   ③ 심술이 나다   ④ 기쁘다   ⑤ 보고 싶다
> ⑥ 겁이 나다   ⑦ 낯설다   ⑧ 불안하다   ⑨ 만족스럽다   ⑩ 슬프다

1. 내일이 시험인데 공부를 많이 하지 못해서 시험을 잘 못 볼까 봐 (   ).

2. 이번 방학에 외국에 사는 사촌들이 와서 재밌게 놀 생각을 하니 (   ).

3. 영화를 보는데 가슴 아픈 장면이 나와서 (   ).

4. 잔뜩 (   ) 큰형은 방문을 열고 나를 향해 소리를 질렀다.

5. 천둥, 번개가 치는 소리를 처음 들은 동생은 (   ) 울음을 터뜨렸다.

6. 마트에서 누군가가 나에게 인사했는데 누구인지 기억이 안 나서 (   ).

7. 열심히 공부했기 때문에 (   ) 성적이 나왔다.

8. 시골에 사시는 할머니를 못 뵌 지 1년이 넘어서 (   ).

9. 같은 반 민수가 나한테 잘해 주고 선물 주는 걸 보니 나를 (   ) 것 같다.

10. 매일 보던 친구인데 머리를 자르고 와서 오늘따라 왠지 (   ) 보였다.

8) 어떤 기분일까요? ★ ★ ★

◉ 다음의 짧은 글을 읽을 때 어떤 감정이 느껴지나요? 아래에서 골라 번호를 적어 보세요. 그리고 (   ) 안에 가장 적절한 감정 단어를 〈보기〉에서 찾아 넣으세요. 필요하면 단어의 형태를 바꾸어 문장을 완성해 보세요.

보기

① 허전하다   ② 시원하다   ③ 들뜨다   ④ 충격적이다   ⑤ 개운하다
⑥ 우울하다   ⑦ 안심하다   ⑧ 망설이다   ⑨ 억울하다   ⑩ 열정적이다

1. 다음 달 추석 연휴에는 가족들과 캠핑을 가기로 해서 벌써부터 (   ).

2. 다양한 취미를 가진 아빠는 항상 모든 일에 (   ).

3. 비 오는 날은 대개 기분이 울적하고 (   ) 느껴진다.

4. 저녁을 든든하게 먹고 난 후 (   ) 양치질을 했다.

5. 친한 친구가 갑자기 사고를 당했다는 소식이 매우 (   ).

6. 어머니는 무사히 돌아온 아이를 보고 (   ).

7. 동생이 유리컵을 깼는데 내가 혼나서 (   ).

8. 아빠가 일주일 동안 출장을 가신 빈자리가 느껴져 집 안이 (   ).

9. 친구와 오해가 풀려서 삼 년 묵은 체증이 내려간 듯 속이 (   ).

10. 수민이는 이번 달에 받은 용돈으로 게임기를 살까 저금을 할까 (   ).

🏫 9) 어떤 기분일까요? ★ ★ ★

◉ 다음의 짧은 글을 읽을 때 어떤 감정이 느껴지나요? 아래에서 골라 번호를 적어 보세요. 그리고 (   ) 안에 가장 적절한 감정 단어를 〈보기〉에서 찾아 넣으세요. 필요하면 단어의 형태를 바꾸어 문장을 완성해 보세요.

보기

① 든든하다   ② 뒤숭숭하다   ③ 자랑스럽다   ④ 감사하다   ⑤ 편안하다
⑥ 외롭다   ⑦ 긴장되다   ⑧ 열등감을 느끼다   ⑨ 상쾌하다   ⑩ 속상하다

1. 민철이는 전교생 앞에서 악기 연주를 할 생각에 무척이나 (   ).

2. 밤새 꿈자리가 (   ) 잠을 설쳤다.

3. 민식이가 대회에서 큰 상을 타서 엄마는 무척 (   ) 학교 정문에 현수막이라도 걸고 싶으셨다.

4. 어버이날에는 부모님께 (   ) 마음으로 카네이션을 달아 드린다.

5. 운동회를 열심히 준비했는데, 다리를 다쳐서 출전을 못하게 되어 (   ).

6. 어딜 가도 나를 도와줄 친구들이 많이 있기 때문에 마음이 (   ).

7. 항상 형과 비교되는 진규는 자신은 잘하지 못한다는 (   ).

8. 아침 일찍 아빠와 함께 산에 올라가 (   ) 공기를 마시니 기분이 좋다.

9. 먼 나라로 유학을 가게 된 민서는 아는 사람도 없고 무척 (   ) 다시 집으로 돌아가고 싶었다.

10. 방청소도 다 끝내고, 숙제도 다 끝내고 노니 마음이 (   ).

🏫 **10) 어떤 기분일까요?** ★★★

◉ 다음의 짧은 글을 읽을 때 어떤 감정이 느껴지나요? 아래에서 골라 번호를 적어 보세요. 그리고 ( ) 안에 가장 적절한 감정 단어를 〈보기〉에서 찾아 넣으세요. 필요하면 단어의 형태를 바꾸어 문장을 완성해 보세요.

보기
① 냉정하다 ② 그립다 ③ 서먹서먹하다 ④ 언짢다 ⑤ 아깝다 ⑥ 행복하다 ⑦ 불쌍하다 ⑧ 두근거리다 ⑨ 무시하다 ⑩ 통쾌하다

1. 작년에 돌아가신 외할아버지가 보고 싶고 (   ).

2. 가족과 함께 외국여행을 다녀와서 (   ).

3. 서영이가 자꾸 버릇없이 굴어서 엄마는 기분이 (   ).

4. 민수와 배드민턴을 하면서 한 번도 이겨 본 적 없는데, 오늘은 큰 점수 차로 이겨서 매우
   (   ).

5. 친구들을 오랜만에 만나니 반갑기도 하였지만 (   ) 했다.

6. 아프리카 난민들이 아무것도 먹지 못하는 모습을 뉴스에서 보고 (   )
   생각되었다.

7. 선생님은 정떨어지게 차갑고 (   ) 목소리로 말씀하셨다.

8. 친구가 공부 못한다고 놀리거나 (   ) 안 된다.

9. 밸런타인데이에 좋아하는 친구에게 초콜릿을 줄 생각을 하니 (   ).

10. 가을 운동회 오래달리기에서 1등을 할 수 있었는데 (   ) 2등을 했다.

◉ 다음의 짧은 글을 읽을 때 어떤 감정이 느껴지나요? 아래에서 골라 번호를 적어 보세요. 그리고 ( ) 안에 가장 적절한 감정 단어를 〈보기〉에서 찾아 넣으세요. 필요하면 단어의 형태를 바꾸어 문장을 완성해 보세요.

보기

① 예민하다 ② 화나다 ③ 설레다 ④ 괘씸하다 ⑤ 시기하다
⑥ 쓸쓸하다 ⑦ 싫증나다 ⑧ 뿌듯하다 ⑨ 무기력하다 ⑩ 조마조마하다

1. 친구들끼리 비밀로 하자고 했던 일을 한 명이 선생님께 말해서 (   ).

2. 한 번 봤던 영화를 또 보자니 (   ).

3. 이번 주 토요일에 가족과 함께 놀이동산에 가기로 해서 (   ).

4. 시험에서 1등을 해서 (   ).

5. 숙제를 안 해 온 진수는 선생님이 숙제를 검사하실까 봐 마음이 (   ).

6. 홀로 지내니 (   ) 않나요?

7. 신데렐라의 언니들은 신데렐라를 (   ).

8. 엄마가 감기에 걸리셔서 사소한 일에도 (   ) 반응하신다.

9. 열심히 공부해도 성적이 오르지 않는 것 같아 승현이는 매우 (   ).

10. 내가 학원을 안 갔는데 갔다고 거짓말해서 아빠가 (   ).

◉ 다음의 짧은 글을 읽을 때 어떤 감정이 느껴지나요? 아래에서 골라 번호를 적어 보세요. 그리고 ( ) 안에 가장 적절한 감정 단어를 〈보기〉에서 찾아 넣으세요. 필요하면 단어의 형태를 바꾸어 문장을 완성해 보세요.

보기	
① 답답하다 ② 심란하다 ③ 흐뭇하다 ④ 약 오르다 ⑤ 기대되다	
⑥ 지겹다 ⑦ 실망하다 ⑧ 신나다 ⑨ 삭막하다 ⑩ 짜증나다	

1. 동생이 자꾸 나를 귀찮게 해서 (   ).

2. 뉴스를 통해 슬프고 안타까운 소식을 접할 때마다 마음이 (   ).

3. 내일 소풍 갈 생각을 하니 (   ).

4. 친구들이 생일선물을 많이 줄 줄 알았는데 한 명도 주지 않아서 (   ).

5. 이번 시험을 자신 있게 봐서 성적이 어떻게 나올지 (   ).

6. 준영이는 매일매일 똑같은 일상이 (   ) 느껴졌다.

7. 내가 뜀틀을 못한다고 희철이가 계속 (   ) 더 이상 참을 수 없어 소리를 지르고 말았다.

8. 할아버지는 재롱을 떠는 손자를 (   ) 표정으로 바라보셨다.

9. 형이 아빠께 대들어서 집안 분위기가 사막과 같이 (   ).

10. 친구가 이유 없이 토라져 며칠째 말을 안 해서 (   ).

◉ 다음의 짧은 글을 읽을 때 어떤 감정이 느껴지나요? 아래에서 골라 번호를 적어 보세요. 그리고 ( ) 안에 가장 적절한 감정 단어를 〈보기〉에서 찾아 넣으세요. 필요하면 단어의 형태를 바꾸어 문장을 완성해 보세요.

보기

① 민망하다 ② 뭉클하다 ③ 섭섭하다 ④ 서럽다 ⑤ 후회스럽다
⑥ 눈꼴시다 ⑦ 즐겁다 ⑧ 실망하다 ⑨ 불쾌하다 ⑩ 공허하다

1. 가슴 한구석이 뚫린 것처럼 마음이 (   ).

2. 형철이는 지난번의 실수가 생각나서 다희의 얼굴을 보기가 (   ).

3. 오늘은 어린이날이라 선물도 받고 (   ) 날을 보낼 수 있을 것 같다.

4. 친구들 사이에서 누명을 쓴 것이 억울하고 (   ).

5. 현아와 동원이가 서로 좋아하는 모습을 보니 (   ).

6. 지희는 홧김에 엄마에게 짜증을 낸 것이 (   ) 느껴져서 앞으로는 그러지 말아야겠다고 다짐했다.

7. 내가 기대했던 것만큼 시험을 못 봐서 엄마가 (   ) 것 같았다.

8. 지난 월드컵 경기 때 16강에 진출한 것을 생각하면 아직도 가슴이 (   ).

9. 지하철에서 냄새나는 음식을 아무렇지 않게 먹는 사람이 있어서 (   ).

10. 수희는 아름이의 생일잔치에 초대되지 못해서 (   ).

◉ 다음의 짧은 글을 읽을 때 어떤 감정이 느껴지나요? 아래에서 골라 번호를 적어 보세요.

1.
"내 신발을 밟고 지나가면 어떻게 해!!!" ➡ 　

2.
"시간이 늦었는데 민정이가 왜 이렇게 안 올까?" ➡ 　

3.
"엄마, 오늘은 친구네 집에 가서 자고 오면 안 될까요?" ➡ 　

4.
"우와~ 생일 선물 고마워." ➡ 　

5.
"네가 시험 못 볼 줄 난 알고 있었어~." ➡ 　

6.
"저기 불이 난 것 같아! 119에 전화해야겠다!" ➡ 　

① 간절한 말투   ② 짜증난 말투   ③ 다급한 말투
④ 걱정스러운 말투 ⑤ 비웃는 말투   ⑥ 신나는 말투

👁 다음의 짧은 글을 읽을 때 어떤 감정이 느껴지나요? 아래에서 골라 번호를 적어 보세요.

1. "하루 종일 돌아다녔더니 너무 힘들어." ➡ ☐

2. "아이고, 어쩌다 내 신세가 이렇게 되었을까?" ➡ ☐

3. "친구들이 나와 놀아 주지 않네." ➡ ☐

4. "밤에 혼자 집에 가는데 자꾸 천둥이 쳐." ➡ ☐

5. "드디어 방학이다!" ➡ ☐

6. "너는 왜 하는 일마다 다 그 모양이니?" ➡ ☐

① 들뜬 말투   ② 한탄하는 말투   ③ 한심한 말투
④ 두려운 말투   ⑤ 지친 말투   ⑥ 속상한 말투

👁 다음의 짧은 글을 읽을 때 어떤 감정이 느껴지나요? 아래에서 골라 번호를 적어 보세요.

1.
"아빠, 제가 할머니를 모시고 병원에 다녀왔어요." ▶

2.
"길거리에 버려진 강아지가 있었어." ▶

3.
"길을 가다가 형아들이 싸우는 것을 봤어." ▶

4.
"오늘 즐거웠는데 벌써 헤어질 시간이 다 되었네." ▶

5.
"민수가 나한테는 학원 간다고 말하고서 다른 친구들과 PC방에 갔어." ▶

6.
"드디어 시험이 모두 끝났다!" ▶

① 불쌍한 말투   ② 어이없는 말투   ③ 뿌듯한 말투
④ 겁에 질린 말투 ⑤ 아쉬운 말투   ⑥ 후련한 말투

다. 사회적 및 관습적 규칙 이해하기

🏫 **1) 바르게 말하고 행동해요** ★★★

◉ 예사말을 높임말로 바꾸어 빈칸을 완성하세요.

1. 밥 ➡ 이것은 할아버지의 ( )이다.

2. 집 ➡ 지난주에 담임 선생님 ( )에 놀러 갔었다.

3. ~에게 ➡ 외할아버지( ) 선물을 드렸다.

4. 이름 ➡ 엄마의 ( )은 이성경이다.

5. 생일 ➡ 오늘은 내 생일이고, 내일은 할아버지 ( )이다.

6. 나 ➡ 선생님! ( )는 축구를 좋아합니다.

7. ~가 ➡ 할아버지( ) 용돈을 주셨다.

8. 우리 ➡ "큰아버지, ( )가 그 방을 청소하겠습니다."

9. 말 ➡ 아빠가 ( )하실 때는 딴짓을 하지 말아야 한다.

10. 나이 ➡ 교장 선생님의 ( )가 궁금하다.

◉ 예사말을 높임말로 바꾸어 빈칸을 완성하세요.

1. 보다 ➡ 이모께서 TV를 (   ).

2. 하다 ➡ 아빠께서 늦게까지 일을 (   ).

3. 먹다 ➡ 할아버지께서 저녁으로 된장찌개를 (   ).

4. 묻다 ➡ 선생님께 모르는 문제를 (   ).

5. 가다 ➡ 할머니께서 노인정에 (   ).

6. 부탁하다 ➡ 선생님께서 내게 심부름을 (   ).

7. 주다 ➡ 선생님께 스승의날에 편지를 (   ).

8. 부르다 ➡ 아빠께서 거실에서 나를 (   ).

9. 고맙다 ➡ 큰아버지, 용돈을 주셔서 (   ).

10. 자다 ➡ 아빠께서 주말에는 종종 늦잠을 (   ).

3) 바르게 말하고 행동해요 ★ ★ ★

◉ 밑줄 친 단어를 높임말로 바꾸어서 바르게 써 보세요.

오늘은 할아버지의 80번째 되는 특별한 생일이다.

(   )

그래서 온 가족이 시골 할아버지 집에 모였다.

(   )

맛있는 음식들이 많았는데, 정작 할아버지는 치아가

(   )

좋지 않으셔서 먹지 못했다. 할아버지가 아프지 않고

(   )   (   ) (   )

오래오래 살았으면 좋겠다.

(   )

◉ 밑줄 친 단어를 높임말로 바꾸어서 바르게 써 보세요.

내일은 스승의 날이다.
나는 선생님에게 무엇을 <u>줄까</u> 고민을 한 끝에 편지를 쓰기로 하였다.
　　　　(　　　　)　　(　　　　)

선생님<u>은</u> 마음이 담긴 선물을 <u>좋아할</u> 것 같기 때문이다.
　　　(　　　　)　　　　　　(　　　　)

엄마<u>는</u> 꽃도 준비해 보면 어떠냐고 <u>말했다</u>.
　　(　　　　)　　　　　　　　(　　　　)

꽃은 색종이로 카네이션을 접어서 <u>주기로</u> 했다.
　　　　　　　　　　　(　　　　)

그리고 내일 작년에 담임선생님<u>이었던</u> 김철수 선생님도
　　　　　　　　　(　　　　)

<u>만나러</u> 가야겠다.
　(　　　　)

◉ 밑줄 친 단어를 높임말로 바꾸어서 바르게 써 보세요.

추석을 맞이하여 오랜만에 할머니, 할아버지 <u>집</u>에 갔다.
(   )

온 가족이 함께 송편도 빚고 맛있는 저녁도 먹었다.

그런데 할아버지는 <u>아파서</u> 밥을 <u>먹는</u> 것이 불편해 보이셨다.
(   )(   ) (   ) (   )

식사를 마친 후, 할머니<u>가</u> 과일을 깎아 <u>주었다</u>.
(   )   (   )

우리는 "할머니, <u>고마워</u>."라고 말하고 과일을 맛있게 먹었다.
(   )

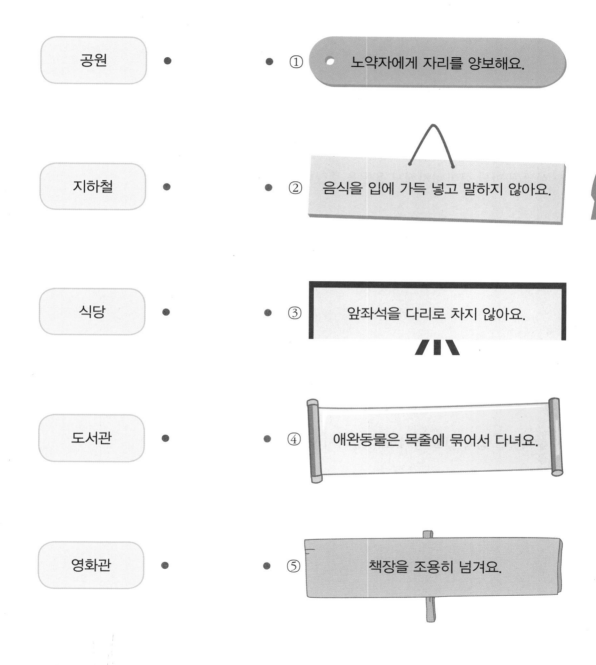

6) 바르게 말하고 행동해요 ★★★

◉ 아래 각 장소에서 지켜야 할 알맞은 공공예절을 연결해 보세요.

공원 •

지하철 •

식당 •

도서관 •

영화관 •

• ① 노약자에게 자리를 양보해요.

• ② 음식을 입에 가득 넣고 말하지 않아요.

• ③ 앞좌석을 다리로 차지 않아요.

• ④ 애완동물은 목줄에 묶어서 다녀요.

• ⑤ 책장을 조용히 넘겨요.

4

🏫 7) 바르게 말하고 행동해요 ★ ★ ★

◉ 아래의 상황에서 할 수 있는 알맞은 말을 적어 보세요.

1) 방학이 끝나고 학교에 가서 오랜만에 친구를 만났다.

> 예) 오랜만이다! 방학 동안 잘 지냈어?
_____

2) 사람이 많은 전철에서 옆에 서 있는 사람의 발을 밟았다.

▶
_____

3) 설날에 만난 큰아버지께서 용돈을 주셨다.

▶
_____

4) 교통사고가 나서 병원에 입원한 친구에게 병문안을 갔다.

▶
_____

5) 학교를 가지 않는 토요일에 길거리에서 선생님을 만났다.

▶
_____

6) 준비물을 깜빡 잊고 챙겨 오지 않아서 옆 반 친구에게 빌리려고 한다.

▶
_____

7) 학교가 끝난 후 친구가 같이 놀러 가자고 하는데, 오늘은 바로 학원에 가야 한다.

▶
_____

🏫 8) 바르게 말하고 행동해요 ★ ★ ★

👁 아래의 상황에서 할 수 있는 알맞은 말을 적어 보세요.

1) 내가 잃어버린 핸드폰을 어떤 분이 찾아주셨다.

⮕ 예) 정말 감사합니다. 못 찾을 줄 알았는데…… 정말 감사드립니다.

2) 높은 곳에 있는 물건을 꺼내야 해서 키가 큰 친구에게 부탁하려고 한다.

⮕

3) 친구의 책을 빌려 갔다가 실수로 물을 엎질러서 책이 많이 젖었다.

⮕

4) 길을 가다가 먼 곳으로 이사를 갔던 친구를 우연히 만났다.

⮕

5) 친구의 할아버지께서 돌아가셨다고 한다.

⮕

6) 친구가 돈을 빌려달라고 하는데, 나도 준비물을 사야 해서 돈이 필요하다.

⮕

7) 설날에 할머니, 할아버지 댁에 갔다.

⮕

◉ 아래 상황을 잘 읽고, 바람직하지 않은 행동이나 말을 찾아보세요. 그리고 어떻게 하는 것이 좋을지 이야기해 보세요.

오늘 친구들과 공원에 놀러 갔다. 우리는 각자 집에서 싸 온 맛있는 도시락과 과자도 먹었다. 그런데 과자를 다 먹고 나서 휴지통이 보이지 않아 과자 봉지를 공원에 있는 벤치 위에 올려놓았다. 도시락과 과자를 맛있게 먹은 후, 친구들과 공원을 걸었다. 그런데 어떤 개가 우리 쪽으로 달려와서 깜짝 놀랐다. 아마도 주인분이 개가 자유롭게 뛰어놀 수 있기를 바라셨던 것 같다. 공원을 걷다 보니 예쁜 꽃들이 보였다. 엄마가 꽃을 좋아하시는 것이 생각나서 엄마께 갖다드리려고 꽃 세 송이를 꺾었다. 날씨도 화창하고 친구들과 함께 좋은 시간을 보낸 것 같아 즐거웠다.

10) 바르게 말하고 행동해요 ★ ★ ★

◉ 아래 상황을 잘 읽고, 바람직하지 않은 행동이나 말을 찾아보세요. 그리고 어떻게 하는 것이 좋을지 이야기해 보세요.

오늘은 책도 보고, 공부도 하기 위해서 동생과 함께 도서관에 갔다.

도서관에 자리를 잡고 앉아서 책을 보고 있는데 배가 고파서 동생과 함께 김밥을 먹었다. 옆에 앉은 친구의 이어폰에서는 신나는 음악소리가 들렸다.

또 다른 책을 보고 싶어서 책을 찾으려고 돌아다니는데 통로에 누가 다리를 쭉 뻗고 앉아 있어서 하마터면 다리에 걸려 넘어질 뻔했다. 새로운 책을 가지고 와서 동생 옆에 앉아서 읽고 있는데 재미있는 그림이 있어서 동생에게도 보여 주었다. 함께 웃고 떠들다 보니 시간이 금방 지나갔다. 다 보지 못한 책을 집에서 마저 보려고 빌려 왔다. 아까 본 재미있는 그림을 가지고 싶어서 그 부분만 찢어 놓았다.

➡

4

◉ 아래 상황을 잘 읽고, 바람직하지 않은 행동이나 말을 찾아보세요. 그리고 어떻게 하는 것이 좋을지 이야기해 보세요.

가족들과 휴가를 가는 길에 휴게소에 들렀다. 식사를 하고 출발하기 전에 화장실에 갔다. 휴가 기간이라 그런지 화장실에도 사람들이 많아서 줄이 길었다. 줄을 서서 기다리고 있는데 어떤 아주머니께서 내 앞으로 끼어드셨다. 기분이 나빴지만 급하신가 보다 생각하고 참았다. 내 차례가 되어 화장실 안으로 들어갔는데, 내 앞사람이 볼일을 보고 물을 내리지 않은 것 같았다. 또 변기 옆에 휴지도 여러 개 버려져 있었다. 볼일을 보고 나와서 손을 씻는데 내 옆에 있던 사람이 비누칠을 하는 동안 물을 콸콸 틀어 놓았다. 그리고 그 사람이 손을 다 씻고 손을 세게 터는 바람에 내 얼굴에 물이 다 튀고 말았다.

🏫 12) 바르게 말하고 행동해요 ★ ★ ★

◉ 아래 상황을 잘 읽고, 바람직하지 않은 행동이나 말을 찾아보세요. 그리고 어떻게 하는 것이 좋을지 이야기해 보세요.

> 지금은 내가 제일 좋아하는 국어 시간이다. 앞에서는 선생님께서 열심히 칠판에 적으시면서 설명을 해 주고 계신다. 그런데 내 앞자리에 앉은 민수와 희주가 선생님이 보시지 않을 때 가위 바위 보를 하며 꿀밤 때리기 놀이를 하고 있다. 내 짝꿍 규철이는 선생님 몰래 과자를 먹고 있다. 옆 분단에 앉은 경미는 교과서에 열심히 그림을 그리고 있다. 경미는 그림을 참 잘 그린다. 나는 열심히 필기를 하려는데, 핸드폰 진동이 울려서 확인해 보니 옆 반 친구가 문자를 보낸 것이다. 문자 적는 건 금방이니까 나도 친구에게 얼른 답장을 보내고 나서 다시 필기를 하고 있다.

4

➡

_____

_____

_____

_____

라. 사회적 상황 판단하기

1) 무엇 때문일까요? ★ ★ ★

◉ A와 B에서 관련 있는 문장을 찾아 연결하세요.

A
① 친구랑 싸웠다.
② 엄마는 바쁘시다.
③ 올 여름은 너무 덥다.
④ 초등학교 4학년이 되었다.
⑤ 아빠와 엄마가 말을 안 하신다.
⑥ 글자를 잘못 적었다.
⑦ 친구의 생일파티에 초대받았다.
⑧ 폭설이 내려서 교통이 마비되었다.
⑨ 태권도를 배웠다.
⑩ 교통사고가 나서 다리가 부러졌다.

B
ⓐ 싸우신 게 분명하다.
ⓑ 그래서 학교를 가지 않고 푹 쉬었다.
ⓒ 선물을 사러 갔다.
ⓓ 팔과 다리에 근육이 생겼다.
ⓔ 공부가 점점 어려워진다.
ⓕ 아이스크림을 먹으니 참을 만하다.
ⓖ 그렇지만 나를 잘 챙겨 주신다.
ⓗ 병원에 입원했다.
ⓘ 며칠째 말을 안 한다.
ⓙ 지우개가 필요하다.

2) 무엇 때문일까요? ★ ★ ★

◉ A와 B에서 관련 있는 문장을 찾아 연결하세요.

A
① 야구공에 눈을 맞았다.
② 날씨가 더워진다.
③ 친구가 전학을 갔다.
④ 외국에 사는 친구가 놀러 왔다.
⑤ 미세먼지농도가 높다.
⑥ 봄이 되니 꽃이 피었다.
⑦ 숙제가 점점 많아진다.
⑧ 길거리에서 핸드폰을 주웠다.
⑨ 친구가 내 욕을 했다.
⑩ 운동장에서 흙을 만졌다.

B
ⓐ 섭섭한 마음이 들어 편지를 썼다.
ⓑ 기분이 나쁘다.
ⓒ 경찰서에 갖다 주었다.
ⓓ 멍이 들었다.
ⓔ 물로 씻는다.
ⓕ 경복궁에 함께 다녀왔다.
ⓖ 마스크를 착용했다.
ⓗ 기분이 좋다.
ⓘ 지하철에서 에어컨이 나온다.
ⓙ 공부해야 하는 시간이 늘었다.

3) 무엇 때문일까요? ★ ★ ★

◉ A와 B에서 관련 있는 문장을 찾아 연결하세요.

A
① 회전목마를 타려면 많이 기다려야 한다.
② 찌개를 먹었더니 너무 짰다.
③ 무릎이 까졌다.
④ 세탁기가 작동하지 않는다.
⑤ 차 앞 유리가 깨져 있었다.
⑥ 아침상이 잘 차려져 있다.
⑦ 밖에서 놀다와 보니 옷이 찢어져 있었다.
⑧ 건전지를 갈았다.
⑨ 바람이 세게 불었다.
⑩ 바닷가로 놀러 갔다.

B
ⓐ 설탕과 소금을 구별하지 못해서 소금을 너무 많이 넣었다.
ⓑ 코드가 빠져 있다.
ⓒ 엄마가 새벽부터 아침을 지으셨다.
ⓓ 놀고 있던 동안 튀어나온 못에 걸렸다.
ⓔ 사람들이 길게 줄을 서 있다.
ⓕ 시계가 잘 간다.
ⓖ 얼굴이 까맣게 탔다.
ⓗ 아이들이 돌멩이를 던졌다.
ⓘ 걷다가 돌부리에 걸려 넘어졌다.
ⓙ 낙엽이 많이 떨어졌다.

◉ 다음과 같은 상황이 왜 일어났을지 생각해 보고 보기에서 골라 보세요.

1.
> 엄마가 오늘은 특별한 날이라고 미역국을 끓여 주셨습니다. 왜 그럴까요?

① 용돈을 받는 날입니다.　　　　② 아빠의 생신입니다.

③ 내가 중요한 시험을 보는 날입니다.

2.
> 친구가 떡볶이를 먹으면서 계속 시계를 쳐다봅니다. 왜 그럴까요?

① 오늘은 학원을 안 가도 됩니다.

② 학원 가야 할 시간이 되었습니다.

③ 떡볶이를 먹기 싫은가 봅니다.

3.
> 집에 들어갔더니, 엄마가 심각한 표정으로 식탁에 앉아 계셨습니다. 왜 그럴까요?

① 뭔가 즐거운 일이 있으신가 봅니다.

② 뭔가 고민이 있으신가 봅니다.

③ 화가 나는 일이 있으신가 봅니다.

4.
> 인터넷 뉴스를 보시던 아빠가 갑자기 거실로 나와서 TV를 켜며 심각한 표정을 지으셨습니다. 왜 그럴까요?

① 재미있는 일이 벌어졌습니다.　　　　② 심각한 일이 벌어졌나 봅니다.

③ 심심하신가 봅니다.

5.
> 할아버지는 신문에 얼굴을 가까이 대고 보십니다. 왜 그럴까요?

① 글씨가 잘 안 보이시기 때문입니다.

② 할아버지는 신문을 자주 보시기 때문입니다.

③ 할아버지는 시력이 좋기 때문입니다.

🏫 5) 무엇 때문일까요? ★ ★ ★

◉ 다음의 상황이 왜 일어났을지 그 원인을 생각해서 적어 보세요.
여러 가지를 생각해 볼 수도 있습니다.

1. 작년에 산 옷을 입었는데, 소매가 짧아요. 왜 그럴까요?

2. 잠을 자려고 침대에 누웠어요. 그런데 너무 설레서 잠을 잘 수 없어요. 왜 그럴까요?

3. 시곗바늘이 움직이지 않아요. 왜 그럴까요?

4. 엄마가 전화를 들고서 자꾸 "여보세요"라고 말합니다. 왜 그럴까요?

6. 화장실에서 미끄러졌습니다. 왜 그럴까요?

7. 할머니가 콜록콜록 자꾸 기침을 하십니다. 왜 그럴까요?

6) 무엇 때문일까요? ★ ★ ★

◉ 다음의 상황이 왜 일어났을지 그 원인을 생각해서 적어 보세요.
여러 가지를 생각해 볼 수도 있습니다.

1. 어느 더운 여름 날, 체육시간에 운동장에서 달리던 승희가 쓰러졌다.

2. 철민이가 등산을 하던 중에 팔이 부어오르기 시작했다.

3. 정문 앞에는 엄마가 우산을 들고 기다리고 계셨다.

4. 준수가 형이 들어오지 않아 휴대폰으로 연락해 보았지만 전화를 받지 않았다.

5. 어떤 아저씨가 마트 계산대 앞에서 난감한 표정으로 서 계신다.

6. 초가을인 어느 날, 선생님께서 목에 손수건을 두르고 오셨다.

7. 지하철 안에서 어떤 아주머니가 소리를 지르고 계신다.

7) 무엇 때문일까요? ★ ★ ★

◉ 다음의 상황이 왜 일어났을지 그 원인을 생각해서 적어 보세요.
여러 가지를 생각해 볼 수도 있습니다.

1. 버스 터미널에서 두 사람이 이야기를 나누다가 울기 시작했다.

2. 어떤 아저씨가 꽃다발과 케이크를 들고 아파트로 들어가고 있다.

3. 외출했다 집에 돌아와 보니 창문이 열려 있었고 책상에 올려놓았던 종이들이 바닥에 흐트러져 있었다.

4. 길거리에서 어떤 할아버지가 주위를 두리번거리고 계신다.

5. 가수가 무대에서 노래를 부르다가 다음 소절을 이어 부르지 못했다.

6. 토요일 오후에 고속도로가 심하게 막히기 시작했다.

7. 동생이 갑자기 책상 서랍에 있던 물건들을 다 꺼내기 시작했다.

8) 무엇 때문일까요? ★ ★ ★

◉ 다음과 같은 상황에 대해 생각해 보고 질문에 답해 보세요.

1. 왜 눈을 감고 글씨를 쓸 수 없을까요?

2. 왜 사람은 물속에서 살 수 없을까요?

3. 왜 송곳으로 옷을 꿰맬 수 없을까요?

4. 왜 오렌지 주스로 세수를 하면 안 될까요?

6. 왜 이쑤시개로 밥을 먹을 수 없을까요?

7. 왜 나무젓가락으로 그림을 그릴 수 없을까요?

9) 무엇 때문일까요? ★ ★ ★

◉ 다음과 같은 상황에 대해 생각해 보고 질문에 답해 보세요.

1. 왜 머리카락은 잘라도 아프지 않을까요?

2. 왜 해가 쨍쨍한 날은 비가 오지 않을까요?

3. 왜 겨울에는 꽃이 피지 않을까요?

4. 왜 수영장에서는 잠을 잘 수 없을까요?

6. 왜 과자를 마실 수 없을까요?

7. 왜 코끼리를 애완동물로 기를 수 없을까요?

👁 상황을 읽고 관련이 있는 관용어구를 〈보기〉에서 찾아 기호를 적으세요.

보기

(가) 손이 크다.　　(나) 오지랖이 넓다.　　(다) 피도 눈물도 없다.
(라) 손이 맵다.　　(마) 머리를 모으다.　　(바) 깨가 쏟아지다.

수민이는 항상 여기저기 참견하기 바쁘다.

[　　　　]

서진이에게는 한 대만 맞아도 매우 아프다.

[　　　　]

4

엄마는 손님들을 항상 후하게 대접하신다.

[　　　　]

장기자랑으로 무엇을 하면 좋을지 우리 반 임원들이 함께 의견을 나누어 결정했다.

[　　　　]

우리 담임 선생님은 조금만 지각을 해도 꼭 벌을 세우신다.

[　　　　]

결혼한 지 얼마 되지 않은 우리 큰언니가 무척 행복해 보인다.

[　　　　]

2) 글 속에 포함된 의미는? ★ ★ ★

상황을 읽고 관련이 있는 관용어구를 〈보기〉에서 찾아 기호를 적으세요.

보기

(가) 파김치가 되다.　　(나) 입이 가볍다.　　(다) 손발이 맞다.
(라) 뒷짐만 지고 있다.　　(마) 얼굴이 두껍다.　　(바) 간이 크다.

진형이와 영민이는 오래전부터 알고 지내던 친한 친구여서 어려운 문제도 함께 잘 해결한다.

내가 전교회장 선거에 출마해서 준비하는데 우리 오빠는 아무것도 도와주지 않는다.

하루 종일 걸어 다닌 정현이는 매우 지쳐서 집에 돌아왔다.

"혜수한테는 비밀을 함부로 말하면 안 돼. 금방 소문이 퍼질 거야."

민수는 많은 사람 앞에서도 뻔뻔스럽게 이야기를 잘한다.

친구들이 어두운 밤에 동네 폐가에 가 본다고 했다.

👁 상황을 읽고 관련이 있는 관용어구를 〈보기〉에서 찾아 기호를 적으세요.

보기

(가) 귀에 못이 박히도록 듣다.　(나) 눈을 붙이다.　　(다) 입이 짧다.
(라) 보는 눈이 있다.　　　　　(마) 숨 돌릴 틈이 없다.　(바) 손에 땀을 쥐다.

지난 운동회 때 이어달리기는 청팀과 백팀이 막상막하여서 끝까지 누가 이길지 모르는 경기였다.

[　　　　　　]

공부할 때 너무 졸리면 잠깐이라도 자는 것이 집중력 향상에 도움이 된다.

[　　　　　　]

선희는 옷을 보는 안목이 좋아서 같이 쇼핑을 하러 가면 도움이 된다.

[　　　　　　]

우리 가족은 요즘 이사 준비로 무척이나 바쁘다.

[　　　　　　]

현수는 가리는 음식도 많고 많이 먹지도 않는다.

[　　　　　　]

엄마는 수진이에게 방을 청소하라고 매일같이 말씀하신다.

[　　　　　　]

🏫 4) 글 속에 포함된 의미는? ★ ★ ★

◉ 상황을 읽고 관련이 있는 관용어구를 〈보기〉에서 찾아 기호를 적으세요.

보기

(가) 눈에 띄다.   (나) 입에 풀칠하다.   (다) 발이 넓다.
(라) 몸을 던지다.   (마) 발이 묶이다.   (바) 등을 돌리다.

"그렇게 친하던 인혜와 선예가 어제 심하게 싸우더니 서로 말도 안 하네."

[ ]

매우 가난했던 흥부는 놀부네 집에서 밥을 얻어 와서 겨우 끼니를 때울 수 있었다.

[ ]

등산을 하다가 길을 잃은 수민이와 혁준이는 선생님이 찾으러 올 때까지 산 속에서 꼼짝도 하지 못했다.

[ ]

우리 엄마는 동네에 모르는 사람이 없다.

[ ]

우리 반이 운동회 때 매우 열심히 참여한 덕분에 종합우승을 할 수 있었다.

[ ]

지난 올림픽에서 김연아의 연기는 다른 선수들보다도 무척이나 아름다웠다.

[ ]

◉ 아래에 제시된 상황을 순서에 맞게 번호를 적어 보세요.

가방을 챙기고 겉옷을 입었다.	세수를 하고 아침 식사를 했다.	엄마께 인사를 하고 현관문을 나섰다.	알람 소리를 듣고 잠에서 일어났다.

계산대에 줄을 서고 계산했다.	친구 생일 선물을 사려고 문구점에 들어갔다.	친구가 마음에 들어할 만한 선물을 골랐다.	선물을 예쁘게 포장했다.

처방전을 받았다.	의사 선생님께 진찰을 받았다.	약국에 가서 약을 지었다.	감기에 걸려서 병원에 갔다.

◉ 아래에 제시된 상황을 순서에 맞게 번호를 적어 보세요.

빨래를 탈수시켰다.	빨래를 건조대에 널었다.	세제를 넣고 빨래를 헹구었다.	빨랫감을 세탁기에 집어넣었다.

도화지와 미술 도구를 준비했다.	액자에 넣어서 방에 걸어 두었다.	크레파스로 색칠했다.	도화지에 연필로 그림을 그렸다.

청중들이 앙코르를 외쳤다.	피아니스트가 무대에 들어섰다.	피아니스트가 또 다른 곡을 연주했다.	피아니스트가 아름다운 곡을 연주했다.

◉ 일이 일어난 순서를 생각할 때, 빈 곳에 이어질 내용을 찾아 번호를 쓰세요.

(1) 아침에 자리에서 일어납니다.
   그리고 (   )
   유치원에 가서 공부를 합니다.
   공부가 끝나면 집에 돌아옵니다.

① 이불을 폅니다.
② 잠을 잡니다.
③ 밥을 먹습니다.

(2) 손을 깨끗이 씻습니다.
   그리고 (   )
   칼로 과일 껍질을 벗깁니다.
   예쁘게 잘라 접시에 잘 담습니다.

① 과일을 깨끗이 씻습니다.
② 과일을 사 옵니다.
③ 과일을 맛있게 먹습니다.

(3) 색종이, 연필, 가위, 풀, 도화지를 준비합니다.
   색종이에 자동차를 그립니다.
   (   )
   오린 자동차에 풀을 칠합니다.
   자동차를 도화지에 붙입니다.

① 자동차에 풀을 칠합니다.
② 가위로 자동차를 오립니다.
③ 연필을 뾰족하게 깎습니다.

(4) 횡단보도 앞에 멈춥니다.
   신호등에 파란불이 켜질 때까지 기다립니다.
   (   )
   손을 들고 오른쪽으로 건너갑니다.

① 차가 완전히 멈췄는지 좌우를 살핍니다.
② 빨리 뛰어 건넙니다.
③ 신호등에 빨간불이 켜질 때까지 기다립니다.

(5) 물놀이를 갔습니다. 수영복으로 갈아입습니다.
   (   )
   다리, 팔, 얼굴, 가슴에 물을 적십니다.
   물에 천천히 들어갑니다.

① 준비 운동을 합니다.
② 빵과 우유를 먹습니다.
③ 수건으로 물을 닦습니다.

(6) 하루 세 번 이를 닦습니다.
   칫솔에 치약을 바릅니다.
   (   )
   혀도 닦습니다.
   물로 잘 헹굽니다.

① 칫솔을 깨끗이 닦습니다.
② 칫솔로 컵을 깨끗이 닦습니다.
③ 칫솔로 윗니와 아랫니를 깨끗이 닦습니다.

4) 알맞은 순서는? ★ ★ ★

◉ 일이 일어난 원인과 결과를 알맞게 연결하세요.

① 생일 초대장을 받았습니다. ●	● ⓐ 땀이 많이 났습니다.
② 날씨가 더웠습니다. ●	● ⓑ 준비물을 빠뜨리지 않았습니다.
③ 겨울방학을 했습니다. ●	● ⓒ 할아버지 댁에서 일주일을 지냈습니다.
④ 알림장에 잘 적었습니다. ●	● ⓓ 생일잔치에 갔습니다.
⑤ 손을 깨끗이 씻지 않았습니다. ●	● ⓔ 이가 썩어서 치과에 갔습니다.
⑥ 음식을 골고루 먹었습니다. ●	● ⓕ 넘어져서 다쳤습니다.
⑦ 계단에서 뛰었습니다. ●	● ⓖ 감기에 걸렸습니다.
⑧ 초콜릿과 사탕을 많이 먹었습니다. ●	● ⓗ 몸이 튼튼해졌습니다.
⑨ 감기에 걸린 것처럼 아팠습니다. ●	● ⓘ 머리부터 발끝까지 젖었습니다.
⑩ 아침에 일찍 일어났습니다. ●	● ⓙ 오랜만에 아침식사를 했습니다.
⑪ 비가 많이 오는데 우산이 없습니다. ●	● ⓚ 병원에 갔습니다.

👁 일이 일어난 원인과 결과입니다. 가장 적절한 것끼리 연결하세요.

원인	결과
① 할머니는 이가 아프시다.	ⓐ 다행히 오늘은 학교를 가는 날이 아니다.
② 배탈이 났다.	ⓑ 딱딱한 음식을 씹지 못하신다.
③ 늦잠을 잤다.	ⓒ 은행에 가서 저금을 했다.
④ 자전거를 타다가 넘어졌다.	ⓓ 선생님께 말씀드린다.
⑤ 세뱃돈을 받았다.	ⓔ 아무것도 먹지 못했다.
⑥ 약속시간이 10분이나 지났다.	ⓕ 체육시간에 운동을 하지 못한다.
⑦ 반가운 친구를 만났다.	ⓖ 표시해 두었다가 선생님께 여쭤 본다.
⑧ 축구를 하다가 오른발을 다쳤다.	ⓗ 무릎을 다쳤다.
⑨ 친구들이 싸우는 장면을 발견했다.	ⓘ 빨리 뛰어갔다.
⑩ 선풍기가 고장이 났다.	ⓙ 악수를 했다.
⑪ 숙제를 하다가 모르는 것이 나왔다.	ⓚ 부채를 사용했다.

🏫 6) 알맞은 순서는? ★ ★ ★

◉ 아래에 제시된 상황을 순서에 맞게 번호를 적어 보세요.

1)

동네 마트에 가서 부모님께 드릴 선물을 샀다.	➡	
집에 도착해서는 정성스럽게 카드도 썼다.	➡	
저금통에서 그동안 모아 두었던 돈을 꺼내 세어 보았다.	➡	
진영이는 어버이날에 부모님께 드릴 선물을 사기로 결심했다.	➡	
집에 오는 길에 카네이션 바구니도 샀다.	➡	

2)

영화 상영시간이 되어 상영관으로 입장했다.	➡	
영화를 보면서 먹으려고 팝콘과 음료수도 샀다.	➡	
영화를 고른 후, 인터넷으로 표를 예매했다.	➡	
진희는 친구와 함께 영화를 보려고 어떤 영화가 상영 중인지 검색해 보았다.	➡	
진희와 친구는 영화관에 도착해서 영화표를 출력했다.	➡	

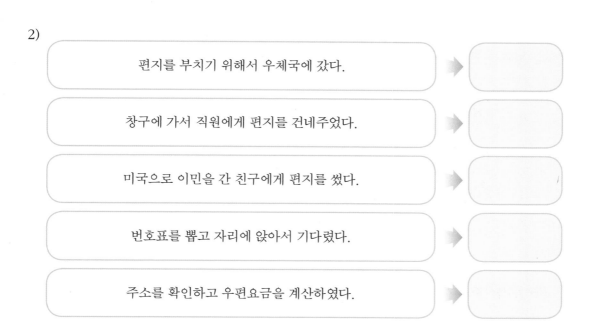

7) 알맞은 순서는? ★ ★ ★

◉ 아래에 제시된 상황을 순서에 맞게 번호를 적어 보세요.

1)

읽어야 하는 책을 빌리기 위해 도서관에 갔다.	➡
책을 찾은 후 대출해 주는 곳으로 갔다.	➡
책이 어디에 있는지 찾으려고 도서관 컴퓨터로 검색해 보았다.	➡
선생님께서 독후감 숙제를 내 주셨다.	➡
도서관 회원증을 제출하고 책을 빌렸다.	➡

2)

편지를 부치기 위해서 우체국에 갔다.	➡
창구에 가서 직원에게 편지를 건네주었다.	➡
미국으로 이민을 간 친구에게 편지를 썼다.	➡
번호표를 뽑고 자리에 앉아서 기다렸다.	➡
주소를 확인하고 우편요금을 계산하였다.	➡

8) 알맞은 순서는? ★★★

다음 일어난 일의 원인이나 결과를 적어 보세요.

| 민국이가 교실 바닥에 휴지를 버렸다. | 그래서 ➡ | |

| 정규는 매일 아버지와 운동을 한다. | 그래서 ➡ | |

| 컴퓨터 게임을 너무 많이 하면 안 된다. | 왜냐하면 ➡ | |

| 책을 많이 읽어야 한다. | 왜냐하면 ➡ | |

| 나는 겁이 많다. | 그래서 ➡ | |

| 바른 자세로 앉아서 글씨를 써야 한다. | 왜냐하면 ➡ | |

| 이를 잘 닦아야 한다. | 왜냐하면 ➡ | |

| 자전거를 샀다. | 왜냐하면 ➡ | |

| 서진이가 친구를 먼저 때렸다. | 그래서 ➡ | |

| 복도에서 넘어졌다. | 그래서 ➡ | |

| 친구와 사이좋게 지내야 한다. | 왜냐하면 ➡ | |

◉ 아래 상자에 제시된 상황을 순서에 맞게 문장을 직접 적어 보고, 무엇을 하는 순서일지 생각해 보세요.

> 커다란 그릇에 모아 담는다. 각종 채소와 과일을 씻는다. 먹을 만큼 접시에 담는다. 채소와 과일을 알맞은 크기로 썬다. 소스를 넣고 함께 버무린다.

① _____
② _____
③ _____
④ _____
⑤ _____

> 그 위를 흙으로 덮는다. 씨앗을 흙 위에 뿌린다. 화분을 흙으로 채운다. 햇빛이 잘 드는 곳에 화분을 놓는다. 물을 주고 씨앗이 자라는 것을 관찰한다.

① _____
② _____
③ _____
④ _____
⑤ _____

👁 아래 상자에 제시된 상황을 순서에 맞게 문장을 직접 적어 보고, 무엇을 하는 순서일지 생각해 보세요.

> 우리 집 주소를 적고 완료 버튼을 눌렀다. 인터넷 쇼핑 사이트에서 검색해 보았다. 결제버튼을 누르고 계산을 했다. 책을 선택하고 장바구니에 담았다. 읽고 싶은 책이 몇 권 생겼다.

① _____

② _____

③ _____

④ _____

⑤ _____

> 동생이 키가 많이 컸는지, 입혀 보니 좀 작았다. 옷가게에서 동생에게 줄 티셔츠를 샀다. 한 치수 더 큰 티셔츠로 바꾸었다. 점원에게 자초지종을 설명하였다. 티셔츠를 가지고 옷가게로 왔다.

① _____

② _____

③ _____

④ _____

⑤ _____

🏫 11) 알맞은 순서는? ★ ★ ★

👁 아래에 제시된 상황을 순서에 맞게 문장을 직접 적어 보세요. 단, 접속사나 어미를 넣어서 자연스러운 한 문단으로 써 보세요.

아저씨가 고기를 아이스박스에 넣었다.
아저씨의 친구가 고기 잡는 것을 도와주었다.
아저씨가 낚시 바늘에 미끼를 꽂았다.
낚싯대를 비롯해 낚시도구를 준비하였다.
잡아 온 고기를 요리하였다.
물에 담가 둔 낚싯대가 갑자기 움직였다.

단추가 소매에 대롱대롱 매달려 있다.
가위로 남아 있는 실을 잘라 낸다.
알맞은 색상의 실을 고른다.
실을 바늘에 끼운다.
바느질을 한다.
바느질 도구가 든 상자를 정리한다.

🏫 12) 알맞은 순서는? ★ ★ ★

◉ 아래에 제시된 상황을 순서에 맞게 문장을 직접 적어 보세요. 단, 접속사나 어미를 넣어서 자연스러운 한 문단으로 써 보세요.

봉투 위에 우표를 붙인다.
보내는 사람의 주소를 쓴다.
봉투에 카드를 넣고 봉투를 풀로 붙인다.
카드를 작성한다.
카드를 우체통에 넣는다.
예쁜 카드를 산다.

_____

_____

_____

주문을 하려고 줄을 섰다.
주문한 음식이 나와서 받아 와서 먹었다.
패스트푸드점에 들어갔다.
메뉴를 정해서 종업원에게 말했다.
계산을 하고 거스름돈을 받았다.
음식이 나오기를 기다렸다.

_____

_____

_____

_____

〈지도방법〉

- 아동을 광범위한 지식 영역에 노출시킵니다.

- 새로운 지식 습득과 더불어 과거에 습득한 지식을 꾸준하게 반복하여 기억하게 합니다.

- 교육적으로 도움이 되는 시청각 자료(TV, DVD, 영화, 동영상 등)를 활용합니다.

- 박물관, 유적지, 직업체험관 등의 흥미로운 장소를 직접 방문하여 체험학습의 기회를 제공합니다.

- 학습의 기초가 되는 기본적인 지식뿐만 아니라 학교 학습(사회, 과학 등)과 관련된 다양한 영역을 학습할 기회를 제공합니다.

- 아동이 흥미와 관심을 보일 수 있는 과제들을 우선적으로 제공하여 학습의 동기를 높입니다.

- 아동에게 충분한 시간과 기회를 제공하여 장기적으로는 이전에 학습한 특정 지식을 기억하게 합니다.

- 가정에서 아동이 가족과 함께할 수 있는 활동을 통해 자연스럽게 지식을 습득하도록 제안합니다.

- 아동이 과거에 학습하여 이해한 지식을 교사나 또래에게 직접 설명할 수 있는 기회를 제공합니다. 이때 아동이 언어적 표현에 어려움을 보인다면, 교사가 아동과 함께 스크립트(각본)를 작성하고 연습해 보는 것이 필요합니다. 차츰 아동이 익숙해지면 스스로 스크립트를 구성해 발표하도록 합니다.

(1) 자연환경

1) 어디에서 얻을 수 있을까요?

◉ 다음 중 땅에서 얻을 수 있는 것에는 ○ , 바다에서 얻을 수 있는 것에는 △ 표 하세요.

◉ 다음 그림을 보고 (ㄱ), (ㄴ), (ㄷ)에 속하는 채소를 〈보기〉에서 각각 골라 번호를 적어 보세요.

보기

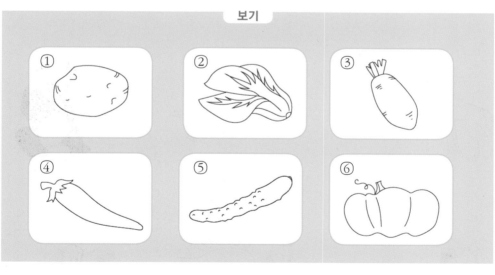

(ㄱ) _____

(ㄴ) _____

(ㄷ) _____

동물(1)

◉ 다음 중 땅에서 사는 동물에는 ◯ 로, 물에서 사는 동물에는 △ 로 표시해 보세요.

동물(2)

◉ 다음 중 파충류에는 ◯ , 조류에는 △ , 포유류에는 ▢ 로 표시해 보세요.

5

환경 및 기후(1)

■ 지구온난화

여러 가지 환경파괴 때문에 지구의 평균 온도가 상승하는 현상을 의미해요.

이런 현상 때문에 날씨, 환경이 바뀌게 되고 빙하가 녹게 되면서 바닷물의 높이가 점점 높아져 가라앉고 있는 섬들이 증가하고 있어요.

지구온난화가 발생하는 가장 큰 원인은 화석연료를 많이 사용하기 때문이라고 해요. 화석연료를 사용할 때 이산화탄소가 나오는데, 이것이 지구를 감싸면서 지구 온도를 점점 높이고 있으며, 이것을 온실효과라고 해요.

 - 지구온난화를 막기 위한 해결책
 : 대체에너지를 적극적으로 개발하고 온실가스를 줄이기!
 : 대중교통 이용하기, 물과 전기 아껴 쓰기!

■ 오존층

지구를 둘러싸고 있는 하나의 보호막으로써, 지구에 사는 생물들이 직접 쬐면 매우 해로운 자외선을 차단해 주는 역할을 합니다.

최근에는 오존층이 파괴되고 있어 사람을 비롯한 지구 생물들의 생활에 영향을 주고 있어요. 오존층 파괴의 원인 물질은 냉장고, 에어컨 등의 냉매나 스프레이 등에 사용되는 프레온 가스 등이에요.

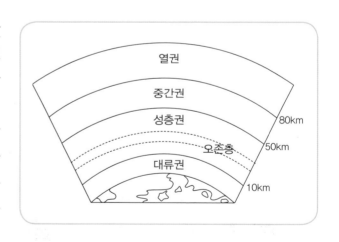

■ 지구의 날

매년 4월 22일로, 환경오염의 심각성을 알리고 환경보호를 장려하기 위해 정해진 날이에요.

환경 및 기후(2)*

■ 기후

어떤 지역의 반복하는 날씨를 1년을 주기로 하여 평균을 낸 것

■ 기후를 구성하는 3요소

(1) 기온: 땅의 공기 온도

(2) 강수량: 땅에 떨어진 물의 양(비, 눈, 우박 등 모두 포함)

(3) 바람: 공기가 움직이는 것

■ 기후의 종류

열대기후	일 년 내내 기온이 높고 강수량이 많음
온대기후	기온과 강수량이 사람들이 생활하기에 알맞음
냉대기후	겨울은 매우 춥고 길며, 여름은 짧고 따뜻함
한대기후	일 년 내내 춥고 눈이 많이 내림

■ 우리나라의 기후: 사계절이 있는 온대기후

기온	연평균 기온: 12℃ 정도 평균 여름 기온은 약 24℃, 평균 겨울 기온은 약 1℃ 정도로, 대체로 8월이 가장 덥고 1월이 가장 추움
강수량	연평균 강수량: 1300mm 정도 여름에 1년 내릴 비의 절반 이상이 옴
바람	계절마다 부는 바람의 방향이 다름: 계절풍 여름에는 남동풍, 겨울에는 북서풍

* http://terms.naver.com/entry.nhn?docId=960245&cid=3064&categoryId=3064

환경 및 기후(3)

◉ 다음은 지구온난화에 관한 설명입니다. 잘 읽고 (　) 안의 단어들 중 맞는 말에 ○ 표 하세요.

> 　지구온난화란, 지구의 평균 온도가 (하강/상승)하는 현상을 의미합니다. 지구온난화가 발생하는 원인 중 하나는 (이산화탄소/산소)가 많이 배출되기 때문이며, 이를 해결하기 위해서는 (대체에너지/석유에너지)의 사용을 줄이고 (대체에너지/석유에너지)의 사용을 늘려야 합니다.

◉ 다음 기사를 읽고 아래 질문들에 답해 보세요.

> 　△△시에서는 '(　　　　　　　　　　　　　)'을 맞이하여 이번 주 일요일 '차 없는 거리 녹색교통(걷기, 자전거) 대행진' 행사를 주최하기로 하였다. 참가를 원하는 사람들은 ○○시 홈페이지나 전화를 통해 신청 가능하다.
>
> 　　　　　　　　　　　　　　　　　　　　　　　　　　　　－ □□일보 ○월 ○일 기사 중

1. 위 기사의 (　) 안에 들어갈 알맞은 말은 무엇일까요?

2. 이러한 행사는 환경을 보호하기 위해서 이루어집니다. 기사에서 나타난 환경 보호 활동이 무엇인지 말해 보고, 이 밖에 우리가 환경 보호를 위해 평소에 할 수 있는 일은 어떤 것이 있을지 이야기해 보세요.

◉ 다음은 지구에서 일어나고 있는 어떠한 현상에 대한 그림입니다. 이러한 현상을 무엇이라고 하며, 이를 막기 위해 우리가 할 수 있는 일은 무엇이 있을지 이야기해 보세요.

◉ 다음은 오존층과 관련된 그림입니다. 잘 보고 아래 질문들에 답해 보세요.

1. 오존층이 파괴되면 무엇을 직접 쐬게 되기 때문에 우리 몸에 해롭나요?

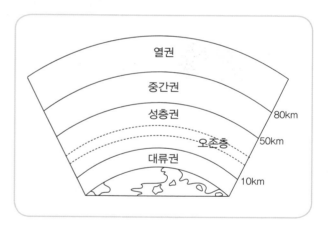

2. 오존층은 대기권 중 어디에 포함되어 있나요?

◉ 아래에 아이들이 자신이 사는 지역의 기후를 설명하고 있어요. 설명을 잘 보고, 각 아이들이 어떤 기후의 나라에 살고 있는지 알맞게 연결해 보세요.

◉ 다음은 우리나라의 기후에 대한 설명이에요. 맞는 것에 ○, 틀린 것에 ✕ 표해 보세요. 그리고 틀린 부분은 알맞게 고쳐 보세요.

우리나라는 사계절이 있는 온대기후다.	
여름에는 북서풍, 겨울에는 남동풍이 분다.	
여름에 1년 동안 내릴 비의 1/3 정도가 내린다.	
보통 1월이 가장 춥고, 8월이 가장 덥다.	

지구와 태양과 달(1)*

■ 지구가 돌기 때문에 낮과 밤, 계절이 생겨요

자전	지구는 자전축을 중심으로 하루에 한 바퀴씩 돈다. 이때 지구에서 햇빛을 받는 부분은 낮이 되고 그 반대편은 밤이 된다.
공전	지구는 약간 기울어진 채로 1년에 태양 주위를 한 바퀴 돈다. 햇빛을 어떤 각도에서 비추느냐에 따라 기온이 달라지고, 계절이 생기게 된다.

■ 태양의 고도

: 태양과 땅이 이루는 각도

※ 태양의 고도가 변하면 그림자의 길이가 변해요. 태양의
   고도가 높을수록 그림자의 길이는 짧아져요.

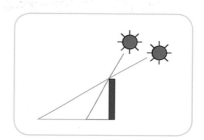

* 계절에 따라 달라지는 태양의 고도

여름에는 태양의 고도가 높고, 태양이 지표면 위에 머무르는 시간이 많아서 낮이 길고 기온이 높아요. 반면에 겨울에는 태양의 고도가 낮고, 태양이 지표면 위에 머무르는 시간이 짧아서 낮이 짧고 기온도 낮아요.

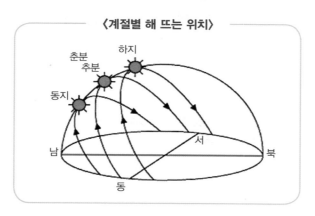

〈계절별 해 뜨는 위치〉

* http://terms.naver.com/entry.nhn?docId=958002&cid=3068&categoryId=3068

지구와 태양과 달(2)

■ 달의 움직임

: 초저녁에 동쪽에서 떠서 점차 남쪽으로 움직여 서쪽으로 져요.

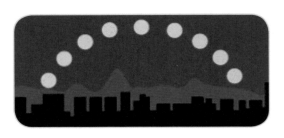

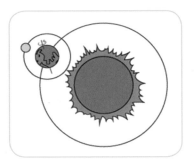

이러한 달의 움직임은 지구가 하루에 한 바퀴씩 서쪽에서 동쪽으로 자전을 하기 때문에 관찰할 수 있어요.

지구가 자전을 하기 때문에 달이 움직이는 것처럼 보여요.

■ 달의 모양 변화

: 보름달 → 하현달 → 그믐달 → 초승달 → 상현달 → 보름달

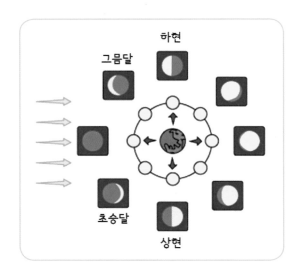

달이 지구 주위를 공전하면서 빛을 받는 부분이 달라지기 때문에, 우리 눈에 달의 모양이 달라 보인다!

지구와 태양과 달(3)

◉ 다음 (　) 안에 알맞은 말을 써넣으세요.

> 지구가 스스로 하루에 한 바퀴씩 도는 것을 (　　　)이라 하고, 1년에 태양 주위를 한 바퀴 도는 것을 (　　　)이라고 한다.

> 여름에는 태양의 고도가 (　　　), 겨울에는 태양의 고도가 (　　　).

◉ 달이 지구 주위를 돌면서 빛을 받는 부분에 따라 우리가 보는 달의 모습이 달라져요! 달의 모습과 이름을 알맞게 연결해 보세요.

① •　　　• 하현달

② •　　　• 보름달

③ •　　　• 초승달

④ •　　　• 상현달

⑤ •　　　• 그믐달

오감(1)

◉ 5감이란?

눈, 귀, 코, 입(혀), 피부 등을 통해 어떤 자극을 알아차리게 되는 것을 말합니다. 5가지 감각을 의미하며, 시각 · 청각 · 후각 · 미각 · 촉각이라고 부릅니다.

	시각	청각	후각	미각	촉각
행동	보다	듣다	맡다	맛보다	만지다
신체기관	눈	귀	코	입(혀)	손, 피부

◉ 이야기를 읽고, 빈칸에 들어갈 알맞은 감각을 선택해서 ○ 표 하세요.

1. 옆집 아주머니가 창문을 활짝 열고 쿠키를 만들고 계세요. 아이들은 근처에서 축구를 하고 있네요. 아이들은 쿠키 냄새를 _____ 수 있어요.	(맡을 / 볼 / 들을)
2. 나는 감기가 걸려서 엄마가 해 주신 맛있는 요리를 _____ 수 없었습니다.	(맛볼 / 들을 / 볼)
3. 어느 겨울날, 주영이가 산책을 가고 있었어요. 곧, 눈이 내리기 시작했습니다. 주영이는 눈을 _____ 수 있어요.	(만질 / 맡을 / 들을)
4. 도현이네 이웃에서는 닭과 돼지를 키워요. 닭은 꼬끼오, 돼지는 꿀꿀 하고 운답니다. 도현이는 동물 소리를 _____ 수 있어요.	(들을 / 느낄 / 볼)
5. 희윤이네 삼촌이 희윤이에게 전화를 걸었어요. 희윤이네 집 전화기가 울렸습니다. 희윤이는 전화 소리를 _____ 수 있어요.	(맡을 / 볼 / 들을)
6. 수빈이는 깡통 5개를 가지고 집에 들어왔어요. 그리고는 깡통을 들고 이리저리 뛰어다녔습니다. 수빈이는 깡통이 굴러가는 것을 _____ 수 있어요.	(들을 / 볼 / 맡을)

◉ 각각의 이야기를 읽어 보고, 어떤 '감각'이 사용될 수 있는지 가장 알맞는 것을 골라 알맞은 단어의 형태로 바꾸어 적어 보세요.

보다 / 듣다 / 만지다 / 맡다 / 맛보다

1. 시연이는 폭신폭신하고 하얀 곰인형을 끌어안고 있어요.

　시연이는 곰인형을 ＿＿＿＿＿＿＿ 수 있어요.

2. 엄마가 음식을 만들고 있어요. 하지만 냄새가 좋지 않아요.

　나는 음식을 ＿＿＿＿＿＿＿ 싶지 않아요.

3. 아이들이 학교에서 놀고 있어요.

　곧 아이들은 종소리를 ＿＿＿＿＿＿＿ 수 있어요.

4. 오늘은 정호의 생일이에요. 아빠는 새 자전거를 거실에 사 두셨어요.

　학교에서 돌아왔을 때 정호는 거실에서 자전거를 ＿＿＿＿＿＿＿ 수 있어요.

5. 승민이의 옆 반에서 음식을 만들고 있어요.

　승민이네 반에서는 그 냄새를 ＿＿＿＿＿＿＿ 수 있어요.

6. 나는 평소에 안경을 쓰는데, 안경 없이는 글씨가 잘 ＿＿＿＿＿＿＿지 않습니다.

7. 현장학습으로 미술관에 왔지만, 아이들은 그림을 ＿＿＿＿＿＿＿ 생각이 없는지 장난만 칩니다.

8. 향수를 선물 받았지만 감기에 걸려서 어떤 향인지 ＿＿＿＿＿＿＿ 수가 없었습니다.

물의 상태변화

우리 주위의 물질은 고체, 액체, 기체의 세 가지 상태로 존재하는데, 온도나 압력에 따라서 상태가 변합니다.

일단, 고체, 액체, 기체에 대해 배워 볼까요?

고체	일정한 모양과 부피를 가지고 있는 물질의 상태
액체	모양이 일정하지 않아 담는 그릇에 따라 달라지고, 힘을 가해도 부피가 줄어들지 않는 물질의 상태
기체	모양과 부피가 일정하지 않으며 액체처럼 흐르는 성질이 있고, 힘을 가하면 부피가 줄어드는 물질의 상태

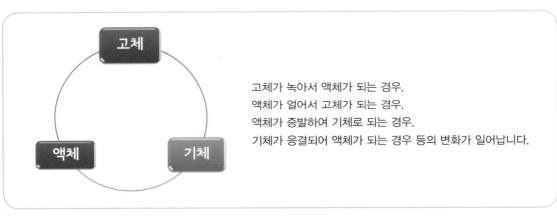

고체가 녹아서 액체가 되는 경우,
액체가 얼어서 고체가 되는 경우,
액체가 증발하여 기체로 되는 경우,
기체가 응결되어 액체가 되는 경우 등의 변화가 일어납니다.

출처: 네이버 지식백과. 학습용어 개념사전, (주)북이십일 아울북

재난에 대처하는 우리의 자세

재난이란? 태풍, 홍수, 가뭄, 지진 등의 자연현상의 변화 또는 교통사고, 화재, 폭발, 붕괴 등 인위적인 사고로 인한 신체 및 재산의 피해를 말합니다.

'설마…… 나와 내 가족에게는 일어나지 않을 거야……'라는 생각을 갖고 있지 않나요?
우리는 언제, 어디서, 어떻게 발생할지 모르는 만약의 재난에 대비해야 합니다.
재난을 대비하기 위한 방법들을 알아보는 시간을 가져 봅시다.

1. 가족과 함께 재난대비를 위한 회의시간을 가집시다.
- 재난 발생 중이거나 후에 가족들이 어떻게 행동할 것인지 결정해야 합니다.
- 가족끼리 회의를 통해 사전에 서로 어떻게 행동할지 정해 두어야 합니다.
- 다른 지역 친척들의 연락처를 자세히(전화, 휴대폰, 이메일 등) 작성하여 직장, 자녀의 학교에 보관시켜 두어야 합니다.
- 집 안의 전기, 가스, 수도 공급을 차단하는 방법을 알아 두어야 합니다.
- 재난 발생 후 다시 만날 수 있는 장소를 결정해 두어야 합니다.
- 생활에 꼭 필요한 중요한 서류에 대해 서로 의논하고 손쉽게 휴대할 수 있도록 보관합니다.

2. 응급환자 대처법을 알아 둡시다.
- 평상시에 가까운 전문기관에서 응급처치 방법을 배우도록 합니다.
- 정확한 응급처치는 병원에 도착하기 전까지 환자의 생명을 보호하거나 상태의 악화를 방지할 수 있지만 부적절한 응급처치는 환자의 상태를 악화시킬 수 있습니다.
- 응급환자의 상태를 자세히 말하고, 지시내용에 따라 응급처치를 하는 것이 좋습니다.

3. 주위의 재난대비 계획을 파악해 둡시다.
- 재난이 발생하면 학교, 직장, 가정의 재난대비 계획을 파악해 두어야 합니다.

4. 비상용품을 준비하고 눈에 잘 띄는 곳에 보관합시다.
- 응급처치를 위한 비상용품을 준비하고, 눈에 잘 띄는 곳에 보관해야 합니다.
- 비상용품: 비상식량 및 물(약 3일 분량), 휴대용 조명 및 라디오(여분의 건전지), 양초 및 라이터, 약품함, 신발, 안경, 침낭, 위생물품(화장지, 세면도구), 신호용 거울, 호루라기, 아기용품, 취사도구 등
- 가능하면 안전한 복장(장갑, 편한 신발, 긴소매, 긴바지, 헬멧이나 수건 등을 착용)으로 대비합니다.

5. 부득이하게 고립되었을 때 비상대처 방법을 알아 둡시다.
- 안전하게 구조를 기다리고 주위의 물건을 이용해 존재를 알리면서 최대한 빨리 외부로 연락을 취해 도움을 요청하고, 연락이 불가능할 때는 모닥불을 이용해서 위치를 알리는 것이 중요합니다.
- 서로 가까이 해서 체온을 유지하고 수면을 취해야 합니다.
- 체온을 유지하기 위하여 몸을 조금씩 움직여야 합니다.

6. 가정에 머물러야 할 때 대응할 수 있는 비상물품을 준비합시다.
- 전력이 끊기거나 가스와 물 공급이 중단되는 경우가 있습니다. 이때는 미리 준비해 둔 건전지를 사용하는 조명, 양초 및 라이터, 여분의 연료, 생수 등을 사용합니다.
- 화재에 대비하여, 가정용 소화기와 방독면을 준비합니다.

지진 대비

■ 지진: 지구 내부의 에너지가 지표로 나와, 땅이 갈라지며 흔들리는 현상

1. 지진이 오기 전에
– 지진 발생 때 위험을 일으킬 수 있는 집 안의 가구 등을 정리합시다.
– 비상시를 대비해 응급처치법을 알아 둡시다.
– 미리 전기배선, 가스 등을 점검하고 불안전한 부분을 수리하고, 차단 방법을 미리 익혀 둡니다.
– 지진 후 가족을 다시 만날 수 있는 장소를 미리 결정해 둡니다.
– 지진이 발생하였을 때 위험한 장소를 피하여 안전한 장소(공터, 학교, 공원)로 대피합시다.
– 비상시 사용할 약품 · 비품 · 장비 · 식품의 위치와 사용법을 알아 두고 비상시 가족이 취할 사항과 역할을 미리 정해 둡시다.
– 실내의 단단한 탁자 아래, 내력벽 사이 작은 공간 등 안전한 위치를 파악해 둡시다.
– 각 방에서 위험한 위치(유리창 주변, 책장이나 넘어지기 쉬운 가구 주변)를 확인해 두고 지진 발생 시 위험한 위치에 있지 않도록 합시다.

2. 지진 발생 때는	
집 안에 있을 때	– 우선 튼튼한 테이블 등의 밑에 들어가 그 다리를 꽉 잡고 몸을 피합시다(테이블이 없을 때는 방석 등으로 머리를 보호합니다).
	– 불이 났을 때 침착하고 빠르게 불을 꺼야 합니다.
	– 지진 발생 때 서둘러 밖으로 뛰어나가면 유리창이나 간판 등이 떨어지므로 대단히 위험합니다. 또한 담벼락, 자동판매기 등 고정되지 않은 물건 등은 넘어질 우려가 있으므로 가까이 가면 안 됩니다.
	– 비상시의 대피 방법을 미리 생각해 둡시다.
집 밖에 있을 때	– 야외에서는 머리를 보호하고 위험물로부터 몸을 피합시다.
	※ 땅이 크게 흔들리고 서 있기 어렵다고 해서, 대문기둥이나 담에 기대려는 마음이 생기는데, 실제로 매우 위험합니다.
	– 손이나 가방 등을 드는 것으로 머리를 보호하는 것이 중요합니다.
	– 자동판매기 등 고정되지 않은 물건 등도 넘어질 우려가 있으므로 조심해야 합니다.
	– 빌딩가 등에 있을 때는 상황에 따라 건물 안에 들어가는 것이 오히려 안전할 수 있습니다.
백화점이나 극장, 지하상가 등에 있을 때	– 많은 사람이 모이는 곳에서는 큰 혼란이 발생할 우려가 있으니, 안내자의 지시에 따라서 행동해야 합니다.
	– 화재가 발생하면 바로 연기가 꽉 차게 됩니다. 연기를 마시지 않도록 자세를 낮추면서 대피하도록 합니다.
엘리베이터에 타고 있을 때	– 지진이나 화재가 발생할 때는 엘리베이터를 사용하면 안 됩니다.
	– 안전을 확인해서 가장 가까운 층에서 신속하게 대피를 해야 합니다.
	– 엘리베이터를 타고 있을 때는 모든 버튼을 눌러, 신속하게 내린 후 대피합시다.
	– 만일 갇혔을 때는 침착하게 인터폰으로 구조를 요청해야 합니다.

지하철에 타고 있을 때	– 큰 충격이 발생하므로 화물 선반이나 손잡이 등을 꽉 잡아서 넘어지지 않도록 합시다. – 차내 방송 등에 따라서 침착하게 행동합시다. 섣부른 행동은 큰 혼란을 일으키게 됩니다. – 전철의 운행이 정지되었다고 해서 서둘러 밖으로 나가면 큰 부상의 위험이 있습니다. – 지하철역에서는 정전되었을 때도 바로 비상등이 켜지게 되어 있습니다. 서둘러서 출구로 뛰어나가는 것은 위험한 행동이며, 큰 혼란의 원인이 됩니다. 구내방송에 따라서 침착하게 행동합시다.
자동차를 운전하고 있을 때	– 자동차는 도로의 오른쪽에 세우고, 통제 구역에서는 운전을 하면 안 됩니다. – 대피하는 사람들이나 긴급차량이 통행할 수 있도록 도로의 중앙부분을 비워 둡시다. – 도심에서는 거의 모든 도로가 전면 통행금지 됩니다. 자동차 라디오의 정보를 잘 듣고 부근에 경찰관이 있으면 지시에 따라서 행동합시다. – 대피할 필요가 있을 때는 화재 발생 때에 차 안으로 불이 들어오지 않도록 창문은 닫고, 자동차 키를 꽂아 둔 채로, 문을 잠그지 말고 안전한 곳으로 신속히 피신하도록 합니다.
산이나 바다에 있을 때	– 산 근처나 급한 경사지에서는 산사태의 위험이 있으므로 안전한 곳으로 대피합시다. – 바닷가 근처는 지진해일이 발생할 우려가 있습니다. 지진을 느끼거나 지진해일 특보가 발령되면 지역의 안내방송이나 라디오 등의 정보에 따라 신속히 안전한 곳으로 대피합시다.
상처를 입은 사람이 있을 때	– 대규모 지진 시에는 많은 부상자의 발생이 예상되며, 정전이나 차량정체 등으로 구조대, 의료기관도 평소와 같은 활동을 못하게 될 것입니다. 따라서 부상자 가까이에 있는 사람들이 적절한 응급처치를 할 필요가 있습니다. 평소에 응급처치에 대한 지식을 배워 둡시다.
피난할 때	– 화재가 확대되어서 인명피해가 우려되면 신속히 대피합시다. 대피할 때는 관계공무원이나 경찰관 등의 안내에 따르고, 최소한의 소지품만을 가지고 자동차를 이용하지 않고 걸어서 가도록 합니다. – 피난 시, 아프거나 약한 사람이 있으면 지역주민들의 협조가 절대적으로 필요합니다. 평소에 이웃사람들과 미리 의논해서 결정해 두는 것이 필요합니다.
올바른 정보, 올바른 행동으로	– 대지진 발생 때 사람들은 심리적으로 동요하게 되는데, 이때 각자가 올바른 정보에 따라서 행동해야 합니다. – 시군구나 경찰, 소방 등 관계기관으로부터 직접 얻은 정보를 신뢰하고, 결코 근거 없는 소문이나 유언비어를 믿고 행동해선 안 됩니다. – 기상청 홈페이지(www.kma.go.kr)를 검색하거나 방송을 청취하여 지진 상황을 주의 깊게 파악해야 합니다.

3. 지진 발생 후

– 여진은 지진보다 진동은 작지만 조심해야 합니다.
– 부상자가 있다면 즉시 구조를 요청하고, 부상자가 위치한 곳이 위험하지 않다면 부상자를 그 자리에 그대로 두어야 하고, 만약 부상자를 옮겨야만 한다면 먼저 기도를 확보하고 머리와 부상부위를 고정한 후 안전한 곳으로 옮깁시다.
– 의식을 잃은 부상자에게는 물을 주지 않도록 합니다.
– 담요를 이용하여 환자의 체온을 유지하되, 환자의 체온이 너무 올라가지 않도록 주의합시다.
– 가스관, 수도관, 전기 등에 이상이 있다고 판단되면 사용하지 맙시다.
– 인명의 위험이 있는 경우를 제외하고는 전화사용을 자제합시다.
– 긴급사태 관련 뉴스를 주의 깊게 들읍시다.
– 거리로 될 수 있으면 나가지 않는 것이 좋으나 반드시 나가야만 한다면, 지진에 의한 피해(떨어진 전선, 붕괴의 위험이 있는 건물・축대・교량・도로 등)에 주의합시다.
– 소방관, 경찰관, 구조요원의 도움이 있기 전까지는 피해지역으로 접근하지 맙시다.

출처: 네이버 지식백과, 두산백과, 지진국민행동요령 매뉴얼(국가재난정보센터).

(2) 인문환경

음식의 재료(1)

👁 음식과 원재료를 알맞게 연결해 보고, 다른 음식과 재료들에는 어떤 것들이 있는지 선생님과 함께 이야기를 나눠 보세요.

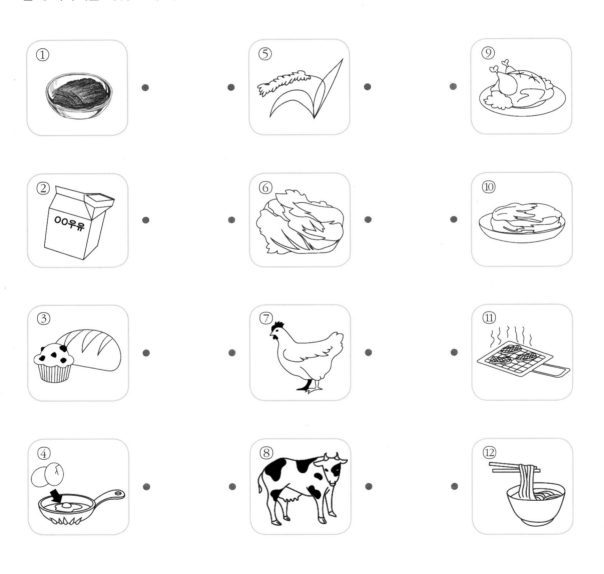

음식의 재료(2)

◉ 다음 〈예시〉에서 나타난 물건들과 같은 재료로 만들어진 것을 〈보기〉에서 각각 골라 번호를 적어 보세요.

분리수거 & 재활용(1)

■ 우리는 왜 분리수거를 해야 할까요?

분리수거를 통해 다시 활용이 가능한 자원을 버리지 않고 다시 활용(재활용)하게 됨으로써 자원을 아끼고, 환경을 보호할 수 있어요.

■ 분리수거해서 버려야 하는 것

종이, 유리, 캔, 플라스틱, 비닐, 폐건전지, 형광등, 음식물 쓰레기 등

재활용해야 할 품목	대표적인 종류
종이	종이팩, 종이 상자, 우유갑
유리	유리 재질의 음료수 병, 기타 병류
캔류 알미늄 / 캔류 철	철캔, 알루미늄 캔, 부탄가스, 살충제용기와 같은 기타 캔류
페트 / 플라스틱 / 비닐류	페트 재질의 음료수 병, 페트 혹은 플라스틱 재질의 용기, 비닐, 스티로폼 완충재

분리수거 & 재활용(2)

◉ 아래 〈보기〉의 물건들을 다 쓰거나, 음식들을 다 먹은 후 쓰레기를 어디로 버려야 하는지 각각을 알맞은 쓰레기통에 연결해 보세요.

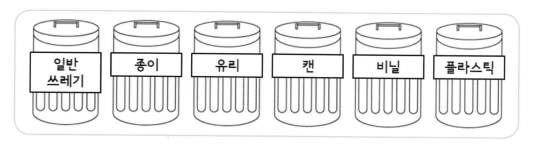

보기

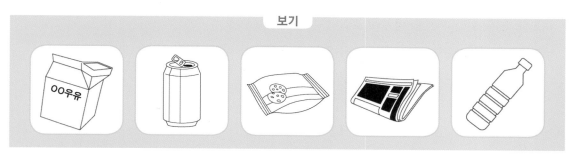

◉ 아래 그림은 우리가 패스트푸드점에 가면 볼 수 있는 그림입니다. 다 먹은 후, 쓰레기를 어떻게 분리하여 버려야 할지 이야기해 보세요.

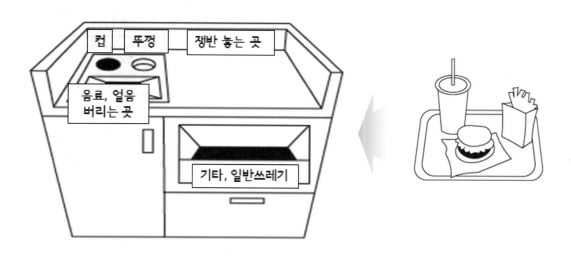

은행 관련 상식(1)

■ 금융 기관은 무엇인가요?

돈을 빌려주거나 맡아 주는 일, 세금을 대신 내주는 일 등을 통해 돈이 잘 흐르도록 도와주는 기관으로, 대표적인 금융기관으로는 '은행'이 있어요.

■ 은행에서는 어떤 일을 할까요?

  – 예금과 대출: 돈을 맡아 주거나(예금) 빌려주는 것(대출)
  – 송금: 다른 곳으로 돈을 보내 주거나 다른 곳으로부터 돈을 받아 주는 것
  – 외환: 돈을 외국 돈으로 바꾸어 주는 환전을 해 주는 것
  – 신용카드: 물건을 사는 데 사용할 수 있는 신용카드를 만들어 주는 것
  – 공과금: 세금, 공과금, 등록금 등을 받는 것

■ 은행 외에는 어떤 금융기관이 있나요?

우체국, 보험회사, 증권회사, 새마을금고, 신탁회사, 신용 협동조합과 같은 기관들이 있어요.

■ 오늘날, 은행 업무를 보기가 더 편해졌어요!

  – 자동 이체 서비스: 월급이나 각종 요금(전기 요금, 전화 요금 등)이 예금 계좌를 통해 자동으로 들어가거나 빠져나가게 하는 서비스
  – 자동 입·출금기(ATM): 은행에 직접 가지 않고도 기계를 이용해 일부 은행 업무를 볼 수 있음
  – 텔레뱅킹, 인터넷뱅킹: 전화나 인터넷을 이용하여 은행 업무를 볼 수 있음

은행 관련 상식(2)

◉ 아래 사람들의 상황을 보고 어디로 가야 하는지 알맞게 이어 보세요.

① 입출금	② 대출	③ 외환	④ 신용카드	⑤ 공과금 수납

ⓐ

외국으로 여행을
가기 위해 환전을
하려고 해요.

ⓑ

집을 새로 사려고
돈을 빌리러
왔어요.

ⓒ

취직을 해서
신용카드를 발급
받으러 왔어요.

ⓓ

전기요금을
내러 왔어요.

ⓔ

엄마에게 받은
용돈을 저금하러
왔어요.

5

통신의 종류와 방법(1)

■ 옛날의 통신수단

- 북, 나팔: 소리를 이용하여 소식을 전함
- 봉수: 낮에는 연기, 밤에는 횃불을 이용하여 소식을 전함
- 파발: 말을 타거나 걸어가서 소식을 전함

■ 오늘날의 통신수단

- 전화: 소리를 전기 신호로 바꾸어 먼 곳까지 전달하여 서로 의사소통할 수 있도록 하는 수단
- 휴대폰: 가지고 다니며 사용할 수 있는 전화기로, 통화뿐 아니라 문자메시지 등도 이용 가능함. 최근에는 '스마트폰'이 등장하여 인터넷 사용 등의 더 다양한 서비스가 제공됨
- 우편: 다른 사람에게 하고 싶은 말을 대화하듯이 종이에 글로 쓴 것(편지)이나 물건 등을 배달하는(택배) 수단
- 팩시밀리: 글이나 그림 등의 정보를 전기적인 신호로 바꾸어 전화선을 통해 상대방에게 보낼 수 있는 수단
- 인터넷: 멀리 있는 사람들끼리도 서로 정보를 주고받을 수 있도록 전 세계의 컴퓨터가 연결된 커다란 통신망. 인터넷상에서 이메일(e-mail)을 통하여 다른 사람과 하고 싶은 말이나 여러 가지 정보를 주고받을 수 있음

■ 통신수단의 발달로 우리의 생활이 더욱 편해졌어요!

	다른 사람들과 더욱 편리하고 빠르게 소식을 주고받을 수 있으며(전화, 이메일 등), 얼굴을 보고 통화하거나 회의를 할 수 있음(화상 전화)
	인터넷이나 전화, TV를 통한 물건 구입 가능
	인터넷을 통하여 여러 정보를 얻거나(날씨, 생활 정보, 학습 관련된 정보 등), 강의를 들을 수 있음
	인터넷상에서 열차표 및 영화표 등 예매 가능, 각종 서류 발급 가능

통신의 종류와 방법(2)

◉ 아래에 옛날과 오늘날의 생활 모습들이 나열되어 있습니다. 서로 관련 있는 것들끼리 연결해 보고, 그것에 관해 선생님과 같이 이야기를 나누어 보세요.

무역-수입/수출품(1)

■ 무역이란?

 나라와 나라 사이에 필요한 물건이나 기술 등과 같은 상품을 사고파는 것으로, 우리나라에서 다른 나라로 물건을 파는 것은 수출, 다른 나라로부터 물건을 사는 것은 수입이라고 해요.

■ 우리나라에서 주로 수입하고 수출하는 것은?

 – 주요 수입품: 원유, 천연가스, 고무, 식량 자원 등
 – 주요 수출품: 반도체, 자동차, 휴대폰, 컴퓨터, 석유 화학 제품 등

■ 자유무역(FTA)

 개인이나 기업이 다른 나라와 필요에 따라 자유롭게 무역을 하는 것

장점	단점
소비자들이 보다 싸게 다양한 물건들을 구입할 수 있으며, 다른 나라에 더 많이 물건을 팔아 이익을 남기는 기업들이 생김	외국의 물건들이 싸게 팔리면서, 우리나라의 농민들이나 작은 기업들의 물건들은 덜 팔려 손해를 볼 수 있음
값싼 수입품 덕분에 소비자들도 좋고, 우리 나라 기업들도 많이 수출하고 이익을 더 많이 남길 수 있어서 좋네.	값싼 수입 농산물 때문에 국내산 농산물이 팔리지 않네. ☹

◉ 다음은 무역과 관련된 그림입니다. 잘 보고 (　) 안에 알맞은 말을 써넣어 보세요.

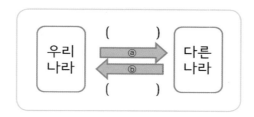

◉ 그렇다면 이와 같은 무역을 하는 이유는 무엇일까요?

◉ 다음 그림은 우리나라의 수출입과 관련한 그림입니다. 아래 〈보기〉에서 (가)와 (나)에 들어갈 것을 골라 각각 적어 보세요.

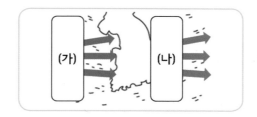

> 보기
>
> 석유, 휴대폰, 반도체, 바나나, 자동차, 천연가스, 고무, 컴퓨터

◉ 자유무역을 하는 것의 장단점에 대해 선생님과 이야기 나누어 보세요.

여러 물품이 우리에게 오기까지의 과정(1)

■ 공산품이 우리에게 오기까지의 과정

원료		공장		시장		운반		우리 집
우리나라, 다른 나라 (우리나라에서 생산되지 않는 원료는 다른 나라에서 수입을 해 와야 함)	→	각 물건들을 만드는 공장	→	대리점 여러 가지 가게	→	배 비행기 트럭 기차	→	

- 공산품은 원료에 사람의 힘을 더하여 새롭게 만들어 낸 생산품을 의미함
- 물건에 따라 만들어진 공장이 각각 다르고, 만드는 과정도 차이가 많음

■ 여러 가지 물건이 우리 손에 오는 길

물건	오는 길
가구	숲에서 나무 베기 → 트럭으로 나무 운반 → 제재소(베어 낸 나무를 켜서 각목이나 널빤지로 만드는 공장)에서 필요한 모양대로 자르기 → 가구 공장 → 가구 판매장 → 우리 집
쌀	벼 베기 → 정미소(곡식을 찧거나 빻는 곳. 방앗간)에서 겉껍질 벗기기(기계로 껍질을 벗긴 후 쌀만 따로 담음) → 도매상 → 쌀 가게 → 우리 집
의류	목화솜 따기 → 실 만드는 공장(제사 공장) → 옷감 만드는 공장(방직 공장) → 옷 만드는 공장 → 옷 가게 → 우리 손
설탕	외국의 사탕수수 → 설탕 원료 운반 → 설탕 공장 → 트럭으로 설탕 운반 → 슈퍼마켓 → 우리 집

(출처:『슬기로운 생활 2-2』교과서 28쪽; 동아전과 35쪽, 가게놀이)

여러 물품이 우리에게 오기까지의 과정(2)

◉ 다음은 어떤 물건들을 생산하는 사람들 혹은 장소입니다. 아래 〈보기〉의 물건들을 보고 관련된 사람들 아래에 기호를 적어 보세요.

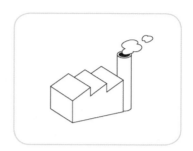

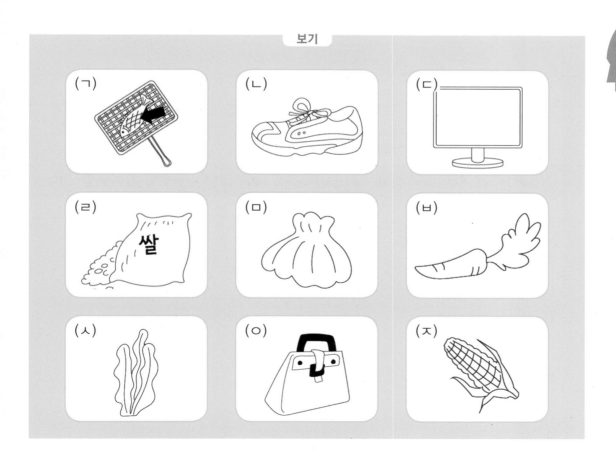

보기

(ㄱ) (ㄴ) (ㄷ)
(ㄹ) 쌀 (ㅁ) (ㅂ)
(ㅅ) (ㅇ) (ㅈ)

우리 생활에 꼭 필요한 전화번호(1)

■ 긴급전화번호는 나라에서 정해 놓은 전화번호로, 국민이 응급한 상황에 필요한 도움을 얻기 위해 연락할 수 있는 번호입니다. 숫자는 나라마다 다르고요. 국민들이 쉽게 외울 수 있는 숫자로 만들어졌습니다. 보통은 세 자리이지만 두 자리도 있고 네 자리 이상도 있다고 합니다.

〈이 번호는 꼭 외우기로 해요~〉

119
불이야~!
소방관 아저씨
출동해주세요~

112
도둑이야~
경찰 아저씨
도와주세요~

117
도와주세요,
학교폭력

112	범죄신고	118	사이버테러
111, 113	간첩신고	119	화재, 구급, 응급의료
114	전화번호 안내	128	환경오염
117	학교폭력 신고	1301	마약 및 범죄종합신고

* 알아 두면 유용한 생활 전화번호
 - 131: 일기예보 안내
 - 1330: 관광정보 안내
 - 1333: 교통정보 안내

우리 생활에 꼭 필요한 전화번호(2)

◉ 다음 긴급전화번호와 생활 전화번호를 관련 있는 상황과 연결해 보세요.

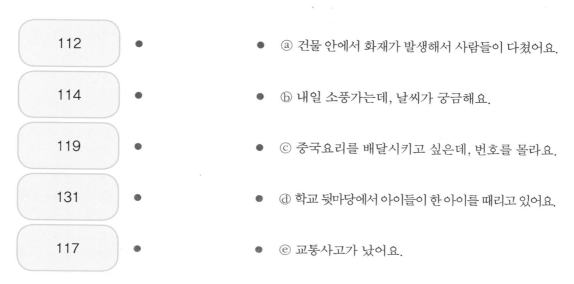

112 ●   ● ⓐ 건물 안에서 화재가 발생해서 사람들이 다쳤어요.

114 ●   ● ⓑ 내일 소풍가는데, 날씨가 궁금해요.

119 ●   ● ⓒ 중국요리를 배달시키고 싶은데, 번호를 몰라요.

131 ●   ● ⓓ 학교 뒷마당에서 아이들이 한 아이를 때리고 있어요.

117 ●   ● ⓔ 교통사고가 났어요.

◉ 다음 이야기를 읽고 민수와 민수의 아버지가 전화를 걸었을 전화번호들을 보기에서 각각 선택해 보세요.

보기
112, 117, 131, 1330, 114, 119, 1333

민수는 내일 공휴일을 맞이하여 가족들과 함께 대공원으로 소풍을 가려고 하는데, 날씨가 좋을지 궁금하여 전화를 걸었습니다.

민수의 아버지는 차를 타고 대공원으로 출발하기 전에 어떤 길로 가야 차가 막히지 않을지 전화를 걸어 알아보았습니다.

1. 민수는 _____에 전화를 걸어서 _____라고 말했다.

2. 민수 아버지는 _____에 전화를 걸어서 _____라고 말했다.

에너지(1)

■ 에너지의 종류

화력 발전	– 화석연료(석탄, 석유, 천연가스 등) 등에서 얻은 에너지로 발전기를 회전시켜 전력을 얻음. – 탄소가 연소하면서 이산화탄소를 발생시켜 지구 온난화의 원인이 되며, 매장량이 한정되어 있다는 문제점이 있음.
원자력 발전	– 우라늄, 플루토늄 같은 원자의 원자핵을 깨뜨릴 때 나오는 에너지를 사용하여 전력을 얻음. – 적은 원료로 막대한 에너지를 생산할 수 있어서 저렴한 에너지를 만들 수 있다는 장점이 있지만, 핵분열 과정에서 발생하는 방사선에 노출되면 유전자 이상이 생기기 쉽고 암의 원인이 될 수 있음.
수력 발전	– 높은 곳에서 낮은 곳으로 물을 흘려보내 물의 위치에너지, 운동에너지를 통해 전력을 얻음. – 공해가 없다는 점과 시설을 만드는 비용이 저렴하다는 것이 장점이지만, 대규모 댐 건설이 생태계를 교란하고 지진 발생의 원인이 된다는 단점이 있음.
조력 발전	– 밀물과 썰물에 의한 간만의 차를 이용한 발전. – 고갈될 염려가 없다는 장점이 있지만, 바닷물에 발전 시설이 쉽게 녹슬게 된다는 단점이 있음.
태양열 발전	– 태양 전지를 이용해 빛을 전기로 바꾸어 주는 장치. – 에너지원이 무한하며, 무공해라는 장점이 있지만, 처음 설치하는 데 비용이 많이 들고 비용에 비해 에너지 효율이 떨어진다는 단점이 있음.
풍력 발전	– 바람이 풍력발전기의 날개를 회전시켜 그 날개의 회전력으로 전기에너지를 만들어 냄. – 공해도 없고 에너지 생산을 위해 특별한 비용이 필요 없다는 장점이 있지만, 바람의 세기에 따라 에너지를 생산하는 데 어려움이 있을 수 있음.

◉ 다음 그림과 관련 있는 대체에너지는 무엇일까요? 또한 이 대체에너지의 장점과 단점에 대해 이야기해 보세요.

◉ 다음 기사를 읽고 아래 질문들에 답해 보세요.

> ○○시에서는 △△강에 댐을 설치하기로 결정했다고 지난달 발표하였다. 공사는 내년 4월부터 시작될 예정이며, 구체적인 사안들은 논의 중에 있다고 밝혔다. 이러한 ○○시의 발표에 대해 일각에서는 걱정스러운 의견을 내비치기도 하였다.
>
> – □□일보 ○월 ○일 기사 중

1. 위 기사와 관련된 발전소는 무엇일까요?

2. 일부 사람들이 걱정스러운 의견을 내비친 이유는 무엇일까요?

선거(1)*

■ 선거란?

  나라의 국민이 모두 모여 투표를 하고 나라의 일을 결정할 수 없으므로, 선거를 통해 나라의 대표자를 뽑는 일

■ 선거 절차

후보등록	선거관리위원회에 후보자 등록
선거 홍보	홍보 벽보, 자료 발송, 유세 등을 통해 홍보
부재자 투표 신청	유권자들은 선거일을 확인하고, 선거지에서 멀리 떨어져 있다면 부재자 투표를 통한 투표 진행
투표	지정된 투표소에서 투표 진행
개표	투표가 완료된 후, 개표를 통해 당선자 선출

■ 선거의 4대원칙

- 보통선거: 일정한 연령이 되면 누구나 선거에 참여할 수 있다.
- 평등선거: 선거권이 있는 사람이라면 누구나 똑같이 한 표씩만 투표한다.
- 비밀선거: 투표 내용은 투표자 외에는 알 수 없도록 기표소에 들어가서 투표한다.
- 직접선거: 후보자들에게 선거권자가 직접 투표한다.

---

* http://terms.naver.com/entry.nhn?cid=3070&docId=960394&mobile&categoryId=3070

선거(2)

◉ 다음 그래프를 보고, 투표율이 가장 높은 연령대와 가장 낮은 연령대를 골라 보세요. 그리고 투표율을 높이기 위한 방법에는 무엇이 있는지 선생님과 이야기를 나누어 보세요.

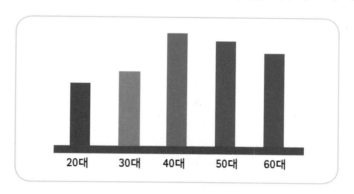

◉ 선거 절차를 생각하여 아래 그림을 순서대로 나열해 보세요.

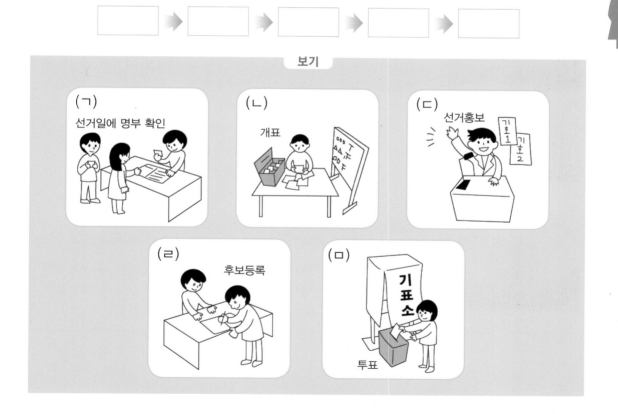

보기

삼권분립(1)*

■ 삼권분립이란?

　나라의 일을 할 때, 어느 한쪽으로 권력이 쏠려 독재가 일어나는 것을 막기 위해 입법부, 행정부, 사법부 세 국가기관이 서로 견제하며 균형을 이루도록 업무를 나누어 하는 것

■ 삼권분립과 관련된 기관들과 하는 일

기관	하는 일
입법부	• 입법부에서는 법을 만드는 일을 해요. 국회의원들이 모여 중요한 일을 결정하거나 법을 만들고 고치기도 하죠. • 행정부의 일을 감시해요. 나라의 예산을 검토하고, 바르게 썼는지 따져 보는 일을 하죠. • 나라의 정책 결정에 대해 동의하거나 허락하는 일을 하기도 해요.
행정부	• 행정부에서는 법에 따라 나라의 살림을 운영해요. • 경찰관이나 소방관이 하는 일처럼, 사회 질서를 지키고 국민들을 보호하기 위해 노력하는 일도 행정부가 하는 일이에요. • 여러 가지 공공시설(도로, 댐, 도서관 등)을 만들고 관리해요. • 약자를 보호하고 돕는 정책을 만들기도 하고 보조금을 주기도 해요. 이 밖에 여러 가지 정책과 계획을 세우고 실천하죠!
사법부	• 사법부에서는 재판을 진행해요. 국회에서 만든 법을 풀이하고, 그에 따라 재판하죠. 판사, 변호사, 검사와 같은 사람들이 사법부에 속해 있어요. • 재판의 종류로는 개인 간의 다툼을 해결하는 민사재판, 죄가 있는지 없는지 판단하는 형사재판, 정부로부터 국민의 권리를 보호하는 행정재판, 헌법에 맞는지 판단하는 헌법재판이 있어요.

---

* http://terms.naver.com/entry.nhn?docId=960229&cid=3064&categoryId=3064&mobile

삼권분립(2)

◉ 다음은 삼권분립에 관한 설명입니다. 잘 읽어 보고, ( )에 각각 들어갈 말이 무엇인지 적어
보세요.

> 삼권분립은 ( ), ( ), ( )의 세 국가기관과 관련이 있습니다. 이러한 삼권
> 분립을 하는 이유는 (   )입니다.

◉ 아래 사람들의 이야기를 듣고, 그와 관련된 국가기관과 연결해 보세요.

유명 연예인과
소속사 간의
분쟁으로 재판이
진행되고 있다는
소식이 전해졌습니다.

올해 국가의
예산에 대한
검토가 필요합니다.

우리 동네에 곧
시립도서관이
생긴대요.

혼자 사시는
옆집 할머니께서는
나라에서 보조금을
받으신대요.

동물 보호법이
개정되었으면
좋겠어요.

인공위성(1)*

■ 인공위성이란?

행성의 둘레를 돌 수 있도록 로켓을 이용해 쏘아 올린 인공장치

■ 우리나라의 인공위성은?

우리별 1호	1992년 발사. 우리의 돈으로 발사했지만, 영국의 기술 지원을 받아 제작되었고, 프랑스에서 다른 위성과 함께 보조 위성으로 발사됨.
무궁화 1호	1995년 발사. 위성방송, 위성중계, 위성통신 등의 방송 관련 서비스를 제공하게 해 줌. 미국의 델타 로켓에 실려 발사되었음.
나로호	2013년 발사. 우리나라의 기술을 이용해 발사한 최초의 인공위성임. 3차례의 실패 후, 4차례 만에 발사에 성공함.

■ 인공위성의 이용

기상위성	날씨를 알기 위해 사용함. 태풍의 이동 경로, 바람, 비의 양 등의 기상정보를 알 수 있음.
통신위성	위성중계방송, 위성방송 시청, 이동통신을 이용하기 위해 사용함.
천문위성	우주의 변화와 현상들을 살펴보기 위해 사용함. '우주망원경'이라고도 함.
항행위성	위치정보를 담은 전파를 통해 배, 비행기, 개인의 위치를 알려 줌. 'GPS위성'이라고도 함.

* http://terms.naver.com/entry.nhn?docId=960436&cid=47311&categoryId=47311

인공위성(2)

◉ 다음은 우리나라의 기술을 이용해 발사한 최초의 인공위성 사진입니다. 2013년 1월 30일, 4차 발사 시도 만에 발사에 성공한 이 인공위성의 이름은 무엇일까요?

◉ 인공위성이 어떤 용도로 이용될 수 있는지 2가지 이상 말해 보세요.

지도 읽기(1)

■방위: 방향을 의미함. 4방위표(동서남북)와 8방위표(동서남북 + 북동/남동/남서/북서)

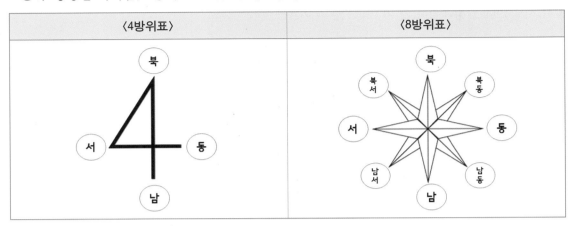

〈4방위표〉	〈8방위표〉

■기호: 지도에 모든 것을 그릴 수 없기 때문에, 다양한 모양의 약속된 기호들을 지도에 그려 넣음

논		산	
밭		온천	
과수원		시청	
공장		학교	
등대		철도	
다리		우체국	
경찰서		병원 · 보건소	

참고: [네이버 지식백과] 지도 읽기−지도를 읽기 위해 알아야 할 것들이 있어(초등사회 개념사전, 2010. 7. 12. (주)북이십일 아울북)

지도 읽기(2)

◉ 동서남북 방향을 표시하는 방위표가 정확하게 그려진 것을 찾아 ○ 표 하세요. 그리고 빈 상자 안에 방위표를 그려 보고, 동서남북을 직접 써 보세요.

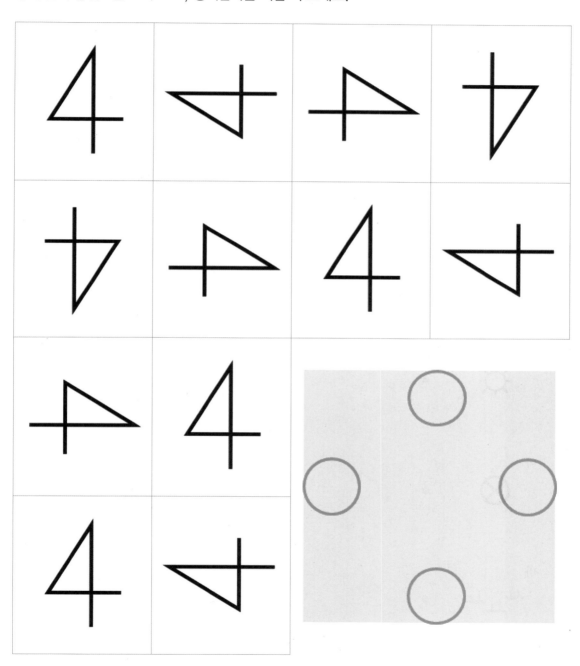

지도 읽기(3)

◉ 지도 기호가 나타내는 것이 무엇인지 찾아서 선을 그어 보세요.

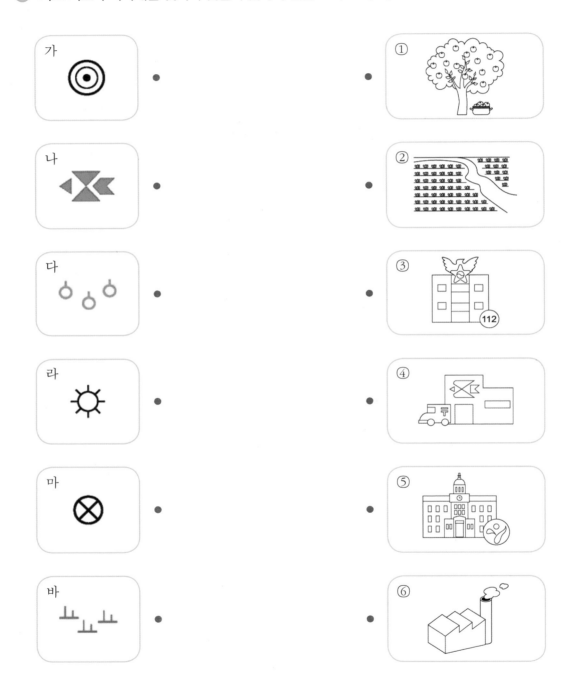

◉ 내가 살고 있는 동네의 지도입니다. 앞에서 배운 기호들을 다시 살펴본 후, 지도를 읽고 다음의 질문에 답해 보세요.

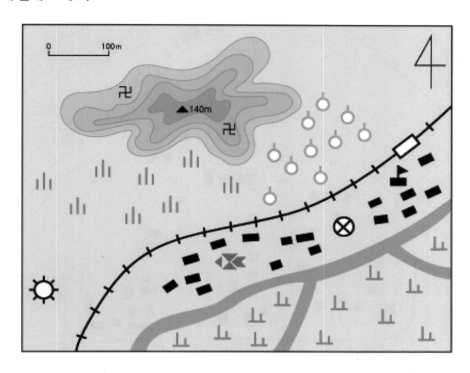

1) 이 지역 사람들이 주로 하는 일은?

2) 이 지역에서 수확할 수 있는 농작물의 종류는 어떤 것이 있을까요? 가능한 한 많이 말해 보세요.

3) 이 지역에 절이 2개가 있습니다. 더 높은 곳에 위치한 절에 ○ 표 해 보세요.

4) 지도에 있는 기호들이 의미하는 것을 말해 보세요.

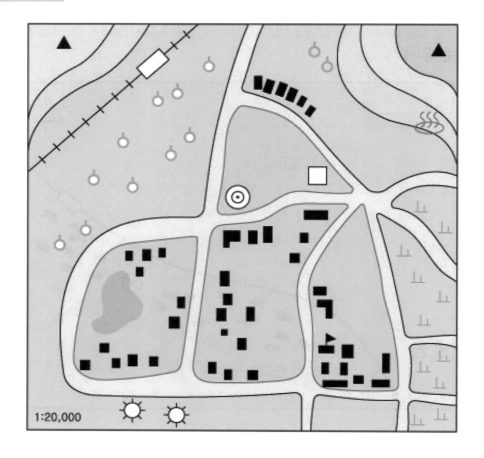

1) 학교에서 온천을 가려면 어느 방향으로 가야 하나요?

2) 이 지도에 과수원이 있나요? (○ / ×)

3) 이 지역에 철도가 있나요? (○ / ×) 있다면 어느 방향에 있나요?

4) 이 지역에 공장은 몇 개가 있나요?

◉ 내가 사는 동네의 지도입니다.

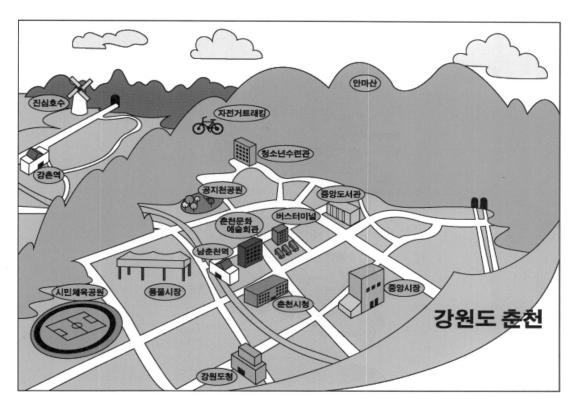

1) 춘천문화예술회관이 어디 있는지 찾아보세요.

2) 이 동네에서 할 수 있는 문화생활에는 어떤 것들이 있는지 모두 찾아보세요.

3) 남춘천역은 청소년수련관의 (동 / 서 / 남 / 북)쪽에 위치하고 있습니다.

4) 오늘 아침 시민체육공원에서 축구를 했습니다. 이제 중앙도서관을 가려고 하는데, 어떻게
   가야 할지 말해 보세요.

5) 청소년수련관에서 강원도청으로 가는 길을 모두 설명해 보세요.

우리나라 지도(1)

◉ 대한민국의 지역은 다음의 그림처럼 크게 '도', '특별시', '광역시' 등으로 이루어졌습니다. 각 지역의 위치와 이름을 잘 기억해 봅시다.

1) 대한민국은 9개의 도로 이루어져 있습니다.
　(강원도, 경기도, 충청남도, 충청북도, 전라북도, 전라남도, 경상북도, 경상남도, 제주도)

2) 우리나라의 행정구역은
　1개의 특별시(서울특별시), 6개의 광역시(인천광역시, 대전광역시, 광주광역시, 대구광역시, 울산광역시, 부산광역시)가 있습니다.

우리나라 지도(2)

◉ 우리나라의 각 도와 광역시가 표시된 그림입니다. 질문을 잘 읽고 대답해 보세요.

1) 우리나라는 몇 개의 도로 이루어져 있나요?

2) 그리고 내가 살고 있는 도의 이름은?

3) 우리나라의 특별시는 몇 개인가요?

4) 우리나라의 광역시를 모두 말해 보세요.

5) 전라남도 소재의 광역시는?

6) 한라산, 설악산은 어느 도에 있나요?

각 도의 도청소재지를 직접 찾아보고, 지도에 표시해 보세요.

1 서울에서 부산은 대략 몇 km 거리인가요?

2 서울에서 제주도를 갈 수 있는 방법 3가지?

3 서울에서 광주까지는 몇 km 거리인가요?
만약, 시속 100km로 간다면, 광주까지 가는 데 시간은 얼마나 걸릴까요?

우리나라 지도(3)

1) 우리나라 지도를 보고, 빈칸에 알맞은 지역 이름을 적어 보세요.

서울특별시	경기도	충청남도	전라남도	경상남도	제주도
부산광역시	강원도	충청북도	전라북도	경상북도	

2) 호남 지방에 포함되는 도는 어디인지 모두 말해 보세요.

3) 영남지방에 포함되는 도는 어디인지 모두 말해 보세요.

4) 울릉도와 독도는 어느 도에 포함될까요?

세계유산으로 지정된 우리나라 문화재

◉ 세계유산이 무엇인지 알아보고, 우리나라에서 세계유산으로 선정된 것들에 어떤 것이 있는지 알아봅시다.

세계유산이란?

- 세계유산협약에 따라 유네스코가 인류를 위해 보호/보존해야 할 가치가 있다고 정한 유산
- 특성에 따라 문화유산, 자연유산, 기록유산, 무형유산으로 구분됨
- 기념물 및 유적지, 자연 지역 중에서 역사, 예술, 학문적, 과학적으로 탁월한 보편적 가치가 있는 유산

세계문화(자연)유산?

역사, 예술, 학문적으로 가치가 있는 기념물, 건축물, 기념 조각 및 회화, 유적지, 자연지역 등

해인사 장경판전(1995)
종묘(1995)
석굴암/불국사(1995)
창덕궁(1997)
수원 화성(1997)
고창/화순/강화 고인돌유적(2000)
경주 역사유적지구(2000)
제주 화산섬과 용암동굴(2007)
조선왕릉(2009)
한국의 역사마을: 하회와 양동(2010)

세계기록유산?

미래세대에게 전달하기 위해 보존하고 보호하는 가치가 있는 기록물(도서, 신문, 포스터 등, 그림, 프린트, 지도, 오디오, 비디오 등)

훈민정음(1997)
조선왕조실록(1997)
직지심체요절(2001)
승정원 일기(2001)
조선왕조 의궤(2007)
고려대장경판 및 제경판(2007)
동의보감(2009)
일성록(2011)
5.18 민주화운동 기록물(2011)
난중일기(2013)
새마을운동 기록물(2013)

무형유산?

사람을 통해 구전에 의해 전승되어 온 전통 문화, 공연예술, 각종 지식과 기술

종묘제례 및 종묘제례악(2008)
판소리(2008)
강릉단오제(2008)
강강술래(2009)
남사당 놀이(2009)
영산재(2009)
처용무(2009)
제주 칠머리당 영등굿(2009)
가곡(2010)
대목장(2010)
매사냥술(2010)
줄타기(2011)
택견(2011)
한산모시짜기(2011)
아리랑(2012)
김장문화(2013)

출처: 유네스코 한국위원회 홈페이지 http://www.unesco.or.kr/heritage/wh/index.asp

우리나라 품질인증 마크

◉ 물건(제품)을 사면 글씨나 그림이 그려진 스티커가 붙어 있습니다. 이것을 〈품질인증마크〉라고 합니다. 어떤 의미가 있는지 알아볼까요?

1) 품질인증마크란?

　　정부나 공신력 있는 기관에서 어떤 제품의 품질을 정해진 기준에 따라 검사한 후에, 일정 기준을 통과하면 제품의 우수성을 인정해 주는 표시

2) 왜 필요할까요?

　　물건(제품)을 만드는 사람들이 더 좋은 품질의 제품을 만들 수 있도록 하고, 물건(제품)을 사는 사람들에게 더 좋은 품질의 제품을 제공하기 위해서입니다.

3) 종류

	KS마크	• 정부가 정한 기준으로 평가하여, 일정 수준에 이른 제품 • 기준 자체가 공업 기술이 낮았던 때에 만들어진 것이라, 최소한의 기준으로 생각되는 표시
	검 마크	• 제품이 얼마나 안전한지 검사한 후, 통과하면 '안전한 제품'이라고 인정해 주는 표시
	Q마크	• 제품을 만드는 곳에서 임의로 부착하는 마크 • 제품의 품질이 좋은지 검사받은 후, 품질기준에 합격해야 받을 수 있음
	열 마크	• 열을 사용하는 제품에 대해서 에너지관리공단이 정한 기준으로 열효율과 안전도 등을 평가 • 열을 사용하는 기구는 이 표시가 없으면 만들고, 팔 수가 없음
	GD 마크	• KS, 품, 검 마크를 받은 제품 중에서 디자인이 뛰어난 제품에 주는 표시
	친환경 농산물 인증마크	• 국가가 인증한 품질 좋고 안전한 농산물임을 나타내는 표시 • 소비자에게 안전한 친환경농산물을 전문인증기관이 엄격한 기준으로 검사하여 정부가 그 안전성을 인증 • 유기농/무농약/저농약 제품으로 세분화 표시

에너지소비효율등급 표시 제도(1)

◉ 우리가 사용하는 에너지 제품을 보면 이렇게 생긴 스티커가 붙어 있어요. 이것은 무엇을 의미하는지 살펴봅시다. 에너지소비효율등급 표시 라벨은 어떻게 생겼고, 각각은 무엇을 의미하나요?

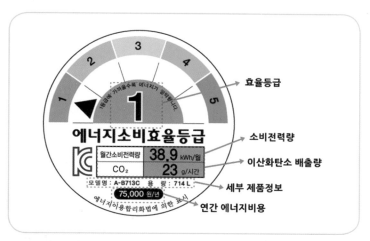

[에너지소비효율등급 / 자료출처: 에너지관리공단]

에너지소비효율등급 표시 제도

많은 양의 에너지를 사용하는 제품에 에너지소비효율등급표시를 의무화하는 것으로, 제품의 에너지소비효율 또는 사용량에 따라 1~5등급으로 구분하여 표시하는 것

> 효율이 높다 = 에너지를 절약한다.
> 1등급에 가까울수록 에너지 절약형 제품 / 5등급에 가까울수록 에너지를 많이 사용한다.
> 1등급 제품을 사용하면 5등급 제품에 비해 30~40% 에너지 절약이 가능하다고 한다.

* 에너지소비효율등급표가 있으면 좋은 이유?
  ⇒ 소비자들이 에너지 효율이 높은 에너지 절약 제품을 쉽게 판단해서 제품을 구입할 수 있다.
  ⇒ 제품을 만드는 생산자들이 에너지 절약 제품을 생산하고/개발할 수 있다.
* 2012년 12월부터 기존의 TV, 세탁기, 전기밥솥 등 자주 사용되는 가전제품의 에너지소비효율 기준이 대폭 강화됨. 예전에 1등급이었다 하더라도 강화된 기준에 의해 2등급이 될 수 있음.

◉ 미영이네 가족은 무더운 여름을 보내기 위해서 이번에 에어컨를 사려고 합니다. 할인 마트에 갔더니 다양한 제품이 있었는데, 아래의 두 가지 제품 중에서 사려고 합니다. 가격과 에너지소비효율등급을 고려할 때 미영이네 가족이 사야 하는 제품은 A, B 중 어떤 회사의 제품일까요?

	가격	에너지소비효율등급
A제품	25만 원	5등급
B제품	40만 원	1등급

1) 두 회사의 제품 중, 어느 제품이 가격이 더욱 저렴할까요?

2) 두 회사의 제품 중, 어느 제품이 더욱 에너지절약을 할 수 있을까요?

3) 그렇다면, 미영이네는 A, B 두 제품 중 어떤 제품을 사는 것이 좋을지 자신의 의견을 말해 보세요.

세탁 기호(1)

👁 빨래를 할 때 주의해야 하는 점들이 있습니다. 옷, 이불 등 세탁물에 붙어 있는 이 기호들의
의미를 알아봅시다.

물세탁기호	40°C 물 온도 40도로 세탁 세탁기, 손세탁 가능 세제 종류 제한 없음	손세탁 약30°C 중성 물 온도 30도로 세탁 세탁기 사용 안 됨 약하게 손세탁 가능 중성세제 사용	물세탁 안 됨
다림질 방법	180~210°C 원단 위에 천을 덮고 180~210도로 다림질	80~120°C 80~120도로 다림질	다림질할 수 없음
드라이클리닝 기호	드라이 드라이클리닝 가능	드라이 드라이클리닝 가능 (전문점에서만)	드라이 드라이클리닝 안 됨
건조 방법	옷걸이 햇빛에 건조 옷걸이에 걸어서 건조	약하게 손으로 약하게 짬	손으로 짜면 안 됨
	옷걸이 그늘에서 건조 옷걸이에 걸어서 건조	뉘어서 햇빛에 건조 바닥에 뉘어서 건조	뉘어서 그늘에 건조 바닥에 뉘어서 건조

5

세탁 기호(2)

◉ 오늘은 엄마를 대신해서 빨래를 해 보려고 합니다. 옷에 붙어 있는 옷을 어떻게 처리해야 하는지 알려 주는 기호들을 잘 살펴보고 빨래를 시작해요~.

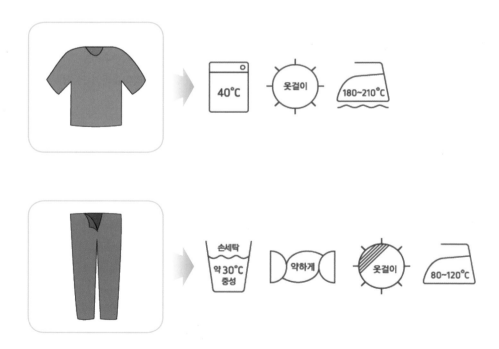

다양한 병원(1)

◉ 이럴 때는 어느 병원을 가야 할까요?

아침에 일어났더니, 온몸이 가렵네요. 긁으니까 자꾸만 피부가 빨개지고, 아파요.

강아지 '뽀삐'가 아무것도 먹지 않고 누워만 있어요. 왜 그런 걸까요?

수영장에 다녀왔더니 귀에 물이 들어가서 멍멍해졌어요. 수건으로 닦아도 계속 아파요.

학교에서 친구들과 축구를 하다가 넘어지는 바람에 다리뼈가 부러졌어요.

피부과

이비인후과

동물병원

정형외과

다양한 병원(2)

◉ 병원에 가는 다양한 상황이 있습니다. 상황을 잘 읽어 보고, 어느 과로 가야 할지 적어 보세요.

상황1) 목이 너무 아프고 기침도 심해요. ☐☐☐☐☐

상황2) 아빠가 아침부터 열이 나고 온몸이 쑤셔요. ☐☐

상황3) 할머니의 눈이 잘 보이지 않으신대요. ☐☐

상황4) 수영장을 다녀와서부터 이유 없이 온몸이 간지러워요. ☐☐☐

상황5) 축구를 하다가 발목을 삐끗했어요. ☐☐☐☐

올림픽

■ 올림픽이란?

4년마다 개최되는 국제 스포츠경기 대회로, 여름(하계올림픽)과 겨울(동계올림픽) 스포츠 경기로 나뉘어요.

■ 장소는?

국제올림픽위원회(IOC)가 선정한 도시

■ 누가 오나요?

다양한 국가에서 모인 수천 명의 선수가 참가합니다.

■ 어떤 종목이 있나요?

33개의 종목과 약 400개의 세부종목이 있습니다.
그중 각 종목별 1, 2, 3위는 각각 금메달, 은메달, 동메달을 받습니다.

출처: [네이버 지식백과] 올림픽대회 [―大會] (한국민족문화대백과, 한국학중앙연구원)

■ G8 이란?

– 세계 경제에 영향력을 미치는 경제대국 정상들의 모임
– 미국 · 일본 · 영국 · 프랑스 · 독일 · 이탈리아 · 캐나다 등 선진 7개국(G7)과 러시아
– 흔히 '서밋(Summit)'으로 불립니다.

■ G8이 하는 일은 무엇인가요?

– 매년 G8 국가들의 재무장관과 중앙은행 총재는 1년에 두세 차례씩 함께 모여 세계경제의
  방향과 협조를 논의합니다.
– 1년에 한 차례씩 각국 대통령과 총리가 참가하는 G8 정상회담이 개최됩니다.

■ G8이 왜 생겨났을까요?

– 1975년 석유위기로 인하여 세계경제가 흔들리면서 미국 · 영국 · 프랑스 · 독일 · 이탈리
  아 · 일본의 6개 나라가 모여서 회의를 열었던 정상회담(G6)이 시초가 됩니다. 이후 1976년
  캐나다가 합류하면서 G7이 되었고, 1997년 러시아가 정회원이 되면서 G8이 되었습니다.

* 출처: 네이버, 시사상식사전, 2013, 박문각.

G20 [Group of 20]

■ G20이란?

  - 전 세계 주요 20개국 모임
  - G20 회원국이 참여하는 재무장관 및
    중앙은행 총재회의와 정상회의가 각각 연 1회 개최

2010년 우리나라에서도 개최

■ G20이 언제 어디서 생겨났을까?

  - 1999년 12월 베를린에서 정식으로 구성되었습니다.

■ G20이 왜 생겨났을까?

  - 국제 금융위기의 재발을 방지하고 안정적으로 세계경제를 유지할 방법을 의논하기 위해서
    만들어졌습니다.

5

■ G20의 회원국

기존의 선진국 중심의 G8	+ 신흥국 11개국	+ EU
미국 · 영국 · 프랑스 · 독일 · 일본 · 이탈리아 · 캐나다 · 러시아	한국 · 중국 · 아르헨티나 · 인도 · 터키 · 브라질 · 멕시코 · 호주 · 사우디아라비아 · 남아프리카공화국 · 인도네시아	유럽 28개국 연합

G20

유럽연합(EU)

유럽연합(또는 유럽동맹, EU)은 유럽의 28개 나라로 이루어진 연합입니다.

출처: 유럽연합(EU), 연합뉴스, 2013. 6. 28. 기준

환율

우리나라 돈을 외국에 가서 사용할 수 있을까요? 정답은 '없다'입니다. 여행을 가기 전, 여행가는 나라의 돈으로 '환전'을 해야 합니다. 그럼 이제 '환전'과 '환율'이 무엇인지 알아봅시다.

1. 환전이란?

서로 다른 종류의 화폐(돈)와 화폐를 교환하는 일

2. 환율이란?

- 자기 나라 돈과 다른 나라 돈의 교환 비율
- 어떤 나라와 어떤 나라의 돈의 비율
- 일정 시점에서 어떤 한 나라의 통화와 다른 나라 통화와의 교환 비율을 말해요.

3. 환율을 표시하는 방법

- 외국 돈을 1단위(또는 100단위) 기준으로, 우리나라 돈의 교환율을 표시하는 방법
- 예를 들면, "오늘 환율이 ~원을 넘었다" 식의 표현은 미국 돈 1달러를 기준으로 표시한 것을 의미해요.

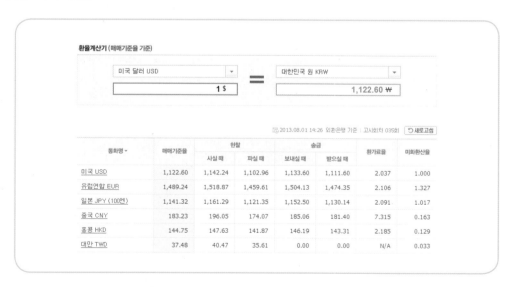

환율계산기 (매매기준율 기준)

미국 달러 USD ▼	=	대한민국 원 KRW ▼
1 $		1,122.60 ₩

2013.08.01 14:26 외환은행 기준 | 고시회차 035회 | ↻새로고침

통화명 ▾	매매기준율	현찰		송금		환가료율	미화환산율
		사실 때	파실 때	보내실 때	받으실 때		
미국 USD	1,122.60	1,142.24	1,102.96	1,133.60	1,111.60	2.037	1.000
유럽연합 EUR	1,489.24	1,518.87	1,459.61	1,504.13	1,474.35	2.106	1.327
일본 JPY (100엔)	1,141.32	1,161.29	1,121.35	1,152.50	1,130.14	2.091	1.017
중국 CNY	183.23	196.05	174.07	185.06	181.40	7.315	0.163
홍콩 HKD	144.75	147.63	141.87	146.19	143.31	2.185	0.129
대만 TWD	37.48	40.47	35.61	0.00	0.00	N/A	0.033

6. 언어퀴즈

<지도방법>

• 실제 생활 경험을 통해 일반적인 개념을 충분히 익히도록 합니다.

• 새로운 지식 습득과 더불어 과거에 습득한 지식을 꾸준하게 반복하여 기억하게 합니다.

• 언어적인 표현력을 증진시키는 활동을 제공합니다.

• 수수께끼, 스무고개 등을 활용합니다.

가. 언어적 단서를 통한 추론 능력

🏫 1) 짝을 찾아 주세요 ⭐ ⭐ ⭐

◉ 단어가 완성되도록 글자들을 알맞게 연결해 보세요.

열	•	•	바닥
민	•	•	추
손	•	•	시아
지	•	•	타
배	•	•	쇠
아	•	•	하철
기	•	•	랑
사	•	•	들레

6

◉ 단어가 완성되도록 글자들을 알맞게 연결해 보세요.

계	●	●	방
우	●	●	화책
바	●	●	육
자	●	●	닷가
가	●	●	전거
서	●	●	체국
동	●	●	단
체	●	●	랍장

◉ 글자를 연결하여 단어를 <u>2개씩</u> 만들어 보세요.

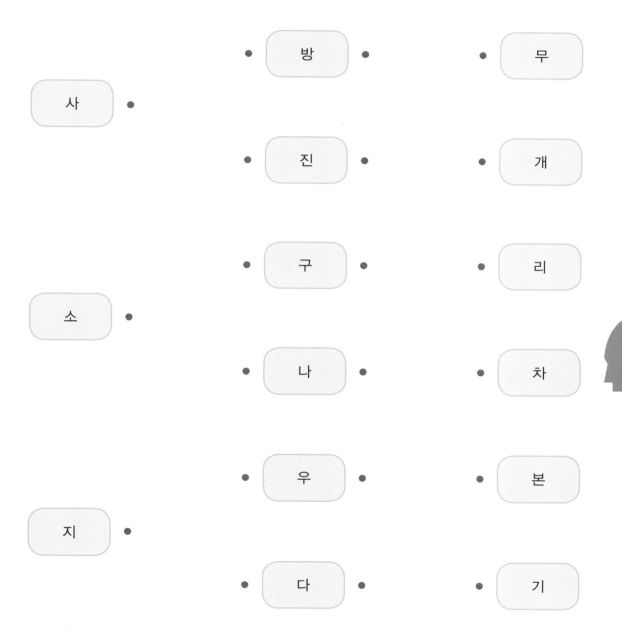

👁 글자를 연결하여 단어를 <u>2개씩</u> 만들어 보세요.

	• 거 •	• 소
정 •		
	• 란 •	• 락
	• 수 •	• 리
파 •		
	• 라 •	• 장
	• 시 •	• 지
도 •		
	• 출 •	• 색

🏫 5) 짝을 찾아 주세요 ★ ★ ★

◉ 글자를 연결하여 단어를 <u>3개씩</u> 만들어 보세요.

	숭 •	•	• 자
	인 •	•	• 막
원 •	• 전 •	•	• 니
	물 •	•	• 스
주 •	• 두 •	•	• 책
	대 •	•	• 이
동 •	• 머 •	•	• 공
	피 •	•	• 원
	화 •	•	• 문

◉ 주어진 문장에 해당하는 단어를 골라 보세요.

1. 다리가 있어요. ➡	우유	비행기	아기
2. 달려요. ➡	자동차	물고기	참새
3. 소리가 안 나요. ➡	닭	나무	바이올린
4. 물속에 살아요. ➡	거위	고래	고릴라
5. 먹을 수 없어요. ➡	당근	오이	도마
6. 날 수 있어요. ➡	개미	잠자리	지렁이
7. 먹을 수 있어요. ➡	식초	장미	비누
8. 걸어갈 수 있어요. ➡	구름	다리	한강
9. 셀 수 없어요. ➡	나이	숫자	머리카락

◉ 설명을 읽고 〈보기〉에서 해당되는 낱말을 찾아서 써 보세요.

> **보기**
>
> 바나나 세탁기 액자 바이올린 회전목마 장화
> 공책 선풍기 도서관 우체국 땅콩 난로

1 원숭이가 가장 좋아하는 과일은? ➡

2 더러워진 옷을 깨끗하게 만들 때 필요한 것은? ➡

3 아름다운 소리가 나요. ➡

4 아주 많은 책을 볼 수 있어요. ➡

5 시원한 바람을 만들어 줘요. ➡

6 사진이나 그림을 보관할 수 있어요. ➡

7 따뜻하게 만들어 줘요. ➡

6

3) 나는 무엇일까요? ★ ★ ★

👁 설명을 읽고 〈보기〉에서 해당되는 낱말을 찾아서 써 보세요.

보기

구급차 다리미 우체부 앞치마 두더지 장미
군인 지진 바람 창문 트럭 법원

1 갑작스러운 사고가 났을 때 필요해요. ➡

2 구겨진 것을 펴 줘요. ➡

3 요리를 할 때 입어요. ➡

4 뾰족한 가시가 나 있어요. ➡

5 나라를 지켜 주는 사람이에요. ➡

6 소식을 전해 줘요. ➡

7 물건을 실을 수 있어요. ➡

4) 나는 무엇일까요? ★ ★ ★

◉ 설명을 읽고 〈보기〉에서 해당되는 낱말을 모두 찾아서 써 보세요. 중복되어도 상관없어요.

> 보기
>
> 치타 햄버거 볼펜 톱 얼음 거북이 색연필 간장 자
> 향수 페인트 칼 설탕 우유 바늘 밥 아이스크림

1 연필은 아니지만 글씨를 쓸 수 있는 것 ➡

2 눈은 아니지만 하얀색인 것 ➡

3 송곳은 아니지만 날카로운 것 ➡

4 치즈는 아니지만 녹는 것 ➡

5 소금은 아니지만 양념인 것 ➡

6 과자는 아니지만 먹을 수 있는 것 ➡

7 사자는 아니지만 사나운 것 ➡

6

◉ 주어진 문장에 해당하는 단어를 골라 보세요.

1. 쓸 수 없어요. ➡	연필	지우개	크레파스
2. 상하지 않아요. ➡	두부	요구르트	젓가락
3. 향기가 나요. ➡	샴푸	책	전자레인지
4. 빛이 나요. ➡	구름	태양	발가락
5. 자를 수 있어요. ➡	자	가위	숟가락
6. 씹을 수 없어요. ➡	껌	간장	고구마
7. 양념이에요. ➡	당근	소금	물
8. 자를 수 없어요. ➡	도끼	칼	망치
9. 멀리 볼 수 있어요. ➡	망원경	현미경	돋보기

6) 나는 무엇일까요? ★ ★ ★

● 설명을 읽고 〈보기〉에서 해당되는 낱말을 <u>모두</u> 찾아서 써 보세요. <u>중복되어도 상관없어요.</u>

보기
잠자리 사진액자 손수건 알람시계 잡지 오토바이 유리컵 아기 텔레비전 탁자 벤치 연 망원경 편지 걸레 냉장고 그네

1 자전거는 아니지만 탈 수 있는 것 ➡

2 비행기는 아니지만 날 수 있는 것 ➡

3 휴지는 아니지만 닦을 수 있는 것 ➡

4 신문은 아니지만 읽을 수 있는 것 ➡

5 소파는 아니지만 앉을 수 있는 것 ➡

6 안경은 아니지만 볼 수 있는 것 ➡

7 닭은 아니지만 울 수 있는 것 ➡

6

👁 주어진 질문에 해당하는 단어를 골라 보세요.

1. 사각형이 아니에요. ➡	마름모	사다리꼴	삼각형
2. 눈에 보여요. ➡	공기	먼지	바이러스
3. 볼 수 있어요. ➡	공기	냄새	물
4. 풀을 먹어요. ➡	사자	기린	돌고래
5. 시간을 나타내요. ➡	서쪽	정오	마흔
6. 태울 수 있어요. ➡	유리	종이	철
7. 불을 켤 수 있어요. ➡	횡단보도	등대	눈
8. 열이 나지 않아요. ➡	손난로	모닥불	손전등

◉ A의 설명에 해당하는 것을 B에서 찾아 연결해 보세요.

A			B
차가운 음식이고, 오래 두면 녹아요.	●	●	개나리
이걸 보면 날짜를 알 수 있어요.	●	●	빨대
봄에 볼 수 있고 노란색이에요.	●	●	병아리
땅속에 살아요.	●	●	달력
길쭉하게 생겼고, 초록색이에요.	●	●	오이
노란색이고 자라면 닭이 돼요.	●	●	아이스크림
문을 열기 위해 필요해요.	●	●	두더지
음료수를 마실 때 사용해요.	●	●	열쇠

◉ A의 설명에 해당하는 것을 B에서 찾아 연결해 보세요.

A
이걸 통해서 음악을 들을 수 있어요.
바다에 사는 포유동물이에요.
요리나 설거지를 할 때 입어요.
상체에 입는 옷인데 팔이 없어요.
물속에 살고, 다리가 많아요.
색칠할 때 사용하고 여러 가지 색이 있어요.
부엌에서 볼 수 있고 문이 달려 있어요.
꽃이나 나무를 심어요.

B
문어
냉장고
조끼
오디오
고래
화분
앞치마
색연필

🏫 3) 수수께끼를 풀어요 ★★★

◉ A의 설명에 해당하는 것을 B에서 찾아 연결해 보세요.

A
주둥이가 있고, 물을 끓일 때 사용해요.
젖소를 통해 얻을 수 있어요.
주로 고속도로에 있고 먼 길을 갈 때 들러요.
찌개를 끓일 때 사용해요.
높은 곳을 오르고 내릴 때 타요.
놀이터에서 볼 수 있어요.
여름에 사용하고, 우리를 시원하게 해 줘요.
화장실에서 신는 신발이에요.

B
냄비
휴게소
미끄럼틀
우유
슬리퍼
주전자
선풍기
엘리베이터

6

◉ A의 설명에 해당하는 것을 B에서 찾아 연결해 보세요.

A		B
키가 큰 꽃이에요.	● ●	호두
무릎과 발목 사이에 있는 신체부위예요.	● ●	소나무
방망이가 필요한 운동이에요.	● ●	농구
반찬을 집을 때 사용해요.	● ●	어깨
사계절 내내 잎이 초록색이에요.	● ●	해바라기
껍질이 단단해서 손으로 까기 힘들어요.	● ●	젓가락
골대가 필요한 운동이에요.	● ●	야구
목 아래에 있는 신체부위로, 팔이 붙어 있어요.	● ●	종아리

◉ 각각의 설명에 해당하는 것을 〈보기〉에서 찾아 적어 보세요.

보기
장마 목걸이 방석 시계 의자 계산기
머리핀 보름달 전화기 구름 소파 귀걸이

1
번호판이 있어요.
소리를 들을 수 있어요.
다른 사람들과 연락할 수 있어요.
➡

2
앉을 수 있어요.
푹신푹신해요.
주로 거실에 있어요.
➡

3
날씨가 흐려요.
두둥실 떠다녀요.
먹 _____ , 뭉게 _____
➡

4
액세서리예요.
얼굴 쪽에 착용해요.
두 개가 필요해요.
➡

6

◉ 설명을 잘 읽고 알맞은 답을 생각해 보세요.

1) 나는 겉과 속이 다른 색이에요. 사람들이 특히 여름에 나를 많이 먹어요. 나는 무엇일까요?

2) 나는 항상 쌍이 있고, 다리도 가지고 있어요. 내가 없으면 많은 사람이 잘 볼 수 없어요. 나는 누구일까요?

3) 나는 문을 가지고 있어요. 내 안에는 많은 음식이 들어 있고, 나는 음식들을 싱싱하게 보관해 줄 수 있답니다. 나는 누구일까요?

4) 나는 세종대왕이 만들었어요. 내가 만들어지기 전에는 한자를 사용했답니다. 나는 누구일까요?

5) 나는 빨간색과 흰색을 섞으면 나오는 색깔이에요. 진달래나 벚꽃 색깔이기도 하답니다. 나는 무엇일까요?

6) 나는 나무의 나이를 나타내요. 하지만 나무를 자르기 전에는 나를 볼 수 없답니다. 나는 누구일까요?

● 각각의 설명에 해당하는 것을 〈보기〉에서 찾아 적어 보세요.

보기

개   정원   말   일기   봄   계단
산   가을   토끼   사진   액자   나이테

1
따뜻해요.
계절의 시작이에요.
새싹이 돋아나요.

➡

2
경주를 하기도 해요.
당근을 좋아해요.
마차와 관련이 있어요.

➡

3
기록을 남길 수 있어요.
오랫동안 보관할 수 있어요.
카메라와 관련이 있어요.

➡

4
올라갈 수 있어요.
운동을 위해 가기도 해요.
"야호~!"

➡

6

🏫 8) 수수께끼를 풀어요 ★ ★ ★

◉ 설명을 잘 읽고 알맞은 답을 생각해 보세요.

1) 나는 물을 마시지 않고도 잘 견딜 수 있는 동물이에요. 혹이 하나일 수도, 두 개일 수도 있죠. 나는 누구일까요?

2) 나는 생선을 좋아해요. 기분이 좋을 때는 꼬리를 살랑살랑 흔들지만, 화가 났을 때는 털을 꼿꼿하게 세운답니다. 나는 누구일까요?

3) 나는 잠자리를 닮았고 탈 수 있어요. 하지만 잠자리와는 달리 빙글빙글 돌아가는 날개로 날아요. 잠자리보다 훨씬 큰 나는 누구일까요?

4) 도넛처럼 생겼어요. 물에 떠다니는 걸 좋아해요. 나는 무엇일까요?

5) 들어가는 입구는 하나 있어요. 나올 때는 두 개의 출구로 나누어져 나와요. 나는 입을 수 있어요. 나는 누구일까요?

6) 주황색의 동그란 방 속에 여러 조각이 붙어 있어요. 새콤달콤해요. 나는 무엇일까요?

◉ 설명을 차례대로 잘 읽고 〈보기〉에서 알맞은 답을 골라 맨 아래 빈칸에 적어 보세요.

	나는 동물이에요.	
날개가 있어요.	발이 4개 있어요.	물속에 살아요.
부리가 있어요.	서 있을 수 있어요.	나는 미끄러워요.
털이 있어요.	점프를 할 수 있어요.	다리가 많아요.
추운 곳에 살아요.	주머니가 있어요.	먹물을 뿜을 수 있어요.

보기

잠자리　펭귄　거미　해파리　곰
오징어　참새　토끼　캥거루　미꾸라지

◉ 설명을 차례대로 잘 읽고 〈보기〉에서 알맞은 답을 골라 맨 아래 빈칸에 적어 보세요.

나는 몸에 걸칠 수 있어요.		
목에 둘러요.	몸통과 관련 있어요.	발에 신어요.
길이가 길어요.	특수한 옷감으로 만들어졌어요.	길이가 긴 것도 있어요.
실로 짜서 만들 수도 있어요.	남성용, 여성용이 따로 있어요.	고무로 만들어요.
추울 때 필요해요.	물에 들어갈 때만 입어요.	비올 때만 신어요.

보기

넥타이   원피스   수영복   목도리   스웨터
양말   한복   장갑   장화   목걸이

◉ 설명을 차례대로 잘 읽고 〈보기〉에서 알맞은 답을 골라 맨 아래 빈칸에 적어 보세요.

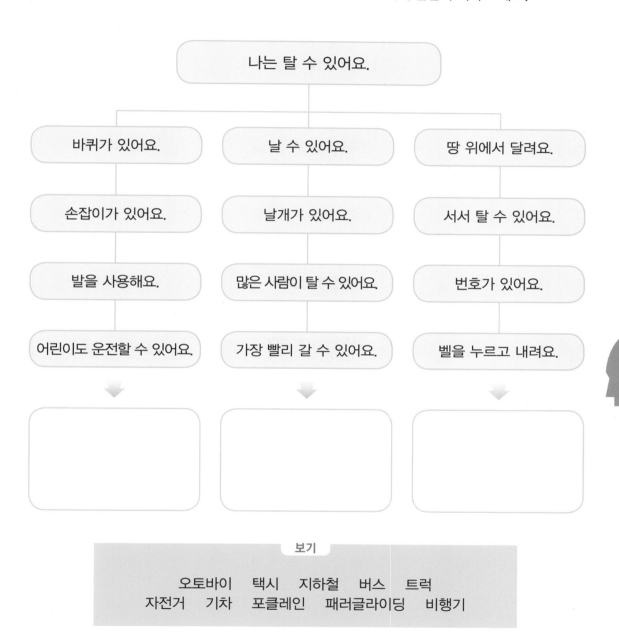

나는 탈 수 있어요.

바퀴가 있어요.	날 수 있어요.	땅 위에서 달려요.
손잡이가 있어요.	날개가 있어요.	서서 탈 수 있어요.
발을 사용해요.	많은 사람이 탈 수 있어요.	번호가 있어요.
어린이도 운전할 수 있어요.	가장 빨리 갈 수 있어요.	벨을 누르고 내려요.

보기

오토바이   택시   지하철   버스   트럭
자전거   기차   포클레인   패러글라이딩   비행기

◉ 설명을 차례대로 잘 읽고 〈보기〉에서 알맞은 답을 골라 맨 아래 빈칸에 적어 보세요.

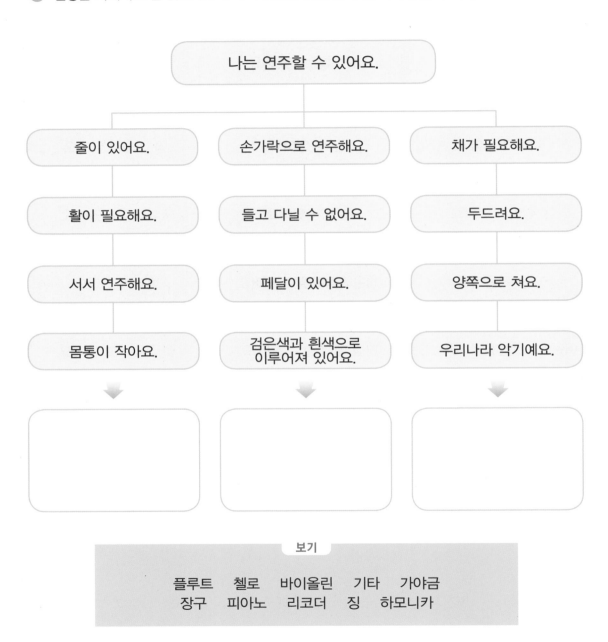

나는 연주할 수 있어요.

줄이 있어요.	손가락으로 연주해요.	채가 필요해요.
활이 필요해요.	들고 다닐 수 없어요.	두드려요.
서서 연주해요.	페달이 있어요.	양쪽으로 쳐요.
몸통이 작아요.	검은색과 흰색으로 이루어져 있어요.	우리나라 악기예요.

보기

플루트   첼로   바이올린   기타   가야금
장구   피아노   리코더   징   하모니카

◉ 각각의 설명에 해당하는 것을 〈보기〉에서 찾아 적어 보세요.

보기

도화지　호주　피아노　세배　추석　설날
스케치북　미국　색종이　악보　하모니카　멕시코

1
명절이에요.
보름달을 볼 수 있어요.
송편을 빚어요.
→

2
종이예요.
크기가 다양해요.
스프링이 달려 있어요.
→

3
연주를 할 수 있어요.
노래를 부를 수도 있어요.
음표가 그려져 있어요.
→

4
영어를 사용해요.
여러 개의 주로 이루어져 있어요.
북아메리카 대륙에 있어요.
→

6

언어발달 영역 워크북 답안

❶ 필수과제

가. 듣고 이해하기

잘 들어 보세요

- `p.15` 미영, 학교가 끝난 후, 문방구 앞, 강아지를 한 마리 샀다
  수안, 오늘 아침, 복도, 장난을 치다가 선생님께 혼이 났다.
- `p.16` 지은이와 소영, 다음 주 토요일, 양로원, 봉사활동을 하기로 했다.
  우리 가족, 어젯밤, 늦게까지 영화를 보다가 평소보다 30분 늦게 일어났다.
  기태와 준태, 점심을 먹자마자, 운동장으로 뛰어나갔다, 축구시합을 하기 위해
- `p.17` 나와 우리 가족, 지난 주말, 관악산, 김밥을 먹었다.
  현아, 어제 학교가 끝나고, 지수네 집, 숙제를 했다.
  승준, 어제 저녁, 부엌, 설거지를 도와 드리다 접시를 깼다.
  원준, 매주 토요일, 도서관, 보고 싶었던 책을 마음껏 본다.
- `p.18` 할아버지, 어제 저녁, 공원, 산책을 하셨다.
  진우, 내일, 놀이동산, 놀 것이다.
  태형이와 나, 작년 여름 방학, 바다, 수영을 했다.
  민혁, 지난 주말, 현승이네 집, 생일잔치에서 춤을 췄다.
- `p.19` 민재와 동생, 저녁, 방, 그림을, 그렸다, 숙제를 하기 위해서
  어머니, 밤늦게까지, 회사에서, 회의를 했다, 열심히, 새로운 상품을 개발하기 위해
  기관사, 출발시간 1분 전, 기차역, 깃발을, 흔들었다, 승객들이 기차를 놓치지 않도록
- `p.20` 준수, 윤호의 생일, 놀이터, 노래를, 큰소리로 불렀다, 축하해 주기 위해
  민지, 지난 금요일, 학원에서, 연필을, 잃어버렸다, 가지고 놀다가
  우리 가족, 어제, 공원으로, 나들이를, 갔다, 날씨가 좋아서
- `p.21` 민수와 은지, 지난주 토요일, 도서관, 책을 읽었다, 우리나라의 무형문화제에 대한 숙제를 하기 위해서
- `p.22` 수지와 승아, 어제 점심시간 밥을 다 먹은 후, 운동장, 그네를 타고 놀았다, 심심해서
- `p.23` 나와 오빠, 어버이날, 한국마트, 선물과 꽃을 샀다. 기쁜 마음으로 샀다, 어버이날을 맞아 부모님께 드리기 위해
- `p.24` 나, 밤10시, 집(방), 침대에 눕다, 내일 일찍 일어나야 해서

만약 나라면?

- `pp.25~28` 정답 생략

나. 읽고 이해하기

정확하게 읽어 보세요

- `p.29` 봄이 되니 얼음이 녹고 개나리가 피기 시작했다.
  지은이는 운동장에서 놀고 있으나, 은성이는 교실에서 책을 읽고 있다.
  내가 동생에게 과자를 주자 고맙다며 나를 안아 주었다.
- `p.30` 운동장 다섯 바퀴를 달렸더니 목이 말라서 시원한 얼음물을 마셨다.
  상현이가 집에 가려고 교문을 나섰는데 비가 내리기 시작했다.
  오늘은 엄마의 생신이기 때문에 엄마를 위해 설거지를 했고 빨래도 널고 청소기도 돌렸다.

p.31 개울가에 핀 해바라기 사진을 찍었고, 그곳에서 놀고 있는 아이들을 바라보았습니다.

친구들과 함께 2시간 동안 제기차기를 해서 땀이 아주 많이 났습니다.

가을이 되어 낮이 점점 짧아지고 날씨도 추워졌습니다.

길을 걷다 돌부리에 걸려 넘어졌지만 울지 않았습니다.

p.32 그리고, 그리고, 하지만 또는 그러나, 하지만 또는 그러나, 하지만 또는 그러나

p.33 그리고, 그래서, 하지만 또는 그러나, 그래서, 그래서

p.34 보라색, 책을 읽는 것, 뜨개질 하는 것, 가끔 화를 내기도 하지만 금방 풀리는 성격, 신해 초등학교, 김진아

p.35 태영이의 생일파티, 유희왕 카드, 후회 또는 미안함 등

p.36 전혀, 별로, 대롱대롱, 딸랑딸랑, 아직도, 비록, 하나도

p.37 기운 없이, 재미있게, 펄쩍, 역시, 부디, 5월 5일 혹은 크리스마스, 별로

p.38 부쩍, 느릿느릿, 아직, 펄쩍펄쩍, 슬쩍, 종종, 활짝

p.39 1) 오늘, 어제, 내일

2) 아침, 점심, 저녁

p.40 1) 오늘, 어제, 아침, 곧, 다음에

2) 지난번, 작년, 지금, 당장, 내일

p.41 이미, 아직, 당분간, 조만간, 앞으로

p.42 1. 친구들, 수영장

2. 3. 정답 생략

p.43 1. 만우절은 4월 1일로, 가벼운 거짓말로 서로 속이면서 즐거워하는 날

2. 재미있겠다고 생각했지만 한편으로는 선생님께서 화가 나시지 않을까 걱정이 되었다.

3. 깜짝 놀라시긴 하셨지만 웃어 넘기셨다 등

p.44 1. 비가 오면 소풍을 가지 못하고 정상수업을 진행한다는 선생님의 말씀이 생각나서

2. 들뜬 마음에서 속상한 마음으로 변했다.

3. 정답 생략

p.45 1. 새 학년이 되고 첫날

2. 기쁘기도 설레기도 했지만 싱숭생숭했다.

3. 정답 생략

p.46 1. 혼날까 봐 두려운 마음, 겁이 났다 등

2. (예) 엄마 죄송해요. 학원에 가야 하는데 친구가 PC방에 가자고 해서 왔어요. 다음부터는 학원에 빠지지 않고 갈게요.

3. 정답 생략

만약 나라면?

pp.47~49 정답 생략

p.50 1. 구봉산에 올라 별을 보았다.

2. 신기함, 설렘, 기대감 등

3. 정답 생략

pp.51~55 정답 생략

다. 보고 이해하기

요리조리 생각해요

p.56 1. 정답 생략
2. 긍정적인 감정(기쁨, 즐거움, 활기찬, 흥미로운, 관심 있는, 사랑스러운, 자랑스러운)과 부정적인 감정 (슬픔, 화남, 수치, 부끄러움, 쑥스러움, 지루함, 외로움, 짜증남)
3. (1) 수치, 부끄러움, 슬픔, 화남, 짜증남, 외로움
   (2) 기쁨, 즐거움, 활기찬, 자랑스러운
   (3) 슬픔, 기쁨, 즐거움 등

p.57 1. 일본, 중국, 태국, 말레이시아, 아시아권에 있기 때문
2. 아시아(한국, 일본, 중국, 태국, 말레이시아), 아메리카(미국, 캐나다, 멕시코), 유럽(영국, 독일, 프랑스, 이탈리아, 오세아니아(호주)
3. 섬(일본, 영국, 호주), 반도 국가(한국, 말레이시아, 태국, 이탈리아), 대륙 국가(미국, 독일, 프랑스, 캐나다, 멕시코, 중국)
4. 미국, 일본, 영국, 프랑스, 독일, 이탈리아, 캐나다

p.58 1. TV: 거실, 방 등; 냉장고: 부엌, 베란다 등; 세탁기: 화장실, 세탁실, 베란다 등; 에어컨: 거실, 방 등; 선 풍기: 거실, 방, 부엌 등; 다리미: 옷방, 거실, 창고 등; 전자레인지: 부엌; 가스레인지: 부엌; 컴퓨터: 거실, 방 등; 믹서기: 부엌, 베란다, 창고 등; 청소기: 창고, 거실, 방, 베란다 등
2. 3. 4. 정답 생략
5. 가전제품
6. 세탁기, 청소기, 냉장고, 믹서기

p.59 1. 고체(비누, 얼음, 양초, 두부, 버터), 액체(물, 소독약, 참기름, 주방세제, 잉크), 기체(굴뚝의 연기, 바람, 입김, 수증기, 뜨거운 음식에서 나는 김)
2. 공통점(때를 씻을 때 쓴다. 깨끗하게 해 준다), 차이점(비누는 고체이고, 주방 세제는 액체)
3. 물, 수증기, 얼음은 상태, 형태는 다르지만 모두 산소와 수소 두 원소로 이루어진 같은 물질이다.
4. 비누, 얼음, 양초, 버터 등

p.60 1. 정답 생략
2. 레미콘, 포클레인, 불도저
3. 소방차, 구급차, 경찰차
4. 불도저와 포클레인: 불도저는 흙을 밀어 내어 땅을 다지거나 지면을 고르고 평평하게 하는 데 쓰이고, 포클레인은 땅을 파거나 깎을 때 사용된다.
   승합차와 트럭: 승합차는 사람을 태우는 반면, 트럭은 대개 짐을 싣는다.
   캠핑카와 유모차: 용도가 다르다. 캠핑카는 캠핑을 갈 때 사람, 짐을 싣는 반면, 유모차는 어린아이가 타는 이동수단
   마차와 경찰차: 마차는 말이 끄는 수레, 경찰차는 경찰이 업무하는 데 사용하는 자동차다.
5. 사다리차와 트럭의 공통점: 운반의 목적으로 사용된다(이사 갈 때).
   사다리차와 트럭의 차이점: 사다리차는 사다리가 장착되어 있는 차로, 낮은 곳에서 높은 곳으로 물건 을 옮기는 데 사용된다(높이). 트럭은 물건을 실어서 이동할 때 사용된다(거리이동).
6. 경찰차, 구급차

라. 상상하여 표현하기

내 짝은 누구일까요?

p.61   소, 책가방, 세종대왕, 천둥
p.62   말, 칼, 수영복, 소화기
p.63   청진기, 털모자, 이불, 반지
p.64   얼음, 방학, 추석, 숫자
p.65   온풍기, 가을, 동지, 독서

마음대로 완성해요

pp.66~71   정답 생략

❷ 사고력

가. 유사점 및 차이점 찾기

비슷한 점을 찾아보세요

p.73   예) 친구, 구절, 절간, 간장, 장소
       예) 베개, 개구리, 리본, 본드, 드라이기
       예) 채소, 소문, 문제, 제사, 사람
       예) 학교, 교수, 수건, 건설, 설날
p.74   예) 거북이, 이사, 사이다, 다시마, 마술
       예) 키위, 위생, 생강, 강당, 당근
       예) 건강, 강사, 사물, 물체, 체육
       예) 사진, 진실, 실수, 수명, 명찰
p.75   예) 안경, 경주, 주사기, 기술, 술래
       예) 연구, 구슬, 슬기, 기차, 차례
       예) 물병, 병원, 원장, 장독대, 대나무
       예) 경찰, 찰떡, 떡방아, 아지랑이, 이빨
p.76   1. 사, 2. 생, 3. 기, 4. 책, 5. 생, 6. 옷
p.77   1. 장, 2. 회, 3. 용, 4. 유, 5. 실, 6. 레
p.78   1. 학, 2. 감, 3. 달, 4. 대, 5. 리, 6. 기, 7. 방, 8. 빨
p.79   1. 마, 2. 주, 3. 인, 4. 모, 5. 범, 6. 회

[pp. 80~85까지 여기 적힌 단어 아니더라도 말이 된다면 정답 인정]

p.80   대문, 대화, 대회, 대파, 대머리, 대전, 대구 등
       가수, 가게, 가구, 가난, 가르마, 가평 등
       아이, 아기, 아름다움, 아주머니, 아저씨, 아빠, 아리랑, 아이스크림, 아수라장, 아르헨티나 등
       화장실, 화장품, 화법, 화요일, 화성, 화천 등
p.81   공부, 공기, 공사, 공주, 공자, 공장, 공공장소 등
       방울, 방귀, 방문, 방심, 방전, 방망이 등

심술, 심리, 심사, 심난, 심지, 심심 등

학교, 학생, 학부형, 학자, 학문 등

p.82 주인, 주부, 주스, 주거, 주전자 등

교실, 교사, 교수, 교과서, 교문, 교생, 교차로 등

강남, 강산, 강물, 강강술래, 강도, 강낭콩, 강당 등

산소, 산삼, 산책, 산문, 산들바람 등

p.83 국, 쓰, 보

사무, 우체, 해장

정, 국, 피

승, 사, 마

p.84 사랑, 안, 사

자치, 살, 농

영화, 미술, 전시

토, 국, 실

p.85 현미, 성, 북

세, 미, 이

서, 이, 거

공, 맹, 순

p.86 1. 도, 2. 콩, 3. 화, 4. 리, 5. 화, 6. 단

p.87 1. 버, 2. 수, 3. 지, 4. 선, 5. 락, 6. 화

p.88 1. 가, 2. 호, 3. 사, 4. 오, 5. 자, 6. 버, 7. 아, 8. 구

p.89 좌) 다, 비, 지, 남, 문, 소

우) 남, 소, 다, 비, 지, 문

p.90

저(장). 공(장). (장)구 . 미(장)

신(장). 시(장). (장)난 감. 책(장)

(방)송 . (방)석 . 놀 이(방)

시(금)치 . 눈(금) . (금)요 일

학교가 끝나고 친구들(이) 들에서 (공)(놀)(이)를 하자고 말했습니다.
"(공) 농구? (배)구? (공)던지기?" 고민(이) 되었지만 학원을 가기 전까지 시간(이) 남았기 때문에 친구들과 (공)(놀)(이)를 하면서 놀기로 결정! 그런데 (이)런! 갑자기 (배)가 살살 아프기 시작했어요. "(이)(이)(이)(이)(이)잉…."
(이)를 어쩌지! (배)는 아프고, (공)은 차야 하고 (이)러면 안 되는데….
(배)를 움켜잡고 친구들에게 갔는데 "얼른 (공)(이)라고 소리쳤습니다.
"애들아! 나 갑자기 (배)가 (이)렇게 아프거든? (공)놀(이)하면서 잠깐 기다려 줄래?"
"(배) 많(이)아파? 그럼 양호실에 다녀와. (공)은 여기에 놓고 기다리고 있을게."

p.91 1. 출, 2. 아, 3. 책, 4. 계, 5. 자, 6. 소, 7. 오, 8. 카

p.92 1. 관, 2. 생, 3. 파, 4. 정, 5. 마, 6. 주, 7. 부, 8. 장

p.93 좌) 배, 기, 파, 화, 실, 카

우) 실, 카, 배, 기, 파, 화

다른 점을 찾아보세요

p.94 ㄲ, 갈, 10분, 배꼽

p.95 구두, 욕심, 책상, 붓, 교장, 분필

p.96 토끼, 장갑, 종이학, 낮

p.97 ㅐ, 걍, 친구, 의자

무엇이 정답일까요?

나. 유목화하기

같은 종류! 다른 종류!

답안

시금치, 고사리, 마늘

짚신, 샌들, 구두

팥빙수, 아이스크림, 동치미

텔레비전, 세탁기, 에어컨

고양이, 당근, 양말, 버스, 수영

꽹과리, 다리, 그네, 자장면, 수박

고등어, 해바라기, 치마, 냉장고, 스케이트

팔찌, 체육, 간호사, 바이킹, 만족스러운

풀, 모자, 손목, 가야금, 마라톤

아시아, 편의점, 지진, 인도, 찡그린

1) (과일) 파인애플, 딸기, 바나나

2) (구 모양) 풍선, 축구공, 지구본

3) 사과를 깎아 먹을 때 사용하는 도구들(접시, 칼, 포크)이다.

1) (마실 것) 주스, 커피, 물

2) 색이 하얗다.

3) 주스, 소금, 빵, 커피, 물, 밀가루는 음식이다.

학교, 컴퓨터, 놀이터, 욕실, 신발

가족, 편지, 부엌, 꽃, 과목

병원, 여름, 시계, 요리

결혼식, 바다, 생일, 은행

공항, 김장, 영화관, 프랑스, 화장

어린이날, 신체검사, 제주도, 추석, 사막

1) 날개가 있다.

2) 호랑이, 생쥐, 하마 등

3) 달걀, 삼계탕, 치킨 → 닭과 관련된 음식

어디에 속할까요?

(공) 신체에 착용하는 것이다 (차) 착용하는 부위가 다르다(목, 손)

(공) 무엇인가 깨끗하게 하는 데 사용된다 (차) 사용되는 곳이 다르다(신체, 설거지)

(공) 주방용품, (차) 음식을 담는 용도, 음식을 먹기 위한 도구

(공) 국가명, (차) 대륙이 다르다(아시아, 아메리카)

음식 중 과일

악기 중 입으로 바람을 불어 소리를 내는 악기

운동 중 구기종목

가정용품 중 주방용품

(묶음 1) 식물: 코스모스, 은행나무, 벚꽃나무, 민들레

(묶음 2) 동물: 오리, 펭귄, 낙타, 사자

이렇게 나눈 이유 → 식물, 동물로 구분

하마, 양, 고양이, 코끼리

치타, 닭, 오리, 펭귄, 타조, 독수리

기준 → 동물 중 조류가 아닌 것과 조류인 것으로 구분

p. 135	눈, 귀, 턱, 코, 볼

입술, 잇몸, 혀, 치아, 목젖

기준 → 얼굴과 관련된 신체부위 중 입과 관련된 부위와 아닌 곳으로 구분

p. 136	아빠, 고모, 친할머니, 숙모, 삼촌

이모, 엄마, 외삼촌, 외할아버지, 외숙모

기준 → 가족을 엄마 쪽 가족(외가)과 아빠 쪽 가족(친가)으로 구분

p. 137	(묶음 1) 세탁기, 세제, 빨래판, 건조대

(묶음 2) 걸레, 빗자루, 청소기, 쓰레받기

이렇게 나눈 이유 → 빨래 관련, 일반 청소로 구분

p. 138	(묶음 1) 거북이, 도마뱀, 뱀, 악어

(묶음 2) 돼지, 말, 고양이, 여우

이렇게 나눈 이유 → 파충류와 포유류로 구분

p. 139	(묶음 1) 감자, 배추, 무, 오이

(묶음 2) 사과, 수박, 배, 복숭아

이렇게 나눈 이유 → 채소와 과일로 구분

p. 140	(공) 음식 (차) 액체, 고체

(공) 스포츠 (차) 채가 필요한 스포츠와 필요하지 않은 스포츠

p. 141	(공) 천으로 만들어짐, (차) 옷과 관련된 것과 아닌 것으로 구분

(공) 이동수단 (차) 대중교통, 자가용

p. 142	(공) 가족, (차) 친가, 외가

(공) 여름 용품 (차) 도구, 옷

p. 143	(묶음 1) 째려보는, 눈부신, 안경, 망원경, 텔레비전

(묶음 2) 라디오, 청진기, 시끄러운, 보청기, 조용한

이렇게 나눈 이유 → 시각, 청각

각 묶음에 들어갈 수 있는 또 다른 예 → (묶음 1)에 현미경, 돋보기 등

(묶음 2)에 이어폰, 스피커 등

p. 144	(묶음 1): 잎채소: 깻잎, 상추, 배추, 양상추, 시금치

(묶음 2): 뿌리채소: 감자, 무, 당근, 생강, 고구마

(묶음 3): 열매채소: 고추, 오이, 토마토, 파프리카, 호박

이렇게 나눈 이유 → 먹는 부위가 다르다.

각 묶음에 들어갈 수 있는 또 다른 예 → (묶음 1) 파슬리, 샐러리 등

(묶음 2) 우엉, 연근

(묶음 3) 가지, 콩, 옥수수

다. 추론하기

떠오르는 대로 써 보세요

p. 145	동물: 백조, 토끼, 사자, 공작, 오리, 돼지, 호랑이, 닭 등

채소: 피망, 양배추, 상추, 마늘, 고추, 파, 양상추, 당근 등

과일: 사과, 배, 딸기, 복숭아, 키위, 귤, 참외, 파인애플 등

p. 146	학교: 교과서, 선생님, 운동회, 학생, 시험, 친구, 공부 등

답안

교통수단: 버스, 기차, 지하철, 자동차, 택시, 자전거, 오토바이 등
직업: 선생님, 피아니스트, 가수, 디자이너, 교수, 의사, 간호사, 소방관, 경찰관 등
p. 147 가족: 엄마, 아빠, 누나, 동생, 형, 이모, 삼촌, 할머니, 할아버지 등
기분: 기쁨, 슬픔, 즐거움, 화남, 우울함, 뿌듯함, 섭섭함, 실망감 등
친구: 여행, 추억, 대화, 놀이터, 운동회, 수학여행 등

숨겨진 규칙을 찾아보세요

p. 148 와, 뉘, 캬, 래, 돠
p. 149 차, 후, 서, 파 뷰
p. 150 방, 도, 적, 롭, 김
p. 151 북, 브, 뵤
겨, 기, 구
큐, 크, 키
뷰, 브, 보
먀, 머, 모
p. 152 방, 밤, 박
선, 셕, 석
락, 략, 류
밧, 박, 밥
속, 숙, 식
p. 153 쌰, 휴, 회
우, 카
리, 포, 퍼
뱌, 비, 추
허, 휴, 조, 지

숨겨진 의미를 찾아보세요

p. 154 가지-자식, 바람-근심, 걱정
다 된 죽-거의 다 된 일, 코-망치다
고래 싸움-강한 사람들의 싸움, 새우 등-상관없는 다른 약한 사람들
개천-좋지 않은 환경, 용-훌륭한 사람
p. 155 굴뚝-근거, 연기-일
티끌-아주 작은 것, 태산-큰 것
하룻강아지-약한 자, 범-강한 자
어물전-자신이 속한 곳이나 동료들, 꼴뚜기-못난 사람

왜 그럴까요?

p. 156 (2번부터) ○×× ○ × ○ × ○ × × × ○
p. 157 (2번부터) ○ × ○ × ○ × × ○ × ○ × ×
p. 158 늦게 일어나서
공휴일이어서

기분이 좋으서서

돈이 없어서

졸려서

땀을 흘려서

p. 159 예

예

아니요

모른다

p. 160 안 좋다

아니요

모른다

예

모른다

❸ 어휘력

(1) 워밍업

끝말잇기

p. 162 예) 사자, 자정, 정상, 상어

예) 야구, 구두, 두건, 건물, 물체

예) 강아지, 지구본, 본토, 토요일, 일본

예) 찌개, 개방, 방망이, 이빨, 빨래

예) 화분, 분수, 수영, 영어, 어묵

p. 163 예) 양초, 초등학교, 교문, 문구사, 사진

예) 동화, 화장실, 실수, 수분, 분수대

예) 어린이, 이쑤시개, 개찰구, 구멍, 멍게

예) 건강, 강산, 산불, 불편, 편지

예) 휴지통, 통나무, 무술, 술래, 레미콘

p. 164 예) 항아리, 리본, 본드, 드라마, 마술사

예) 도화지, 지식, 식빵, 빵가루, 루비

예) 책상, 상품, 품질, 질문, 문구사

예) 생수, 수준, 준비, 비밀, 밀가루

예) 희망, 망치, 치과, 과자, 자료

(2) 어휘의 기본

p. 167 (1음절) 예) 문, 달, 상, 박, 각, 등, 배

(2음절) 예) 나비, 가루, 뚜껑, 설탕, 요리, 시간, 창문, 연필

(3음절) 예) 바나나, 냉장고, 세탁기, 손전등

(4음절) 예) 사진액자, 스마트폰, 놀이동산, 허수아비, 방아깨비, 물레방아, 이쑤시개

(5음절) 예) 엘리베이터, 나무젓가락, 아이스크림, 자유이용권, 아이스링크, 용돈기입장, 개교기념일, 정월대보름, 국회의사당, 말레이시아, 인도네시아, 크리스마스

(6음절) 예) 에스컬레이터, 버스전용차로, 로스앤젤레스, 높은음자리표, 데이터베이스, 샌프란시스코, 세계문화유산, 스카이다이빙

p.168 감⃝기, 자⃝투리, 땅의 ㄸ⃝, 풀의 ㅍ⃝, 빵의 ㅃ⃝, 돈의 ㄷ⃝

마차⃝, 한글⃝, 눈의 ㄴ⃝, 총의 ㅇ⃝

가르⃝마, 부침⃝개, 국의 ㄱ⃝, 굴의 ㄱ⃝

사, 사자, 사람, 사랑, 사과, 사진, 사고, 사건 등

마, 마중, 마차, 마음, 마리 등

자, 자신감, 자리, 자랑, 자두, 자동차, 자라 등

주, 주인, 주문, 주격, 주차, 주머니 등

우, 우리, 우비, 우주, 우체국 등

p.169 (자음자) ㅈ ㅃ ㅎ ㅇ ㅆ ㄴ ㅂ ㅊ ㅅ

(모음자) ㅛ ㅕ ㅗ ㅏ ㅔ ㅓ ㅟ ㅒ ㄲ

디귿, 피읖, 키읔

모, 모, 모, 마, 물

밥, 박수, 반장, 발가락, 병원, 붓, 백조 등

안경, 각도기, 낙서, 마당, 사랑, 잔소리, 차표, 카레 등

p.170 (자) ㅂ, ㅈ (모) ㅏ, ㅣ

(자) ㄱ, ㅇ, ㅇ, ㅇ (모) ㅗ, ㅑ, ㅣ

ㄴ

미음

⑤

p.171 가지, 분수대, 동시통역, 선생님, 홍합, 고슴도치, 양배추, 양념통, 인공위성, 방송국

시장, 생각, 동전, 할머니, 공통점, 휴대폰, 탄수화물, 고슴도치, 아지랑이

p.172 소나무, 붓, 바이올린, 숫자, 노랑, 친구, 우정, 보물, 자연, 중학교, 바닷가, 박물관

p.173 책가방, 신호등, 시금치, 도시락, 삼겹살, 컴퓨터, 바느질, 달력, 훈민정음, 헝겊, 손가락, 정육면체

p.174 남궁혜정-선생님

차상은-군인

김민지-성악가

이정민-디자이너

안성준-사업가

p.175 잠, 수, 함, ㅈ, ㅏ, ㅁ, ㅅ, ㅜ, ㅎ, ㅏ, ㅁ

이, 구, 아, 나, ㅇ, ㅣ, ㄱ, ㅜ, ㅇ, ㅏ, ㄴ, ㅏ

곰, ㄱ, ㅗ, ㅁ

사, 랑, ㅅ, ㅏ, ㄹ, ㅏ, ㅇ

종, 이, 컵, ㅈ, ㅗ, ㅇ, ㅇ, ㅣ, ㅋ, ㅓ, ㅂ

아, 저, 씨, ㅇ, ㅏ, ㅈ, ㅓ, ㅆ, ㅣ

대, 한, 민, 국, ㄷ, ㅐ, ㅎ, ㅏ, ㄴ, ㅁ, ㅣ, ㄴ, ㄱ, ㅜ, ㄱ

책, 상, ㅊ, ㅐ, ㄱ, ㅅ, ㅏ, ㅇ

물, 병, ㅁ, ㅜ, ㄹ, ㅂ, ㅕ, ㅇ

무, 한, 도, 전, ㅁ, ㅜ, ㅎ, ㅏ, ㄴ, ㄷ, ㅗ, ㅈ, ㅓ, ㄴ

경, 복, 궁, ㄱ, ㅕ, ㅇ, ㅂ, ㅗ, ㄱ, ㄱ, ㅜ, ㅇ

카, 멜, 레, 온, ㅋ, ㅏ, ㅁ, ㅔ, ㄹ, ㄹ, ㅔ, ㅇ, ㅗ, ㄴ

방, 석, ㅂ, ㅏ, ㅇ, ㅅ, ㅓ, ㄱ

스, 마, 트, 폰, ㅅ, ㅡ, ㅁ, ㅏ, ㅌ, ㅡ, ㅍ, ㅗ, ㄴ

p. 176 ㄴ, ㅗ, ㄹ, ㅐ

ㄴ, ㅏ, ㅁ, ㅜ

(예시 포함) 물, 문, 묵

답, 삽, 탑

물, 강, 솔

p. 177 방, 울

창, 문

팥, 파도, 밭, 탑, 톱 등

바, 리, 구, 다

ㄹ, ㅅ/ㄹ

p. 178 1) ② 배, 2) ③ 연필, 3) ① 빨려고, 4) ③ 밤, 5) ③ 일어난다, 6) ③ 맞잡았다, 7) ② 처방했다, 8) ② 떨어진다, 9) ④ 벤다, 10) ② 웃는다

(3) 사람이나 사물의 이름을 나타내는 말이에요

p. 180 1) 미간, 2) 무릎, 3) 팔꿈치

1) 선생님, 2) 의사, 3) 경찰, 4) 우체부, 5) 가수

1) 설날, 2) 대보름날, 3) 단오, 4) 추석

p. 181 1) 육십, 2) 팔십오, 여든다섯, 3)이십, 스물(스무), 4) 오십, 쉰

1) 남매, 2) 외삼촌, 3) 사촌, 4) 고모부, 5) 친할아버지

(4) 상태나 움직임을 나타내는 말이에요

p. 183 일어난다, 먹는다, 입는다(입고), 돕다(도와서), 받다(받고)

떠들다, 만들다, 다치다, 찡그리다, 꺾다, 상상하다

p. 184 입다, 벗다

끄다, 켜다

앉다, 서다

오르다, 내리다

이기다, 지다

부르다, 대답하다

도망가다, 쫓다

시작하다, 끝나다

p. 185 1. 곤두서다(곤두섰다), 2. 흐뭇하다, 3. 털어놓다(털어놓았다), 4. 멎다(멎을), 5. 잊다(잊었다), 6. 부끄럽다(부끄러웠다), 7. 대출하다(대출했다), 8. 느긋하다(느긋해서), 9. 낮다, 10. 낳다(낳으셨다고), 11. 써버리다(써버렸다), 12. 녹다(녹으), 13. 부딪히다(부딪혔다), 14. 서두르다(서둘러)

답안

p.186 1. 가르치다(가르치신다), 2. 자랑스럽다, 3. 시치미를 떼다(시치미를 떼서), 4. 귀가 솔깃하다(귀가 솔깃해서), 5. 지나치다(지나쳐), 6. 베풀다(베풀어야), 7. 생각에 잠기다(생각에 잠기셨다), 8. 얕보다(얕보고), 9. 당황하다(당황해하셨다), 10. 부족하다(부족했다), 11. 변덕스럽다, 12. 가리키다(가리키는), 13. 서투르다, 14. 써버리다(써버렸다)

(5) 꾸며 주는 말이에요

p.188 1) 그저께, 2) 일요일, 3) 오후, 4) 모레, 5) 새벽

1) 춥다, 2) 흐리다, 3) 덥다, 4) 개다(개었다), 5) 맑다

p.189 1) 우애가 깊다(우애가 깊은), 2) 거슬리다(거슬려서), 3) 간절하다(간절한), 4) 용감하다(용감한), 5) 소심하다

1) 멋쩍게, 2) 간신히, 3) 골똘히, 4) 도저히, 5) 화들짝

p.190 1. 컸을 때 → 어렸을 때, 2. 정오 → 새벽, 3. 글피 → 모레, 4. 내후년 → 내년, 5. 어저께 → 내일

1. 아직, 2. 왠지, 3. 가득, 4. 금방, 5. 하필

p.191 1. 가물가물한(가물가물하다), 2. 흥미진진한(흥미진진), 3. 안타까운, 4. 덤벙대는, 5. 불안한(불안하다)

1. 몹시, 2. 하필, 3. 흔쾌히, 4. 온갖, 5. 도무지

p.192 1. 진취적인, 2. 공손한, 3. 우쭐대는, 4. 마음이 여린, 5. 꼼꼼한(꼼꼼하게)

1. 여전히, 2. 마지못해, 3. 어차피, 4. 실컷, 5. 아직까지

(6) 이어 주는 말이에요

p.194 1. 그래서 3. 그리고 5. 예를 들면

2. 왜냐하면 4. 그렇지만 또는 그러나, 게다가 6. 그래서 또는 결국

p.195 정답 생략

p.196 정답 생략

(7) 흉내 내는 말이에요

p.198 1) 느릿느릿, 2) 빙글빙글, 3) 데굴데굴, 4) 꼬르륵, 5) 무럭무럭

1) 쿨럭쿨럭, 2) 부글부글, 3) 펄쩍펄쩍

p.199 1) 고래고래, 2) 빈둥빈둥, 3) 꾸벅꾸벅, 4) 도란도란, 5) 삐그덕삐그덕, 6) 매콤달콤, 7) 동동, 8) 기웃기웃, 9) 또각또각, 10) 갈팡질팡

p.200 줄줄, 치카치카, 느릿느릿 또는 엉금엉금, 껑충, 대롱대롱 또는 주렁주렁, 찰칵, 뚜벅뚜벅 또는 터덜터덜 또는 어슬렁어슬렁, 알콩달콩 또는 오순도순 또는 싱글벙글

p.201 솔솔 또는 쌩쌩, 쿨쿨 또는 새근새근, 보글보글 또는 지글지글 또는 활활, 첨벙첨벙 또는 풍덩, 쌩쌩 또는 삐그덕, 반짝반짝, 벌러덩, 홀짝홀짝 또는 냠냠

p.202 펄럭펄럭, 싹뚝 또는 사각사각, 콩콩, 쨍그랑, 첨벙첨벙

p.203 1. 달그락, 2. 따르릉, 3. 딸랑딸랑, 4. 꼬르륵, 5. 데굴데굴, 6. 고래고래, 7. 꿈틀꿈틀, 8. 보글보글, 9. 뒤뚱뒤뚱, 10. 빈둥빈둥, 11. 반짝반짝, 12. 따끔따끔, 13. 방글방글, 14. 냠냠

(8) 소리는 같지만 모양이 달라요

p.205 1) 부치다, 2) 짓다(짓고), 3) 빚다(빚어), 4) 짖다(짖어서), 5) 빗다, 6) 붙이다

p.206 1) 느리다(느려서), 2) 반드시, 3) 새다, 4) 너머, 5) 늘리다(늘리), 6) 넘어

p.207 1. 바래다, 2. 짓는, 3. 늘이다, 4. 가리키다, 5. 마치다, 6. 새우다, 7. 넘어, 8. 바라다, 9. 매다, 10. 낮다, 11. 같은

p.208 1. 잃기, 2. 반드시, 3. 맞히고, 4. 맞추다, 5. 잃어버리다, 6. 마치다, 7. 갖게, 8. 낳으셨다, 9. 같다, 10. 낳다, 11. 잊어버렸다

(9) 소리는 같지만 의미가 여러 가지예요

p.210 1) ②, 2) ②, 3) ③, 4) ②, 5) ①, 6) ②, 7) ①, 8) ①

p.211 1) ①, 2) ①, 3) ②, 4) ②, 5) ①, 6) ②, 7) ②, 8) ①

p.212 벗다–애벌레가 허물을, 집에 돌아와 옷을
타다–버스를, 여름방학 내내 밖에서 축구를 했더니 피부가
차다–달리기를 했더니 숨이, 얼음은
짓다–새로운 건물을, 할아버지는 시골에서 농사를
쓰다–약이, 친구에게 편지를, 용돈을,
떨다–지진으로 인해 두려움에, 추워서 몸을

(10) 반대말 또는 비슷한 말이에요

p.214 1) 실명, 2) 입국, 3) 지상, 4) 흉년, 5) 이익
1) 적막, 2) 비성수기, 3) 푸대접, 4) 역신, 5) 비현실

p.215 위–아래, 속–겉, 올라가다–내려가다, 절약–낭비, 많다–적다, 맞히다–틀리다, 실내–실외, 크다–작다, 타다–내리다, 같다–다르다, 자주–가끔, 이기다–지다
1) 실외–실내, 2) 많이–적게, 3) 탈–내릴, 4) 겉–속, 5) 맞힐–틀렸다

p.216 보관–④–(c)
경치–③–(d)
반복–⑥–(h)
부탁–⑤–(a)
핑계–⑦–(g)
실랑이–②–(e)
찬성–⑧–(f)
대강–①–(b)

p.217 찬성–반대, 화려한–소박한, 후배–선배, 불이익–이익, 권리–의무, 밀다–당기다, 불필요–필요, 동참–불참, 이롭다–해롭다, 감소–증가, 공격–수비, 낭비–절약, 불참–참석, 승리–패배, 호감–비호감, 흔한–드문, 실내–실외

p.218 생명–목숨, 피곤한–노곤한, 사용–이용, 집중–몰입, 닮다–비슷하다, 귀중–소중, 잃어버리다–분실하다, 근로자–노동자, 입장–관점, 염려–걱정, 제한–제약, 자린고비–구두쇠, 요즘–최근, 면목–체면

(11) 여러 가지가 합쳐진 말이에요

p.220 잠꾸러기, 사냥꾼, 장난꾸러기, 귀염둥이, 겁쟁이, 낚시꾼, 재롱둥이, 고집쟁이

p.221 1) 보, 2) 거리, 3) 편, 4) 보, 5) 거리, 6) 짓, 7) 헛, 8) 편, 9) 헛, 10) 짓

답
안

(12) 기타

❹ 문제해결력
가. 문제 해결하기
이럴 땐 어떻게 할까요?

나. 사회적 조망 및 마음읽기
숨겨진 진짜 의도는?

어떤 기분일까요?

다. 사회적 및 관습적 규칙 이해하기

바르게 말하고 행동해요

라. 사회적 상황 판단하기

무엇 때문일까요?

글 속에 포함된 의미는?

알맞은 순서는?

2) 5-4-2-1-3
p.299 1) 2-4-3-1-5
2) 2-4-1-3-5
pp.300~304 정답 생략

❺ 상식

(1) 자연환경

어디에서 얻을 수 있을까요?

p.306 (땅) 수박, 고추, 포도, 가지, 벼, 콩, 오이, 사과

(바다) 참치, 김, 문어, 조개, 생선, 다시마

p.307 (ㄱ) ④⑤, (ㄴ) ②⑥, (ㄷ) ①③

p.308 (땅) 코끼리, 호랑이, 염소, 기린, 거북이, 판다, 강아지, 하마

(물) 문어, 금붕어, 상어, 미꾸라지, 하마, 거북이

p.309 (파충류) 카멜레온, 악어, 뱀, 거북이

(조류) 참새, 까치, 펭귄, 독수리

(포유류) 호랑이, 개, 낙타, 소

p.312 상승, 이산화탄소, 석유에너지, 대체에너지, 지구의 날

p.313 지구 온난화, 자외선, 성층권

p.314 철수-온대기후, 영희-열대기후, 지영-냉대기후, 민철-한대기후

○, ×, ×, ○

p.317 자전, 공전, 높고, 낮다.

①-그믐달, ②-하현달, ③-초승달, ④-보름달, ⑤-상현달

p.318 1. 맡을, 2. 맛볼, 3. 만질, 4. 들을, 5. 들을, 6. 볼

p.319 1. 만지다(만질), 2. 맛보다(맛보고), 3. 듣다(들을), 4. 보다(볼), 5. 맡다(맡을), 6. 보다(보이지),

7. 보다(볼), 8. 맡다(맡을)

(2) 인문환경

p.324 ① ⑥⑩, ② ⑧⑪, ③ ⑤⑫, ④ ⑦⑨

p.325 ②①①③②

p.327 정답 생략

p.329 ① ⓔ, ② ⓑ, ③ ⓐ, ④ ⓒ, ⑤ ⓓ

p.331 ⓐⓒ, ⓑ⑧, ⓓⓔⓕ

p.333 ⓐ 수출, ⓑ 수입

보다 싸게 다양한 물건들을 구입할 수 있기 때문

(가) 천연가스, 고무, 바나나, 석유 (나) 반도체, 자동차, 휴대폰, 컴퓨터

p.335 (ㄹ), (ㅂ), (ㅈ)

(ㄱ), (ㅁ), (ㅅ)

(ㄴ), (ㄷ), (ㅇ)

p.337 112-ⓔ, 114-ⓒ, 119-ⓐ, 131-ⓑ, 117-ⓓ

1. 131, 내일 날씨가 어떤가요?

2. 1333, 대공원 가는 길 중 막히지 않는 길을 알려 달라고

p.339 풍력발전소

1. 수력발전소

2. 대규모 댐 건설이 생태계를 교란하고, 지진발생의 원인이 될 수도 있기 때문

p.341 40대, 20대

(ㄹ) → (ㄷ) → (ㄱ) → (ㅁ) → (ㄴ)

p.343 입법부, 행정부, 사법부

국가기관 중 어느 한쪽으로 권력이 쏠려 독재가 일어나는 것을 막아 세 기관이 서로 견제하며 균형을 이루도록 업무를 나누어 함

사법부, 입법부, 행정부, 행정부, 입법부

p.345 나로호

기상측정, 위성방송, 우주 관찰, 위치정보 제공 등

p.347 정답 생략

p.348 가-⑤(시청), 나-④(우체국), 다-①(과수원), 라-⑥(공장), 마-③(경찰서), 바-②(논)

p.349 1) 농업(논, 밭, 과수원 등)

2) 사과, 배, 쌀, 토마토, 고구마 등

3) 동쪽에 위치한 절

4) 학교, 밭, 병원 또는 보건소, 경찰서

p.350 1) 북쪽 2) ○ 3) ○ 4) 2

p.351 1) 지도 중앙에 위치, 버스터미널과 남춘천역 사이, 춘천시청의 북쪽, 공지천 공원의 남쪽 등

2) 배드민턴, 테니스, 축구, 자전거, 등산, 독서, 산책 등

3) 남

4), 5) 정답 생략

p.353 1) 9개의 도

2) 정답 생략

3) 1개(서울특별시)

4) 인천광역시, 대전광역시, 광주광역시, 대구광역시, 울산광역시, 부산광역시

5) 광주광역시

6) 한라산-제주도, 설악산-강원도

① 390~430km(출발지, 가는 방법에 따라 조금씩 차이가 있음)

② 비행기, 자동차, 배(서해안, 남해안까지 차로 이동 후 선박 이용)

③ 290~320km(출발지, 가는 방법에 따라 조금씩 차이가 있음), 3시간 이내

p.354 1) 정답 생략

2) 전라남도, 전라북도

3) 경상남도, 경상북도

4) 경상북도

p.358 1) A제품, 2) B제품, 3) 정답 생략

p.360 1) 물 온도 40도로 세탁(세탁기 사용 가능), 세제 종류 제한 없음, 세탁 후 옷걸이에 걸어 햇빛에 건조, 건

답안

조 후 원단 위에 천을 덮고 180~210도로 다림질

2) 물 온도 30도로 세탁(세탁기 사용 안 됨), 중성세제 사용하여 약하게 손세탁, 손으로 약하게 짠 후, 옷
걸이에 걸어서 그늘에서 건조, 건조 후 80~120도로 다림질

p.361 피부과, 동물병원, 이비인후과, 정형외과

p.362 이비인후과, 내과, 안과, 피부과, 정형외과

❻ 언어퀴즈

가. 언어적 단서를 통한 추론 능력

짝을 찾아 주세요

p.369 열쇠, 민들레, 손바닥, 지하철, 배추, 아시아, 기타, 사랑

p.370 계단, 우체국, 바닷가, 자전거, 가방, 서랍장, 동화책, 체육

p.371 사진기, 사다리, 소나무, 소방차, 지구본, 지우개

p.372 정거장, 정수리, 파출소, 파란색, 도라지, 도시락

p.373 원숭이, 원두막, 원피스, 주전자, 주머니, 주인공, 동대문, 동화책, 동물원

나는 무엇일까요?

p.374 1. 아기, 2. 자동차, 3. 나무, 4. 고래, 5. 도마, 6. 잠자리, 7. 식초, 8. 다리, 9. 머리카락

p.375 1. 바나나, 2. 세탁기, 3. 바이올린, 4. 도서관, 5. 선풍기, 6. 액자, 7. 난로

p.376 1. 구급차, 2. 다리미, 3. 앞치마, 4. 장미, 5. 군인, 6. 우체부, 7. 트럭

p.377 1. 볼펜/색연필, 2. 설탕/우유, 3. 톱/칼/바늘, 4. 얼음/아이스크림, 5. 간장, 6. 햄버거/밥, 7. 치타

p.378 1. 지우개, 2. 젓가락, 3. 샴푸, 4. 태양, 5. 가위, 6. 간장, 7. 소금, 8. 망치, 9. 망원경

p.379 1. 오토바이, 2. 잠자리/연, 3. 손수건/걸레, 4. 잡지/편지, 5. 벤치/그네, 6. 망원경, 7. 아기

p.380 1. 삼각형, 2. 먼지, 3. 물, 4. 기린, 5. 정오, 6. 종이, 7. 등대, 8. 손전등

수수께끼를 풀어요

p.381 아이스크림, 달력, 개나리, 두더지, 오이, 병아리, 열쇠, 빨대

p.382 오디오, 고래, 앞치마, 조끼, 문어, 색연필, 냉장고, 화분

p.383 주전자, 우유, 휴게소, 냄비, 엘리베이터, 미끄럼틀, 선풍기, 슬리퍼

p.384 해바라기, 종아리, 야구, 젓가락, 소나무, 호두, 농구, 어깨

p.385 전화기, 소파, 구름, 귀걸이

p.386 수박, 안경, 냉장고, 한글, 분홍색, 나이테

p.387 봄, 말, 액자, 산

p.388 낙타, 고양이, 헬리콥터, 튜브, 바지, 귤

p.389 펭귄, 캥거루, 오징어

p.390 목도리, 수영복, 장화

p.391 자전거, 비행기, 버스

p.392 바이올린, 피아노, 장구

p.393 추석, 스케치북, 악보, 미국

저자 소개

노경란(Row, Kyung Ran)
미국 Eastern Michigan University 심리학 석사(임상심리 전공)
이화여자대학교 대학원 심리학 박사(발달 및 발달임상 전공)
정신보건임상심리사(1급), 임상심리전문가, 발달심리전문가
이화여자대학교 심리학과 겸임교수
현 아이코리아 송파아이존 센터장

박현정(Park, Hyun Jeong)
이화여자대학교 대학원 심리학 석사 및 박사(발달 및 발달임상 전공)
인지학습치료전문가, 정신보건임상심리사
현 이안아동발달연구소 소장
　　이화여자대학교 교육대학원 겸임교수
　　가천대학교 심리인지치료학과 겸임교수

안지현(An, Ji Hyun)
이화여자대학교 대학원 심리학 석사(발달 및 발달임상 전공)
정신보건임상심리사, 인지학습치료사
전 미국 텍사스 San Marcos Baptist Academy 근무

전영미(Jun, Young Mi)
연세대학교 대학원 심리학 석사(발달심리 전공)
인지학습심리상담사
현 파주통합지원발달센터, 성실심리발달센터 및 한강발달심리상담센터　인지학습치료사

인지기능 향상 워크북
언어발달 영역
A Workbook for Improving Language Development

2018년 1월 15일 1판 1쇄 발행
2024년 1월 25일 1판 7쇄 발행

지은이 • 노경란 · 박현정 · 안지현 · 전영미
펴낸이 • 김 진 환
펴낸곳 • ㈜ **학지사**

04031 서울특별시 마포구 양화로 15길 20 마인드월드빌딩 5층

대표전화 • 02) 330-5114   팩스 • 02) 324-2345

등록번호 • 제313-2006-000265호

홈페이지 • http://www.hakjisa.co.kr
인스타그램 • https://www.instagram.com/hakjisabook

ISBN 978-89-997-1432-0 94180
     978-89-997-1430-6 (set)

정가 **22,000원**

출판미디어기업 **학지사**

간호보건의학출판 **학지사메디컬** www.hakjisamd.co.kr
심리검사연구소 **인싸이트** www.inpsyt.co.kr
학술논문서비스 **뉴논문** www.newnonmun.com
원격교육연수원 **카운피아** www.counpia.com